AMERICAN ECONOMY AND
SOCIETY UNDER THE IMPACT OF GLOBALIZATION
Principles and Dynamism

現代アメリカの経済社会

理念とダイナミズム

河﨑信樹 **Nobuki Kawasaki**

吉田健三 **Kenzo Yoshida**

田村太一 **Taichi Tamura**

渋谷博史 **Hiroshi Shibuya**

［著］

東京大学出版会

**AMERICAN ECONOMY AND
SOCIETY UNDER THE IMPACT OF GLOBALIZATION**
Principles and Dynamism
Nobuki KAWASAKI, Kenzo YOSHIDA,
Taichi TAMURA and Hiroshi SHIBUYA
University of Tokyo Press, 2018
ISBN978-4-13-042149-2

i

はじめに——本書の問題意識と構成

　19世紀半ば、4隻の黒船を率いて来航したアメリカのペリー提督に開国を求められ、日米和親条約を締結し、江戸時代の鎖国システムは終わった。アヘン戦争にみるような欧米列強によるグローバル規模の帝国主義的な展開への対応が始まった。そして、1868年の明治維新から富国強兵は始まり、英米の応援を受けて日本は帝国主義への道を歩み始めた。

　その中央集権的な国家による太平洋戦争はアメリカの原爆投下で決着して、その後の占領下で制定された日本国憲法には、アメリカ自由主義が埋め込まれる。後述のように、アメリカ自由主義は経済的基盤（Job）を必要とし、戦後のパクス・アメリカーナ、アメリカの自由主義的な国際システムの下で、日本の資本主義的市場経済が順調に発展し、日本国憲法に規定される民主的な平和国家を構築したのは、周知のとおりである。

　戦後日本の経済社会はアメリカ・モデルの日本バージョンであったが、1990年代からの冷戦終焉とアメリカ主導のグローバル化の進展の中で、アメリカ・モデルのアメリカ・バージョンに収束する方向の変化を求められた。われわれは、そのアメリカからの要請と圧力に対応するために、アメリカ・モデルのアメリカ・バージョンを一層深く理解しておくべきであろう。

　本書では、アメリカ・モデルの本質的な理念とデザインとダイ

ナミズスを客観的に考察したい。第1章でみるように、アメリカ自由主義は決して観念的なものではなく、個々のアメリカ人による自立的な生活と人生の基盤とするため就労機会（Job）が必要不可欠であり、そういう意味で経済的な安定と成長が求められる。第2章ではその自由を実現するための経済社会の全体的な枠組みを分析する。そして第3章で、そのアメリカ経済社会の国際的な経済関係を観察した上で、第4章では、その「グローバルな経済関係」のためのアメリカ側の設計と意図を解明する。それは第1章で紹介する1963年8月の「March on Washington for Jobs and Freedom」で提示された経済発展と就労機会によって、すべての人々に自由を追求するチャンスを提供するというアメリカ・モデルの論理をグローバルに展開するという視角である。

　こうして第1〜4章でアメリカ内外におけるアメリカ・モデルの内的構造と外的展開の全体像をみた後に、第5〜8章でその構造と展開における重要な分野である自動車産業（第5章）、農業・食料分野（第6章）、ICT産業（第7章）、地域社会の構造変化（第8章）、を実証的に考察する。

　第5章では、21世紀のグローバル化という環境変化の中、20世紀の基軸産業であった自動車産業における、外国系メーカー（日系等）の参入や労使関係の再編、さらには中国等へのグローバル展開が進んだことをみる。第6章では、19世紀の基軸産業であった農業・食料関連産業が技術革新による生産力で、アメリカ国内だけではなく、グローバル化の下で急速に工業化・サービス化が進行する新興国や途上国の「ささやかながら豊かな食卓」を可能にすることをみる。第7章では、21世紀の基軸産業となるICT

産業における柔軟な事業展開が、国境を越えたグローバルな形で進展するプロセスをみる。そして第8章では、そのICT産業等を担う「クリエイティブ・クラス」と、それを支える「サービス・クラス」という視角から地域社会の再編をみる。

「人はパンのみに生くる」のではないが、パンが無くては生きられず、また自由を獲得することもできない。文字通りに世界規模のグローバル化の進展に伴って、多くの国々でパンとJobを確保するプロセスが進んでいるが、その中で、第2章でみるように、アメリカでは脱工業化とサービス化とIT化によって急激な構造変化を遂げつつある。周知のように、そのアメリカ内部のプロセスに向かって、世界中から自由と「豊かな食卓」を求めて移民が流入し、また、アメリカ経済社会の側も再編過程の中でその移民を活用しており、そのことが移民に自由と安心の基盤となるパンとJobを提供している。本書は、このような問題意識と視角から書き上げられている。

本書の刊行にあたっては、東京大学出版会の黒田拓也氏に大変なご尽力をいただいた。心から御礼を申し上げたい。

河﨑信樹
吉田健三
田村太一
渋谷博史

v

目　次

はじめに——本書の問題意識と構成　i

第Ⅰ部　アメリカ経済社会の理念と構造

第1章　アメリカ経済社会の理念
　　　　　——自由主義とリベラルと保守　　　　　渋谷博史　3

1.1　特別で特殊なアメリカ・モデル——ケネディとレーガン ····3

1.2　自由主義と経済成長と格差——ハイエクとジョンソン ·······9

1.3　リベラルと保守——マスグレイブとブキャナン ················18

1.4　アメリカ・モデルのグローバル展開——マルクスとセン ····25

　Column1　市場経済と法秩序
　　　　　：ハイエクと映画『夜の大捜査線』を素材として　12

　Column2　アメリカ・モデルとアメリカ経済社会の乖離　16

　Column3　楽観主義のアメリカ自由主義とその外への攻撃性　30

第2章　アメリカ経済社会の基本構造
　　　　　——労働編成と産業構造、金融・財政　　　渋谷博史　35

2.1　労働編成——サービス化と格差 ·······························36

2.2　産業構造——ダイナミックな変化 ·····························50

2.3　金融構造——構造変化を支えるメカニズム ···················59

2.4　財政構造——アメリカ自由主義の政府 ·······················70

Column4 移民労働力　46

Column5 ウォルマートにおける技術革新と低賃金　60

第 II 部　アメリカ経済社会の国際的側面と政策

第 3 章　貿易・国際金融構造の変化　　　　　　　　河﨑信樹　79

3.1　経常収支赤字の定着 ……………………………………………… 79

3.2　貿易構造の変化と財貿易収支赤字 …………………………… 82

3.3　対 NAFTA と対中国の貿易──その差異と共通性 ……… 87

3.4　資本輸出・輸入の構造 ………………………………………… 92

3.5　対ヨーロッパと対中国の資本輸出・輸入の差異 ………… 94

第 4 章　国際経済政策

　　　　　──アメリカ・モデルのグローバル展開　河﨑信樹　101

4.1　アメリカの国際経済政策の基本原則

　　　──「職」の確保の重要性 ………………………………… 102

4.2　アメリカの世界戦略とアメリカ・モデルの拡大 ……… 105

4.3　援助政策 ………………………………………………………… 108

4.4　通商政策 ………………………………………………………… 115

Column6 経済援助をめぐる米中の対立点　116

Column7 新興国の台頭と国際機関　122

第 III 部　内と外のグローバル化

第 5 章　自動車産業の再編過程

　　　　　──グローバル化とその社会的帰結　　吉田健三　129

5.1　変化するアメリカ自動車産業 ……………………………… 129

目次　　　　vii

5.2　「21世紀モデル」の自動車産業 ……………………… 131

5.3　「20世紀モデル」と「ミドルクラス社会」…………… 135

5.4　日系企業進出とビッグ・スリーの苦境 ……………… 141

5.5　事業再編と「外へのグローバル化」…………………… 150

5.6　労使関係における「内なるグローバル化」…………… 156

5.7　グローバル化の社会的帰結 …………………………… 164

　Column8　映画『ガンホー』にみる「内なるグローバル化」　144

第6章　農業・食料産業──アメリカと世界の「豊かな食卓」

渋谷博史　171

6.1　農業大国アメリカの概観 ……………………………… 171

6.2　アメリカ農業と生産性── 2013年大統領経済報告 ……… 176

6.3　アメリカ農業と貿易── 2015年議会公聴会 ………… 179

6.4　農産物の物流とグローバル化 ………………………… 181

6.5　農業・食料産業の低賃金 ……………………………… 186

6.6　メキシコ人出稼ぎ労働の意味 ………………………… 193

　Column9　テキサスの綿農業と上海の綿工業

　　　　　：グローバル化の事例　174

　Column10　山田洋次監督の映画『故郷』

　　　　　：日本の高度成長とステーキ　194

　Column11　『アメリカは食べる』におけるトウモロコシ　198

第7章　グローバル化の推進軸としてのICT産業

田村太一　201

7.1　ICT産業の位置づけと技術革新の意味 ………………… 201

viii 目次

7.2 ICT 製造業の発展と国際分業 ……………………………… 212

7.3 ICT 製造業のビジネスモデルの変化 ……………………… 220

7.4 ICT サービス業の拡大とグローバル市場 ……………… 225

7.5 ICT による労働編成の変化 ………………………………… 230

　　Column12　経済発展とイノベーション　210

第8章　構造変化が生み出すサービス産業の拡大
　　　　——アーリントン郡のクリエイティブ産業と保育事業

渋谷博史　243

8.1 アーリントン郡の雇用編成の変化 ……………………… 243

8.2 アーリントン郡経済開発部（AED）と
　　フロリダ理論 ………………………………………………… 245

8.3 クリエイティブ産業を軸とする経済社会の再編
　　—— AED 報告書『バージニア州のクリエイティブ経済』… 246

8.4 クリエイティブ・クラス誘致策
　　——パブリック・アート ………………………………… 253

8.5 クリエイティブ・クラスとサービス・クラス
　　——保育事業 ………………………………………………… 259

　　Column13　フロリダ教授の『クリエイティブ資本論』　248
　　Column14　アーリントン郡の保育センターの事例　266

おわりに——次の課題　271

索　引　273

執筆者一覧　275

第 I 部
アメリカ経済社会の理念と構造

第1章　アメリカ経済社会の理念
—— 自由主義とリベラルと保守

1.1　特別で特殊なアメリカ・モデル——ケネディとレーガン

アメリカ（United States of America）は特別かつ特殊な国である。グローバルな視野でみると、20世紀の第1次及び第2次世界大戦、さらに東西冷戦において圧倒的な勝者であり続け、アメリカを基軸とする世界構造を構築したという意味で特別である。そして、その基軸国アメリカの国内をみると、「自由」という理念に至上の価値を置く自由主義を編成原理として、市場経済と民主主義の経済社会システムを、可能な限り徹底的な形で構築しているという意味で特殊である。

しかも、その徹底的な自由主義に基づくアメリカ・モデルの経済社会システムは、アメリカを基軸とするグローバル編成が構築、拡大、強化されるプロセスにおいて、強烈かつ持続的なインパクトを世界各国に与え続けている。

その一つの典型的な事例が日本である。第2次世界大戦後のアメリカ占領下で制定された日本国憲法が規定する戦後日本の経済社会システムにおいて、最大の特徴は第9条による平和国家の理念である。そして、軍事力を放棄すると同時に基軸国アメリカの軍事力によるパクス・アメリカーナの「平和」を享受して、市場経済と民主主義の経済社会システムを構築、発展させることにな

る[1]。さらに、日本の経済力が強まるにつれて、アメリカ・モデルの経済システムをもっと受容することを要請され、とりわけ、冷戦が終結して「グローバル化」が進む1990年代からのプロセスの中でその要請は強まり、実際に日本の経済社会のアメリカ化がわれわれの眼前で実現している。

　本章では、グローバルにインパクトを与え続けるアメリカ・モデルの経済社会の本質と構造を解明するために、その理念を探りたい。

　アメリカの自由は観念的でなく、それぞれの個人における自立、自助、自律に裏打ちされる自由であり、したがって、その経済的基盤としての就労機会が重要で不可欠な要素である。たとえば、1963年8月28日にキング牧師たちによって実施されたワシントン大行進（March on Washington for Jobs and Freedom）は、黒人差別をなくすための法制度だけではなく、それ以上に重要な目的として自由の経済基盤として就労機会（Job）を求めるものであった[2]。

　その就労機会は市場経済の中で確保されるものである。経済成

---

1)　日本国憲法とパクス・アメリカーナの関係については、渋谷（2017）を参照されたい。

2)　本書におけるアメリカ経済社会の分析において、Jobは最重要なキーワードの一つであるだけではなく、アメリカの中でも政府文書や学術研究でも政策目標や政策評価の最重要なファクターである。日本では雇用と訳されることも多いが、本章では、後述のアメリカ自由主義の文脈から就労機会あるいは職という言葉を使用したい。本書の各章の執筆者もそれぞれの問題意識から就労機会、職、雇用という訳語を使用するが、それぞれの問題意識を重視する多様性が、本書のアメリカ経済社会分析のメリットと考えており、それぞれの多様な用語を尊重することにしたい。

長や景気安定のためのケインズ政策も、そのためにある。GDP や失業率や株価指数は目的ではなく、人々が自立的な暮らしをして自由を享受できる経済基盤を維持するための中間目標であることを忘れてはならない。後述のように、リベラル・ケインジアンのマスグレイブも、保守的な自由主義者のハイエクやブキャナンも、人々の自立に裏打ちされる自由を支える市場経済を維持するための政策手段が異なるだけであり、その根本的な目的は共有できている。20 世紀の世界を混乱させたファシズムや社会主義を排除することを目的として、市場経済と民主主義の経済社会システムを健全に維持するための方法について争うのである。

　アメリカ・モデルの市場経済と民主主義の経済社会システムの目的が、人々（People）が自由を確保するための自立的な暮らしの実現と、その生活を維持することであるとしても、現実のアメリカ経済社会は矛盾に満ちており、経済格差も著しいことは、周知のとおりである。

　ところが、社会矛盾や経済格差を解決する方法においてもアメリカ自由主義が内包される。さまざまな理由や原因で貧困状態にある人は、じっとして他人の支援を待つのではなく、自律的な自助努力で自立的に「社会的階段」を上るべきであり、他人の支援はそのプロセスに対して行われるというのが、アメリカ・モデルである。少し難しい表現であるが、アメリカ・モデルが最も強く現れるのは、アメリカ・モデルの理念や理想型を実現するプロセスにおいてである。そのプロセスにおいて、ケインズ的な所得再分配による消費刺激型の政策システムがよいのか、あるいは自由主義的な貯蓄・投資優先のサプライサイダー型の政策システムが

よいのか、さらには両者をいかにミックスすべきか、という形で問題が設定される。

いずれにしても、上記の市場経済と民主主義の経済社会システムを、ファシズムや社会主義への最良の対抗策とすることは、アメリカ社会で共有されている。

そういう視点から、20世紀後半の東西冷戦が本格化する1960年代初頭におけるケネディ大統領の就任演説[3]（1961年1月）が興味深い。同大統領は、当時の東西冷戦において、社会主義陣営との軍拡競争や戦争という手段ではなく、自由を最大の目的とするアメリカ・モデルの経済社会を一層発展させ、それを世界に広める「闘争」を宣言して、アメリカ国民全体に参加を求めて、以下のように述べている。

　　われわれが捧げるエネルギーと信念と献身は、アメリカとアメリカに奉仕するすべての人に灯をもたらし、その炎からの白熱が世界中に灯をもたらすことになる。
　　アメリカの同士諸君、国があなたのために何をしてくれるかをたずねないで下さい。あなたが国のために何ができるのかを考えてください。

すなわち、ケネディ大統領は、グローバルな体制選択の競争という東西冷戦の本質を踏まえて、アメリカ的な自由主義を実現する国民全体の姿を世界に提示することが、最も有効な闘い方であ

---

3) *Public Papers of U.S. Presidents, John F. Kennedy, 1961,* pp. 1-3.

るとして、アメリカの「豊かな社会」のなかで自立する国民に対して、この「闘い」への参加を呼びかけているのであろう。

さらに時代が進み、いよいよソ連等が自壊して東西冷戦が自由主義陣営の勝利に終わる直前の 1989 年 1 月のレーガン大統領の退任演説[4] も意味深い。同大統領は、8 年間の在任中に自由主義的な経済政策と軍事再建を通して、伝統的なアメリカを復活させ、世界のリーダーシップも取り戻したとして、以下のように述べている。

　常識に従えば、税金を重くすると生産は減少するので、減税したら生産が増えた。アメリカ史上最長の景気拡大の中で実質世帯所得が増加し、貧困率が低下し、企業が繁栄し、さらにアメリカ経済の競争力が強化されて輸出が増加し、国内外の保護主義の壁を打破した。

　また、常識に従って、平和の維持のために、われわれは軍事力の再建を実行した結果、地球上の平和が回復し、超大国の核軍縮に限らず、世界各地の地域紛争は止んでいる。いまや世界中の国々が自由市場と言論の自由に向かっており、過去のイデオロギーから離れつつある。

この「常識に従う」という表現の意味は、1970 年代からのアメリカ経済の不調や、アメリカの国際的な地位の低下の原因を民主党リベラル派の主導するケインズ・リベラルな「大きな政府」政策や、内向きの軍縮政策にあるとして、建国以来の伝統的な自由

---

4)　*Public Papers of U.S. Presidents, Ronald Reagan, 1988-89*, pp. 1718-1723.

主義の方向に回帰して、「小さな政府」政策や「強いアメリカ」の再建を目指すことで、成功したということである。

そしてレーガン大統領は、その自由主義的なアメリカ・モデルとして、有名な「丘の上の輝ける街」について述べた。

アメリカに自由を求めて渡ってきたピリグリム・ファーザーズの一人の言葉に「丘の上の輝ける街」がある。（レーガン大統領個人にとって：引用者）それは、「神に祝福された街」であり、すべての職業の人々が調和的な平和の中に暮らし、商工業や発明が盛んな自由港がある。そして、もし街の周りに壁があるとしても、その壁にはドアがあり、中に入ろうとする意思とハートがあれば、誰でも入ることができる。

（独立以来の：引用者）200年間、（「丘の上の輝ける街」は：引用者）堅固であり確かな光を放ち続けており、その街は灯台であり続け、自由を求める人々をひきつける磁石であった。

われわれは、その街をより強く、より自由にした。

すなわち、現代のアメリカ経済社会は、建国以来の伝統的な自由主義をアメリカ・モデルの根本理念として継承し、それを市場経済と民主主義の経済社会システムの編成軸として、その中で自由を享受する国民を世界に提示することが基軸国としての使命であり、また、その「丘の上の輝ける街」が指し示す方向に世界を導くことが、アメリカ側からみたグローバル化ということになろう。

1.2 自由主義と経済成長と格差——ハイエクとジョンソン

アメリカの伝統的な自由の概念を現代の資本主義的市場経済の中に位置づけるために、20世紀の代表的な保守派の論者であるハイエクの議論を聞こう[5]。

ハイエクは、自由状態を、「社会において一部の人が他の一部の人によって強制されることができる限り少ない人間の状態」[6]と定義し、さらに、「多数者が単に多数であるという理由で、自分自身には適用しない規則を、少数者に課す権利があるとするのは」、「民主主義の正当の根拠となる原則の侵害である」[7]と述べている。

すなわち、それぞれの個人が自分の暮らしや人生における選択や決定判断について他人の強制を受けないことを自由と呼び、民主主義システムの中で、たとえ多数側であっても少数側の個人の自由を侵害してはならないという意味であろう。

しかし、ハイエクの自由論も抽象的な観念論にとどまるものではない。「多数の人が個人的な成功を楽しめるのは、全体的にかなり急速に進歩する社会においてのみ」であり、「大多数の人びとが個人的な生活において前進に加わるためには、社会は相当の

---

5) ハイエクに関する記述は渋谷博史（2005b）と渋谷博史（2010b）に基づいている。ここで取り上げるハイエクの『自由の条件』は、第1部「自由の価値」、第2部「自由と法」、第3部「福祉国家における自由」で構成されている（春秋社から『ハイエク全集』第5-7巻、気賀健三・古賀勝次郎訳、が刊行されており、以下ではハイエク①②③と略記する）。

6) ハイエク① 21頁。

7) ハイエク③ 85頁。

速さで進む必要がある」[8] と述べて、社会における多くの人々が自由を実現するには、経済成長の中で就労機会を獲得することが不可欠な条件になるとする。上述の 1963 年ワシントン大行進において黒人の自由の基盤として就労機会が要求されたこととも整合する。

さらにハイエクは、その経済成長のために格差を容認して、次のように述べている[9]。

「進歩する社会においては、少数者の享受する富は」、「前衛に属する人たちがはじめた新しい生活様式の最初の兆候なのである」。
「多数者がその好まないものすべての出現を妨げることのできる世界は停滞した、多分、衰え行く世界であろう」。

すなわち、「前衛」に該当する少数の成功者が、自分の才能や勤勉や幸運によって「新しい生活様式」（画期的な発明やビジネス：引用者）をもたらし、その結果、経済的な報酬としての富を獲得することで、格差が生じたとしても、その発明や新企業が社会全

---

8) ハイエク① 33 頁。
9) ハイエク① 188 頁。またハイエクは、社会全体の発展と格差の関係について以下のように述べている（ハイエク③ 91-92 頁）。「比較的短期間に財産を築くことを、ある種の活動にたいする正当な報酬形態とは認めない社会が、長期的に企業制度を保持できるかどうかは疑わしい」。新しい企業の設立は、主としてかなりの資源を支配する個人によって実行される。一般に、新しい発展は、「特定の機会について熟知している少数の人によって後援されなければならないであろう」。

体の経済成長を通して、上記のように多数者にとって自由を発揮
できる条件をもたらすので、好ましいというのである。

このようなハイエクの議論をまとめると、第1に、人々の自由
を可能にする不可欠な条件として経済成長があり、第2に、その
経済成長は、「前衛」である少数者に先導されており、第3に、
その「前衛」を頂点とする社会的な階段を成す経済社会構造が想
定されており、そして第4に、その社会的階段をそれぞれの人が
上っていく行動が、自由のための自立と自助と自律の内実となる
のであろう。

ハイエクが見事に定義づけた自由の概念を共有しながら、それ
を市場経済と民主主義の経済社会システムの編成軸として現代ア
メリカの「豊かな社会」が実現され、また、先にみたように、リ
ベラル派の民主党ケネディ大統領や保守派のレーガン大統領が、
「丘の上の輝ける街」として指し示す方向に世界を導くというのが、
アメリカ側からみたグローバル化といえよう。

グローバル展開については後に検討するとして、その前にアメ
リカ国内におけるアメリカ・モデルの内的展開について、1960年
代のリベラル派による「貧困との闘い（War on Poverty）」を取
り上げて、検討しておこう。

1960年代半ばは、公民権法や福祉立法が成立してアメリカ史上
で最もリベラル派が盛り上がった時期とされる。民主党リベラル
派のジョンソン大統領は1964年1月の年頭教書[10]で、主として
黒人を対象とする、「貧困との闘い（War on Poverty）」を宣言

---

10) *Public Papers of U.S. Presidents, Lyndon B. Johnson, 1963-1964*（Washington: G.P.O., 1965), 1, pp. 112-118.

Column1

市場経済と法秩序：ハイエクと
映画『夜の大捜査線』を素材として

　ハイエクによるもう一つの興味深い論点は、自由と競争の市場経済と「法の支配」の関係であり、以下のように述べている*。

　　アダム・スミスとその後継者たちが反対した「政府の『干渉』あるいは『介入』とは……法の一般的規則によって守ろうとしていた私的領域の侵害」のみであって、「政府がみずから経済問題にかかわってはならないとは考えてはいなかった」。「介入とは……一部の特殊な目的を意図した政府権力の行使を意味したのである」。
　　「うまく機能する市場経済は、国家の側のある種の活動を前提としているし、その機能を助けるためにも、なお若干の活動が必要である」。

　すなわち、ハイエクは、国家権力による「法の支配」という秩序や制度が、市場経済の円滑な進行にとって不可欠であるとしたうえで、市場経済や自由が制限されるのを最小限にするために、国家による強制が「法の一般的規則として」運用されるべきとする（一部の利権や特定の利害に関与しないという意味：引用者）。
　このような市場経済と法秩序の関係について、アメリカ国内におけるアメリカ・モデルの浸透を具体的な例として考えてみよう。
　史上最高の傑作映画、『夜の大捜査線』(In the Heat of the Night、1967 年) を観ると、南部の田舎町スパルタにアメリカ・モデル

*ハイエク② 124-126 頁、139-140 頁。

の市場経済と民主主義の経済社会システムが浸透していくプロセスを、ハードボイルドなサスペンスを通して観察できる。北部から進出する企業の工場建設が具体化されるタイミングで、その企業の社長が強盗に殺害される事件に北部の大都市フィラデルフィアの黒人刑事バージル（シドニー・ポアティエ）が偶然巻き込まれる場面から始まる。

　この地域では大農場の綿花栽培を基盤とする経済社会編成が歴史的に形成されていたが、いよいよアメリカの資本主義的な市場経済を象徴する工場が進出して新たな経済発展の機会が提供される。被害者の妻（社長夫人）は、北部におけるアメリカ・モデルの法秩序に基づく捜査を求め、そうでなければ工場を撤退すると主張する。北部の科学的な捜査力と遵法精神を有するバージル刑事がその法秩序を体現している。バージル刑事が黒人であるがゆえに南部地域社会は捜査に非協力的であるが、結局は新しい就業機会の魅力のためにその法秩序を受け入れる。

　アメリカ・モデルの観察者にとって興味深いのは、スパルタ町の警察署長（白人）である。古い南部社会の通念を持ちながら、法正義を護る職務を忠実に遂行することで、バージル刑事の体現するアメリカ・モデルの法秩序を貫徹させる役割を果たしたのであり、その結果、北部企業の工場の進出と定着に寄与した。

　すなわち、アメリカ・モデルが浸透、展開するには、その地域の側にそれを受容する環境が醸成されていることが不可欠な条件である。この映画のようなアメリカ国内への浸透に限らず、グローバルに展開する場合にも相手国にアメリカ・モデルを受容できる環境がどの程度醸成されているかによって、結果は大いに異なるのであろう。本書の第4章で検討するアメリカの国際援助の本質的な役割につながる論理と考えられる。

した。そこでは、日本人が想像するような生存権保障の論理ではなく、ハイエクが定義するアメリカ的な自由主義の枠内におけるリベラル派の積極的な「自由のための自立への支援」の論理を読み取ることができる。

貧困は全米的な問題であり、全米規模の組織と支援の拡充が必要である。しかし、この闘いは州・地方レベルで構築すべきであり、また州・地方政府の支援と運営によるべきである。
基本的な生活が不可能な貧困層（アメリカ人の5分の1）を支援する「貧困との闘い」の重点的な政策分野は、教育・医療・住宅・職業訓練・就業機会である。貧困の原因は、「彼らの能力を伸ばすための公正な機会（a fair chance to develop their own capacities）」が提供されていないことであり、そのために、教育や職業訓練・医療・住宅、そして、子供の育成に適する「まともなコミュニティ（decent communities）」が必要である[11]。

すなわち、「貧困との闘い」の理念は、「彼らの能力を伸ばすための公正な機会」という表現にみられるように、アメリカ自由主義と整合しており、その理念に基づいて教育や職業訓練や地域再生等の政策手段が編成されるというのである。ただし、ここで注意すべきは、従来よりも連邦政府が積極的に関与することの根拠として、全米規模で存在する黒人等の構造的な貧困という認識を

---

11) それらの政策分野における具体的な施策については、渋谷博史（2005b）を参照されたい。

1.2 自由主義と経済成長と格差   15

示しながら、他方では、州・地方政府の主体性を重視する分権システム（後述のようにアメリカ自由主義にとって重要な制度）を侵害しないという枠組みも確認していることである[12]。

そして、同年3月に、ジョンソン大統領は1964年経済機会均等法（Economic Opportunity Act of 1964）を提案するための「貧困との闘い」演説[13]で、貧困の結果への対策ではなく、貧困の原因に焦点を当てるとして、以下のように論を進める。第1は若年層に対する職業訓練や教育機会の支援、第2はコミュニティ再開発プログラム、第3は「貧困との闘い」のためにボランティア人材を募集して訓練すること（上述の1961年ケネディ演説にあった国民への参加呼びかけの具体化と言えよう：引用者）、第4は連邦レベルでの経済機会局の設立である（州・地方政府の主体性を基礎としながらも連邦政府の側の主導性も強化するという意図：引用者）。

すなわち、1960年代半ばのリベラル派による貧困対策も、若年層を中心とする貧困層の自助努力に対する支援という形であった。そして、そのプロセスに、広範な国民の参加を呼びかけている。逆からみれば、上述のハイエク的な「格差を内蔵しながら全体が上昇する社会」を前提として、その中の社会的階段をそれぞ

---

12) そしてジョンソン大統領は、「都市部のスラム街や非都市部の小さなタウンでも、（南部黒人の：引用者）小作人の小屋や移民労働者の飯場やアメリカ先住民居留地（Indian Reservations）でも、白人も黒人もその政策対象とする」という表現を通して、アメリカ社会を構成する多様な人々のすべてを対象とすることを強調する。

13) *Public Papers of U.S. Presidents, Lyndon B. Johnson, 1963-1964* (Washington: G.P.O., 1965), 1, pp. 375-380.

Column2

アメリカ・モデルとアメリカ経済社会の乖離

アメリカ・モデルが力強くグローバル展開を続けており、そのキーワードは、本文で検討したケネディやレーガンの演説に共有されるアメリカの伝統的な自由主義の理念であり、それを具体化する「場所」が、アメリカ・モデルの支える市場経済と民主主義の経済社会システムの中に存在する社会的な階段である。

しかし、自由主義を理念とするアメリカ・モデルと現実のアメリカ経済社会は乖離している。逆からみれば、その乖離を埋めてアメリカ・モデルの理想型を実現するための闘いの中にアメリカ・モデルが典型的に現れる。上述のケネディ演説の中で国民すべてに参加を呼びかける闘いがこれである。その乖離の中でも最も顕著なのが黒人問題であった。

上杉 忍（2013）が指摘するように[*]、イギリス等における産業革命で綿工業が発展したことで、アメリカの綿花の栽培と輸出が爆発的に増加して 19 世紀のアメリカ経済の中心となったことが、当時の黒人奴隷制を規定した。奴隷解放を争点とする南北戦争が始まった 1860 年時点で全輸出額の 58％を綿花が占め、奴隷人口の 72％が綿花栽培に従事していたというのである。後述のマルクスが観察していた 19 世紀時点の資本主義のグローバル展開の重要な一環として、アメリカ南部の黒人奴隷制が安価な労働

[*]上杉 忍（2013）31-32 頁。

れの個人が上る能力を獲得するのを、政府部門や地域コミュニティのボランティアが支援するという理念と構造である。

その支援を、アメリカ自由主義の枠内で積極的に拡充するのが

力として組み入れられていたのである。

　南北戦争の結果、建前としては、黒人にも自由が与えられたが、実際には、綿作にしか技能をもたない黒人は、分益小作人（シェアクロッパー）として大農園に従属し、経済的な支配の下に置かれた。

　20世紀になるとアメリカ経済の工業化、サービス化によって都市部における就業機会が増加し、また農業部門の機械化も進むことで、黒人の都市部、主に北部大都市への移動も増加するが、やはり、本文に引用しているジョンソン演説にみるように、教育や職業訓練の機会の欠如によって構造的な貧困から抜け出すことが困難であった[**]。

　その対策として提案されるリベラル派の「貧困との闘い」においてアメリカ自由主義の理念が内蔵されていることは本文にみるとおりであるが、そのアメリカ自由主義の理想と現実の乖離を埋めるための対策が国民全体の参加で進められるプロセスにこそ、最もアメリカ・モデルが表現されるとみることもできよう。

　このような国内の「貧困との闘い」と同時並行でベトナム戦争が拡大したのは、矛盾する現象ではなく、同質の内実を持つアメリカ自由主義を実現、拡大するための「闘い」であったと言えるかもしれない。ちなみにワシントン D.C. にある「ベトナム戦死者の碑」の向かいに建てられた「朝鮮戦争の碑」には「Freedom is not Free」と書かれている。

[**]黒人の構造的貧困については渋谷（2005b）第4章第3節を参照されたい。

リベラル派であり、必要最小限に抑制するのが保守派である。その対立と共通点については、次節でマスグレイブとブキャナンを素材に検討しよう。

1.3 リベラルと保守——マスグレイブとブキャナン

　保守派のブキャナンとリベラル派のマスグレイブが共同執筆する『財政学と公共選択』を読むと、両者が、自由という至上の価値を共有していることがわかる。しかもその自由主義は観念的なものではなく、20世紀の現代史における悲劇的な記憶に裏打ちされ、強烈な現実主義にもとづくものである。

　マスグレイブは、周知のように、リベラル・ケインジアンの代表格の財政学者であるが、決して、財政面の政策手段を使ってアメリカ経済を操作することを目的とはしていない。もっと大きな歴史的な視野を有しており、その政策手段によって、経済の安定化あるいは成長を促進することで、アメリカ自由主義を軸とする市場経済と民主主義の経済社会システムを維持することを目的としている。

　マスグレイブの別の書物（『財政組織論』）によると、市場経済の発展の下で社会の民主化も進展するという長期的な歴史傾向を想定しており、その歴史傾向が進展するプロセスにおいては、戦争等の混乱要因によって紆余曲折はあるが、長期的には、それを乗り越えるための闘いを通して「民主主義社会および福祉社会への道」を辿るという歴史観がある[14]。

　マスグレイブは、ブキャナンとの共著の中で、20世紀の現代史について、「第1次世界大戦、ロシア革命、ドイツのインフレ、

　14）渋谷博史（2005d）ではマスグレイブが想定する長期的な歴史傾向について、ピーコック及びワイズマンの「転位効果」論も交えて検討しているので、参照されたい。

賠償金、ヒトラーの登場、ガラスの夜、第 2 次世界大戦、共産主義の崩壊、市場の復興、ベトナム、そしてとくにアメリカにおける公共部門への信頼とそれへの敵意ではないにしても懐疑論への移行」と、具体的かつ印象的な表現をしたのち、以下のように続けている [15]。

　　わたしの世紀（20 世紀：引用者）は、調和と均衡のモデルとはほど遠く、最悪の場合には専制国家を経験したが、それと同時に、民主主義社会および福祉社会への道をたどった。わたしは、ワイマール共和国の期待がそうであったかもしれないものをつかの間であったとしてもはじめてかいま見させた時、そしてその後ニューディール当時と 1960 年代初めの陽気な雰囲気の中で再び、すぐにその見方を共有した。

　すなわち、20 世紀の混乱要因として、旧ソ連のレーニンやスターリンによる社会主義革命や、ドイツのヒトラーによるナチス帝国が位置づけられており、それらが登場して大衆の心をつかんだのは経済的な困難の故であるということから、マスグレイブの財政理論が生まれたのである。
　特に、ドイツのワイマール共和国では「民主主義社会および福祉社会への道」が「束の間の期待」に終わり、1938 年 11 月の「水晶の夜」（壊れたガラスの夜）のユダヤ人襲撃を契機にユダヤ人弾圧が徹底化した経緯の根本的な原因を、驚異的なインフレと

　15）　R. マスグレイブ・J. ブキャナン（1999）34 頁。

戦勝国への賠償金の重圧がもたらす経済状況の悪化の故にヒトラーが大衆の心をつかんだことと考えたようである。

そのような反省から、戦後アメリカの「豊かな社会」の中で大衆の一人ひとりが「自立する個人」として市場経済と民主主義の経済社会システムを担うようなアメリカ・モデルを国内外に提示することが、最も効果的な形で、上記の「民主主義社会および福祉社会への道」を進展させる方法ということになる。

こうして20世紀の現代史の文脈の中でみることで、上述のハイエクによる、「社会において一部の人が他の一部の人によって強制されることができる限り少ない人間の状態」という自由の定義と、ケネディ演説やマスグレイブ財政学は、アメリカ自由主義を共有していると考えることができる。また、ハイエクの「多数の人が個人的な成功を楽しめるのは、全体的にかなり急速に進歩する社会においてのみである」という想定も、ワイマール期の経済的混乱からナチズムに至ったことへの反省と踏まえれば、マスグレイブ財政学による「大きな政府」的な経済成長策と整合するとみることもできよう。

そして、マスグレイブの現代史は進んで、第2次世界大戦でナチズムやファシズムが撃退され、アメリカ等の自由主義陣営では市場経済が繁栄し、長い冷戦の途中ではベトナム戦争の敗北はあったが、結局はソ連・東欧等の共産主義が崩壊した。アメリカ国内では1960年代のケネディ及びジョンソンの民主党リベラル派の時期に「公共部門への信頼」が強まり、マスグレイブ財政学の主張する財政政策や経済政策や福祉政策（所得再配分）が実施された。その後のスタグフレーションの下で1970年代末からは、

1.3 リベラルと保守   21

「小さな政府」論による「サプライサイダー」的な貯蓄・投資優先の政策システムへの転換があり、それをマスグレイブは「公共部門への敵意ではないにしても懐疑論への移行」と表現している。

　リベラル・ケインジアン的な「大きな政府」や所得再分配の仕組みである福祉国家の拡充を唱えるマスグレイブは、ファシズムやナチズムや社会主義の危険を回避して、自由を至上価値とする経済社会の建設のための重要な手段としてそれらを提言している。ところが、『財政学と公共選択』の共著者であり、保守派の代表的な論客であるブキャナンは、何故にアメリカ自由主義の信奉者であるマスグレイブと対立するのか。保守的な新自由主義もリベラル・ケインジアンも、ファシズムやナチズムや社会主義を否定して「個人の自由」を確立、維持することを共通の目的としているが、その上で、民主主義と市場経済をいかなる形で組み合わせてアメリカ経済社会を設計するかという次元で対立すると考えられる。

　マスグレイブによるブキャナンへの批判は次のとおりである[16]。第1に、中央集権化による累進税制による税収は、政府部門の所得再分配の拡大を可能にするが、（ブキャナンの求める：引用者）分権化は、連邦予算の削減と州レベルと地方レベルへの財政責任の委譲を意味している。第2に、それは、上位の累進的な連邦税システムから、州・地方レベルにおける「より公平でない課税」に重きをおき、「財政競争の範囲を広げる方向に移行すること」（全米統一の課税システムから、州・地方レベルの分立的なシス

---

16)　R. マスグレイブ・J. ブキャナン（1999）190、205 頁。

テムへの移行によって減税競争が起こるという想定であろう：引用者）である。そして第3に、同時に、州・地方政府レベルにおける「小さな政府」を意味する。

すなわち、マスグレイブ財政学の基準からみれば、経済成長の下で連邦政府における累進的な所得税制が弾力性の高い増収をもたらし、それを財源にして所得再分配的な福祉国家を拡充するという「大きな政府」政策によって社会全体の消費を刺激すれば、一層の経済成長につながるので、そのような好循環によるアメリカ経済の持続的な成長となり、その結果、上述のハイエク的な「全体的にかなり急速に進歩する社会」を維持できることになる。それ故に、ブキャナンによる分権化の要請は、その好循環を断ち切ってハイエク的な社会状況を可能にする条件を断念することにつながり、アメリカ・モデルの民主化への動力を減退させることになると批判するのであろう。

ところが、ブキャナンの反論は実に面白い[17]。

中央政府と一連の地方政府の間における権力の分割が効率的とならない場合でさえ、それでもなお、中央政府権力をコントロール（制御：引用者）するあるいはチェックするという意味で、ある権力をそれら地方政府に委譲することに賛成する議論があるだろう。

すなわち、中央集権化を進めてマスグレイブ的な政策システム

---

17) R.マスグレイブ・J.ブキャナン（1999）210頁。

によってアメリカ経済の成長が可能になることを認めたとしても、あるいは、マスグレイブが指摘するように、ブキャナンが望むように分権化の方向に政府部門を再編して、州・地方政府の側の主体性、主導性を強めることが、アメリカ経済の成長を損なうことがあるとしても、それよりも重要な政策課題が、中央政府権力に対するコントロール（制御：引用者）あるいはチェックであり、地方政府への権力の委譲というのであろう。

　本章で何回も言及しているハイエクによる自由の定義、「社会において一部の人が他の一部の人によって強制されることができる限り少ない人間の状態」を基準として考えると、中央政府に権力を集中するよりは、地方政府に権限を分散する方が、自由に対する制限が小さくなる。全米のそれぞれの地域に住む個人にとって、ワシントンの連邦政府やニューヨークの大金融資本による支配の程度を強めるよりも、身近な州政府や地方政府に権限を置く方が、あるいはニューヨークのウォール・ストリートの大金融資本よりも身近な「メイン・ストリート」の日常的な取引のある金融機関との取引が安心である。

　さらにブキャナンは、中央集権化によるマイナス面について、「財政的再分配が、大規模な選挙民をもつ政体の権限を通じて、税金で賄われる福祉移転という形で実行される」と、その中で「独立心や、法の遵守、独立独歩、勤勉、自信、永続感、信頼、相互尊重、寛容という個人の態度」が失われていったと述べている[18]。

　もちろん、ブキャナンの言う、「独立心や、法の遵守、独立独歩、

---

18)　R. マスグレイブ・J. ブキャナン（1999）246-247 頁、262-263 頁。

勤勉、自信、永続感、信頼、相互尊重、寛容という個人の態度」は、アメリカ自由主義を体現してアメリカ・モデルの経済社会を支える自立的な個人を特徴づけるものである。そのような自立的な個人を堕落させるのが、マスグレイブの提唱する中央集権的な「大きな政府」であると非難する。ブキャナンの分権的「小さな政府」論では、たとえマスグレイブの指摘する経済効果を喪失することがあっても、中央集権的な「大きな政府」の政策スキームがもたらす人間的堕落を排除して、健全で信頼できる人格を有する個人を社会基盤とすることを優先すべきということになる。

　そして、ブキャナンは、1980年代のレーガン政権による分権的な「小さな政府」政策の展開が、あの「丘の上の輝ける街」を復活させる道であると評価している[19]。

　先に引用した1980年代末のレーガン大統領の退任演説にあったように、その「丘の上の輝ける街」が1990年代以降のグローバル展開におけるアメリカ・モデルの象徴となる。これも繰り返しになるが、1960年代初めのケネディ大統領の就任演説にあったように、そのアメリカで再建された「丘の上の輝ける街」を支えるのは、ブキャナン的な内実を有する自立的な個人である。

　ここでブキャナンのいう中央政府の権力に対する制御とチェックを通して、それぞれの地域、コミュニティにおける自立と自助

---

19)　実際には国民的経済の統合やグローバル化の進展に伴って、連邦政府の集権的な政策も採用されるが、上述の1960年代の事例のように、「大きな政府」的な「貧困との闘い」や経済機会均等法を提言する時には、州・地方政府の主体性を重視するアメリカ的な分権システムの原理を内蔵する制度設計になっていた。

という高い価値を維持することが、いわばアメリカ的価値を護るための「内なる闘い」の重要な一環とみることができよう。このような「内なる闘い」を持続することによって国内で「丘の上の輝ける街」を再建、維持して、それを「外なる闘い」を通してグローバルに展開、普及する運動が、アメリカ・モデルの全体像である[20]。

　ただし、理念や観念だけではアメリカ・モデルのグローバル展開は進まないのであり、「内なる闘い」と同様に、アメリカ・モデルの自由にとって不可欠な経済的な基盤も視野に入れて、次節で検討しよう。

1.4　アメリカ・モデルのグローバル展開——マルクスとセン

　20世紀末からのグローバル化について世界中を取材したトーマス・フリードマン（保守派経済学者のフリードマン教授とは別人のジャーナリスト、ニューヨーク・タイムズ社出身）が書き上げた『フラット化する世界』の中で、現在のグローバル化の分析において、マルクスの『共産党宣言』（1848年）の資本主義分析が有用であるとする、政治哲学者サンデル（ハーバード大学）の発言が、紹介されている[21]。すなわち、「科学技術と資本は世界貿易を阻むあらゆる垣根や境界線や摩擦や抑制を排除しようと飽くなき進軍を続ける」というマルクスの理論は、「程度が違う」が

---

20)　本節におけるブキャナンとマスグレイブの共通点と相違点の検討は、渋谷博史（2010b）で詳細に行ったものを簡潔に紹介したものであり、参照されたい。

21)　T. フリードマン（2005）上巻、328-335頁。

今日のグローバル化と同じであり、「資本主義は封建的・国家的・宗教的帰属意識をすべて解体する力であり、市場の必要性に律せられる世界共通の文明の勃興をもたらす」という『共産党宣言』の記述も、同様であるというのである。

そしてフリードマン自身も、「産業革命中に世界をフラット化した力を、マルクスが明敏に指摘し、なおかつその力が現在に至るまで世界をフラット化する流れを予測した」（フリードマンは現在のグローバル化を世界のフラット化と呼んでいる：引用者）と述べている[22]。

さて、その『共産党宣言』を読んでみよう[23]。マルクスは、「蒸気と機械装置」による産業革命と近代的大工業の出現が「世界市場」（商業、航海、陸上交通）を発展させたこと、そして、資本主義的市場経済が人間社会の内部に本質的に浸透し、「人間と人間のあいだ」の「きずな」が、「むきだしの利害」や「つめたい『現金勘定』」だけになってしまったとして、その内的深化を指摘した。

すなわち、マルクスは、資本主義的市場経済が国内の人間社会に深く浸透するプロセスは、同時にその外的展開とともに進行することを知っていた。逆にいえば、世界市場におけるグローバルな展開がもたらす力強い経済成長の故に、国内における強烈な浸透も可能になったのかもしれない。

　国内の原料ではなく、もっとも遠く離れた地帯から出る原料

22）T. フリードマン（2005）上巻、330 頁。

23）マルクス（1848）42-50 頁。

にも加工する産業であり、そしてまたその産業の製品は、国内自身において消費されるばかりでなく、同時にあらゆる大陸において消費されるのである。

　昔は地方的、民族的に自足し、まとまっていたのに対して、それに代ってあらゆる方面との交易、民族相互のあらゆる面にわたる依存関係が現れる。

　彼等（ブルジョア階級：引用者）の商品の安い価格は重砲隊であり、これを打ち出せば万里の長城も破壊され、未開人のどんな頑固な異国人嫌いも降伏を余儀なくされる。

　たしかにサンデルやフリードマンの言うように、この記述は、まるで現代のグローバル化の様子を語っているように思える。すなわち、資本主義的市場経済は、破壊的と思えるほどに力強くグローバル展開する DNA を歴史的に内蔵していたのである。

　ただし、マルクスの『共産党宣言』における予測と期待の部分は未だに実現していない。資本主義的市場経済に必然的に周期的に発生する経済恐慌を契機にして、「機械装置がだんだんに労働の差異を消滅させ、賃金を低い水準に引き下げる」という条件下で団結する労働者階級が社会主義社会を実現するはずであった。ところが、現実の歴史過程では、20 世紀アメリカの GM 等の大企業の労使関係に典型的に見られるように、大量生産と大量消費の大衆的な「豊かな社会」が実現した。そして、フリードマンの『フラット化する世界』が実証するように、資本主義的市場経済のグローバル展開が、いまなお力強く進行している。

　最後に、本節の冒頭で紹介したサンデルの発言にある、「市場

の必要性に律せられる世界共通の文明の勃興」という表現について考えておこう。マルクス的な視点からみれば、その「文明」は、「現金勘定」的な利害関係に律せられることになりそうである。しかし、本章のアメリカ・モデルの問題意識からみれば、現在のグローバル化における「世界共通の文明」は、20世紀の第1次及び第2世界次大戦や東西冷戦の勝利者であるアメリカにおける国内社会編成の軸となるアメリカ自由主義が、その「世界共通の文明」として発信されるアメリカ・モデルの原型となりそうである。

　そのアメリカ自由主義を織り込む「世界共通の文明」を考えるときに、アマルティア・センによる『グローバリゼーションと人間の安全保障』[24]が興味深い論点を提起している。

　第1に、グローバル化は、「西洋化が地球規模で進行する現象である」とみなされるが、その評価は分かれており、たしかに、「思想や信条に関する西洋帝国主義の拡大であり、富者をさらに豊かにし、貧者をさらに貧しくする」という否定的な主張もあるが、センは、「経済のグローバルな相関関係が生み出す成果」を肯定的に認めて、その「潜在利益を、富裕国と貧困国との間で、あるいは国内の様々なグループの間で、どう配分するかということ」が問題の核心とする[25]。

　第2に、センは、そのグローバル規模の仕組みの理念としてヒューマン・セキュリティ（Human Security）を掲げ、その対象として、ルワンダ、コンゴ、旧ユーゴスラビア等における「野蛮な行為によって発生する国境を越えた大量難民問題」や、重大感

---

24)　A. セン（2009）。

25)　A. セン（2009）33-34頁。

１.４　アメリカ・モデルのグローバル展開　　29

染病だけではなく、経済危機の国際的な拡大（例えば1997年の
アジア経済危機による東アジアにおける失業）も含めている[26]。

　そして第３に、厳しい貧困の原因として、学校や病院などの社
会システムや統治体制の欠如をあげており、「民主主義的な経済
運営、市民の権利、基本的人権、自由で開放されたメディア、基
本的教育と健康管理を提供する施設、経済的安全ネット」、さら
には「女性の自由と権利を保護する諸制度」という社会制度が、
市場経済を補完することの重要性を説いている[27]。

　以上の論点から解釈すると、センは、グローバルな資本主義的
な経済発展のシステムを肯定したうえで、政府部門あるいは政府
間の協力による所得配分の修正、あるいは矯正に焦点を置くよう
である。いわば、経済発展力の強い資本主義による「痛み」を緩
和するために内蔵される福祉国家を、地球規模に拡大する方向で
ある。逆に言えば、「痛み」を緩和して人間社会を護る福祉国家
システムを内蔵しないと、資本主義的市場経済が社会全体に展開
できないのであれば、それがグローバル展開するには、グローバ
ル規模の福祉国家的な仕組みが不可欠となるのであろう[28]。

　最後に第４に、西洋と東洋の和解と共存のために、センは、「世
界を一つに結ぶ力強い源泉は、私たちが同じ人間として共有する
もの」だけではなく、「私たちの多様性が多面的であることこそ、
世界を一つにするときに欠かせない」という[29]。これは難解な表

26)　A.セン（2009）42-44頁。

27)　A.セン（2009）46、50頁。

28)　福祉国家的な仕組みのグローバル展開については、渋谷博史・河﨑信樹（2017）
　　を参照されたい。

29)　A.セン（2009）99頁。

Column3

楽観主義のアメリカ自由主義とその外への攻撃性

『メイド・イン・マンハッタン』という映画がある。ニューヨークのマンハッタンで生産されたという意味ではなく、マンハッタンにある高級ホテルのメイドさん（ジェニファー・ロペスが演じるマリサ）の物語である。ニューヨーク選出の上院議員の家系の御曹司との結婚に至る現代のシンデレラ物語のヒロインは、マンハッタン地域の北側に位置するかなりの貧困地域、ブロンクスに住むヒスパニックのシングル・マザーである。

不利な初期条件（ブロンクスに生まれたヒスパニック）にもかかわらず、マリサは、Job（高級ホテルのメイドの仕事）を勤勉に務めることで常連の客の信頼も獲得する。自由の基盤となる勤勉な労働には、他者からも認められるという客観的な評価が必要不可欠である。しかも、この映画では、メイドさんを含めて従業員全体の勤勉な労働によって、高級ホテルの評価も決まることを示す。すなわち、高級な建物や備品だけでは不十分であり、そこで展開される個々の労働やその体系的な運営が、客から信頼できるものであることが、最重要なのである。

そのアメリカの自由主義と資本主義のシステムの中で、マリサが評価されてマネージャー職への昇進の機会を獲得するタイミングで事件が起こった。詳しい経緯は映画を観てもらうとして、マリサは客からクリーニングに出すようにと預かった服を着て、上記の王子様とのデートに出かけたことが発覚して、昇進機会だけではなくメイド職さえも失い、王子様との恋も失った。さてアメ

現である。一方で、世界の多面的な多様性を統合するファクターが必要であり、それがセンの理性的、論理的な Human Security であるが、他方で、そのための社会的な制度やシステムは、それ

リカ自由主義は、ここから本領発揮である。マリサは自分の失敗を反省して克服して努力して、再び Job と王子様との恋も取り戻すのであり、王子様も社会もそのプロセスを積極的に受け入れるのである。

アメリカの良き人々は感動的なハッピーエンドに泣き笑いしたはずであり、アメリカ・モデルの自由主義の良き教科書になっている。アメリカの経済社会編成もグローバル化展開も、この良き人々の自由主義を理念としている。

ところが、その良き人々の夢を裏から見つめる皮肉な映画もある。それがハリウッドの懐の深さである。『ダンス・ウィズ・ウルブズ』という歴史的なスケールの大きな映画である。

幕末から明治維新に至る 1860 年代は世界的に騒々しい時代であった。アメリカでも黒人奴隷解放と南部独立問題を争点とする南北戦争が北軍の勝利に終わったが、北軍のジョン・ダンバー中尉は自ら希望して西部の荒れ野の騎兵隊に赴任し、インディアン（ネイティブ・アメリカン：引用者）と交流していた。ところが、南北戦争を自由主義のために戦ったはずの「北軍」がインディアンを駆逐する軍事力として登場し、東部の市場経済と民主主義の経済社会システムを外延的に展開する。

すなわち、アメリカ自由主義の理念と論理で構成されるアメリカ・モデル経済社会は、それを受容しないと判断される人々を排除しながら、外延的に拡大する。21 世紀の「ウルフ」（自然）やインディアン（地球上の非アメリカ・モデル社会、社会主義や伝統社会等）に対して、アメリカ・モデルを浸透させるのが、アメリカ主導のグローバル化と理解できる側面も大きい。

ぞれの国や地域における多様性を許容するものというのであろう。

先に検討したマルクス的な視点からみれば、グローバル化する世界市場を律するのは「現金勘定」的な利害関係のルールとなる

かもしれない。しかし、第2節でみたハイエク的な自由主義から
みれば、市場経済の成立と維持においては「法の一般的規則」と
いう形の法秩序が不可欠であり、その法秩序を維持、確保するた
めの国際的な仕組みの構築が必要である。その根本的な理念とし
て、Human Security が提起されたのかもしれない。

　さらに言えば、ハイエク的な自由主義を実現する政策手段につ
いて、マスグレイブやジョンソン大統領の「大きな政府」政策に
よる所得再配分や成長促進も効果的であるが、他方ではブキャナ
ン的な歯止め、すなわち、分権的な仕組みを堅持して健全な自由
主義を護るための歯止めも不可欠な要素である。上記のセンの4
番目の論点である多面性と多様性の許容は、このブキャナン的な
歯止めの国際的な応用とみることができよう。仮に開発独裁的な
政策システムの方が成長促進的だとしても、人々の自由と自律を
重視するのであれば、できるだけ多面性と多様性を尊重する理念
と政策を軽視すべきでないということになる。

　以上のような、アメリカ自由主義を編成軸とするアメリカ・モ
デルの経済社会が国内外で浸透、展開する現代のグローバル化の
プロセスという文脈を意識しながら、第2章から具体的、実証的
に検討を進めていこう。

第1章参考文献

上杉 忍（2013）『アメリカ黒人の歴史』中央公論新社
木下武徳・吉田健三・加藤美穂子編（2017）『日本の社会保障システム：
　　理念とデザイン』東京大学出版会

渋谷博史（2005a）『20世紀アメリカ財政史Ⅰ』東京大学出版会

渋谷博史（2005b）『20世紀アメリカ財政史Ⅱ』東京大学出版会

渋谷博史（2005c）『20世紀アメリカ財政史Ⅲ』東京大学出版会

渋谷博史（2005d）「20世紀の現代史とアメリカ財政：分析視角」（渋谷博史（2005a）所収）

渋谷博史（2005e）「アメリカ型福祉国家の分析視角」（渋谷博史（2005b）所収）

渋谷博史（2005f）「21世紀への展望」（渋谷博史（2005c）所収）

渋谷博史編（2010a）『アメリカ・モデルとグローバル化Ⅰ』昭和堂

渋谷博史（2010b）「『アメリカ・モデルとグローバル化』をみる眼」（渋谷博史編（2010a）所収）

渋谷博史（2012）「アメリカの分権システムをみる眼」（渋谷博史・根岸毅宏編（2012）所収）

渋谷博史（2013a）「アメリカ・モデルの二面性」（渋谷博史・樋口 均・塙 武郎編（2013）所収）

渋谷博史（2013b）「グローバル化とアメリカ・モデルの視点」（渋谷博史・河﨑信樹・田村太一編（2013）所収）

渋谷博史（2017）「日本の社会保障システムの理念」（木下武徳・吉田健三・加藤美穂子編（2017）所収）

渋谷博史・河﨑信樹（2017）「21世紀の福祉国家のグローバル展開」（木下武徳・吉田健三・加藤美穂子編（2017）所収）

渋谷博史・河﨑信樹・田村太一編（2013）『世界経済とグローバル化』学文社

渋谷博史・根岸毅宏編（2012）『アメリカの分権と民間活用』日本経済評論社

渋谷博史・樋口 均・塙 武郎編（2013）『アメリカ経済とグローバル化』学文社）

A.セン（2009）『グローバリゼーションと人間の安全保障』（加藤幹夫訳）日本経団連出版

F. ハイエク（1960）『自由の条件』（気賀健三・古賀勝次郎訳）春秋
　　社（『ハイエク全集』第5-7巻）

T. フリードマン（2005）『フラット化する世界』上下（伏見威蕃訳）
　　日本経済新聞出版社

R. マスグレイブ（1969）『財政組織論』（大阪大学財政研究会訳）有
　　斐閣

R. マスグレイブ・J. ブキャナン（1999）『財政学と公共選択』（大泉智
　　宏他訳）勁草書房

K. マルクス・F. エンゲルス（1848）『共産党宣言』（岩波文庫版、大
　　内兵衛・向坂逸郎訳）

Public Papers of U.S. Presidents, John F. Kennedy, 1961（Washing-
　　ton: G.P.O., 1962）.

Public Papers of U.S. Presidents, Lyndon B. Johnson, 1963-1964
　　（Washington: G.P.O., 1965）.

Public Papers of U.S. Presidents, Ronald Reagan, 1988-89（Wash-
　　ington: G.P.O., 1991）.

第2章　アメリカ経済社会の基本構造
――労働編成と産業構造、金融・財政

「人はパンのみにて生きるにあらず」というが、パンなしで生きることはできない。適度な栄養と水と暖がなければ生命が維持できない。そして、前章でみたように、アメリカ自由主義を共有して誇りをもって生きるには、自分と家族の「パン」を稼ぐ（Earn）ための Job（仕事）が不可欠である。アメリカ経済社会の基本構造は、そういうアメリカ自由主義と Job を軸としている。

　経済学を勉強する時に気を付けるべきなのは、企業・政府・組織・制度が意思をもって決定しているという錯覚に陥らないことである。眼を凝らしてみるとわかるのだが、すべての経済現象は、それらの企業・政府・組織・制度を担っている人間の意思と判断で動いている。それぞれのアメリカ人（ネイティブ・アメリカンも、旧移民も、新移民も）が自分自身の自由の基盤とする Job がそれぞれに関連付けられる仕組みとして、現代のアメリカ経済における労働編成や産業構造を考察したい。

　しかも、その仕組みが 20 世紀末からの強烈かつ急激なグローバル化と IT 化の中で大きく再編されており、その再編によって、一方では倒産や失業も生じるが、他方では比較優位的な産業や企業が拡大して Job も創出されるので、世界中から流入する新移民もアメリカ的自由を求める機会を提供されており、またその新移民の存在が 21 世紀的な構造にとって不可欠な存在にもなってい

る。

　そういう視点から労働編成と産業構造と金融・財政を概観する
のが本章の目的である。

2.1　労働編成——サービス化と格差

　まず、図表2-1で労働人口の大きな変化をみることから始めよ
う。

　第1に、冷戦の終焉とグローバル化が始まった1990年から2015
年までの25年間に、14歳以上の就労可能な人口は189百万人か
ら251百万人へと62百万人も増加しているが、一方で非労働人
口が63百万人から94百万人へと30百万人も増加しており、こ
れは高齢化人口の膨張によるものと思われるが、他方で、労働人
口も126百万人から157百万人へと31百万人も増加している。

　第2に、21世紀になると日本では人口減少の中で高齢化が急
速に進んだために労働人口の大きな減少が心配されるが、アメリ
カでは高齢化の影響を打ち消す以上に人口が増加したので、労働
人口も増加しているのが特徴的であり、その原因のひとつが、後
述のように、メキシコ等からの移民の流入である。

　第3に、本書第6章でみるように、アメリカは農業大国であり、
グローバル化の下、新興国や途上国で都市化が急速に進行する中
で、世界規模で食料供給を支えているが、図表2-1では農業の就
業者は3.2百万人から2.4百万人へと4分の1の規模で減少して
おり、技術革新等による生産性の一層の向上によるものと思われ
る。

2.1 労働編成 37

図表 2-1　アメリカの労働人口

(千人)

| | 14歳以上の人口 | 労働人口 | | | | | 非労働人口 |
| | | 合計 | 就業者 | | | 失業者 | |
			小計	農業	非農業		
1990年	189,164	125,840	118,793	3,223	115,570	7,047	63,324
2015年	250,801	157,130	148,833	2,422	146,411	8,296	93,671
1990-2015年の変化	61,637	31,290	30,041	-801	30,841	1,249	30,347

備考：自営業者や家内労働者を含む。
出所：Council of Economic Advisers（2017）の TABLE B-11 より作成。

　第4に、非農業部門が30.8百万人も増加して、農業部門の減少を埋める以上に、就業者全体の増加30.0百万人をもたらしている。

　次に図表2-2で、その非農業部門に立ち入ってみよう。なお、図表2-1における非農業就業者（1990年116百万人、2015年146百万人）と、図表2-2のそれ（1990年110百万人、2015年142百万人）の違いは、前者には自営業者や家内労働者が含まれるためである。

　第1に、非農業部門の就業者は1990年に110百万人であったのが2015年には142百万人と32百万人も増加しており、その増加の多くは民間部門によるものであり、民間合計は91百万人から120百万人へと29百万人も増加している。

　第2に、その民間部門の中では、財生産部門が24百万人から20百万人へと4百万人も減少したのに対して、サービス部門は67百万人から100百万人へと33百万人も増加しており、増加す

図表 2-2　就業構造

| | | 民間部門 | | | | | | |
| | | | 民間財生産 | | | | 民間サービス生産 | |
	非農業	民間合計	小計	鉱業	建設	製造業	小計	運輸・商業・公益事業
1990 年	109,527	91,112	23,723	765	5,263	17,695	67,389	22,666
2015 年	141,865	119,858	19,583	820	6,446	12,317	100,274	26,920
1990-2015 年の変化	32,338	28,746	-4,140	55	1,183	-5,378	32,885	4,254

出所：Council of Economic Advisers（2017）の TABLE B-14 より作成。

る民間部門の中で、サービス部門への一層のシフトという構造変化が生じている。財生産部門の中では、建設が 1 百万人も増加したのに対して、製造業は 18 百万人から 12 百万人へと 5 百万人以上も減少しており、第 3 章で詳しくみるように、グローバル化の下で中国・日本等の東アジアに製造業がシフトして、アメリカにおける製造業の「空洞化」と、輸入急増による貿易赤字の拡大という構造変化と整合する動向である。

　第 3 に、サービス部門について立ち入ってみると、1990 年に民間合計 91 百万人に対する比率が 74％であったのが 2015 年の民間合計 120 百万人に対する比率が 84％にまで上昇している。先にみたように農業部門は大規模化や機械化による生産性上昇で就業者を減少させたが、製造業においても同様に就業者を減少させる傾向が長期的に進行していた上に、1990 年代からのグローバル化の急激な進行によって、アメリカ経済社会の全体におけるサービス

2.1 労働編成　　　　　　39

（千人）

						政府部門			
情報	金融	専門サービス	教育・保健	宿泊・飲食・娯楽	その他サービス	合計	連邦	州	地方
2,688	6,614	10,848	11,024	9,288	4,261	18,415	3,196	4,305	10,914
2,750	8,124	19,672	22,055	15,128	5,625	22,007	2,754	5,103	14,150
62	1,510	8,824	11,031	5,840	1,364	3,592	-442	798	3,236

化が徹底的に進んだのである。

　第4に、そのサービス部門の中でも目立つのが、教育・保健（増加11百万人）、専門サービス（増加9百万人）、宿泊・飲食・娯楽（増加6百万人）である。それらの業種では、一方では高技能高収入の職種（弁護士、医師、ハイテク関連等）もあるが、他方では低技能低所得の職種も多く、いわゆる「ミドルクラス」層の縮小と格差拡大につながったと考えられる。おそらく、政府部門の就業者の増大の主力である地方政府においても、低技能低所得の職種が増加したと思われる。

　このように、21世紀のグローバル化の下で進行するアメリカ経済社会の構造変化の中で注目されるサービス部門について、図表2-3と図表2-4で立ち入ってみよう。

　図表2-3で、第1に、運輸・商業・公益事業という従来のサービス部門は、非農業部門全体の雇用に占める比重が1990年に

40　　　　　　第 2 章　アメリカ経済社会の基本構造

図表 2-3　就業構造と増加寄与率

	非農業	民間合計	民間財生産				民間サービス生産	
			小計	鉱業	建設	製造業	小計	運輸・商業・公益事業
1990 年	100.0	83.2	21.7	0.7	4.8	16.2	61.6	20.7
2015 年	100.0	84.5	13.8	0.6	4.5	8.7	70.7	19.0
1990-2015 年の変化	100.0	88.9	-12.7	0.2	3.7	-16.6	101.8	13.2

出所：Council of Economic Advisers（2017）の TABLE B-14 より作成。

20.7％、2015 年に 19.0％と 2 割程度の大きさを維持しており、製造業の比重が 16.2％から 8.7％へと激減したのとは対照的である。製造段階は海外に移転が可能であるが、輸入した製品を国内で流通させる段階ではかえって物流が増大するはずであり、流通段階における技術革新の効果があっても、雇用の比重はほとんど変化しなかったのである。同様に建設でも雇用の比重がほとんど減少していないのは、建設現場を海外に移すのではなく、海外から流入する移民・出稼ぎ労働者によってアメリカ国内で建設事業が実施されるためであろう。

　第 2 に、1990-2015 年の時期に大きく増加した教育・保健と専門サービスと宿泊・飲食・娯楽の 3 つのサービス部門をみると、その 3 部門を合わせた比重が 28.5％から 40.1％に増大している。増加寄与率でも、教育・保健が 34.1％、専門サービスが 27.3％、宿泊・飲食・娯楽が 18.1％であり、あわせて 79.5％になる。

2.1　労働編成　　　　　　　41

(%)

						政府部門			
情報	金融	専門サービス	教育・保健	宿泊・飲食・娯楽	その他サービス	合計	連邦	州	地方
2.5	6.0	9.9	10.1	8.5	3.9	16.8	2.9	3.9	10.0
1.9	5.7	13.9	15.5	10.7	4.0	15.5	1.9	3.6	10.0
0.2	4.7	27.3	34.1	18.1	4.2	11.1	-1.4	2.5	10.0

　次に、アメリカ全体の就業者増加を牽引する3つのサービス部門について、図表2-4でもっと立ち入ってみよう。なお、図表2-4は図表2-2及び図表2-3と集計方法が異なるので計数が一致しておらず、例えば図表2-2で専門サービスが19.7百万人、宿泊・飲食・娯楽が15.1百万人であるのに対して、図表2-4では専門・経営サービスが21.3百万人、レジャー・接客が13.8百万人であり、特に図表2-2の教育・保健の22.1百万人に対して図表2-4の教育・保健が33.7百万人になっている。他方、図表2-2の政府部門22.0百万人に対して図表2-4の公務員が6.9百万人であることから、図表2-4の教育・保健の中にはかなりの数の公務員（初等中等教育や福祉関連）が算入されていると考えられる。

　さて図表2-4をみると、第1に、最大部門の教育・保健（33.7百万人）の中では、教育が13.6百万人、保健・社会サービスが20.1百万人であり、さらに後者から社会サービス3.2百万人を差

第 2 章　アメリカ経済社会の基本構造

図表 2-4　サービス部門の雇用 (2015 年、千人)

卸売・小売	20,320	建物管理	1,518
運輸・倉庫	6,459	造園管理	1,356
公益事業	1,267	廃棄物管理	552
情報 (新聞・出版・放送・インターネット)	2,988	その他	300
金融・不動産	10,087	教育・保健	33,678
銀行	2,051	教育	13,601
貯蓄機関	220	保健・社会サービス	20,077
金融会社	998	病院	6,698
証券・ファンド	1,082	施設	10,165
保険	2,730	外来診療	1,623
不動産・リース	3,005	在宅看護	1,379
専門・経営サービス	21,250	その他看護	1,331
専門サービス	10,625	介護施設	1,830
法務	1,595	在宅介護	802
財務	1,095	社会サービス	3,213
建築設計	1,521	対人・家族サービス	1,493
デザイン	395	食料・住宅支援	113
コンピューター関連	2,542	職業訓練	115
コンサルタント	1,554	保育サービス	1,492
科学研究	572	レジャー・接客	13,821
広告	559	芸術・娯楽	3,184
獣医	349	宿泊・飲食	10,637
その他	443	宿泊	1,571
総務	6,781	飲食	9,066
経営関連	193	その他サービス	7,264
人事関連	978	修理・洗濯・美容・宗教	6,466
補助業務	803	家事サービス	798
旅行関係	299	公務員	6,928
警備	782		

出所：アメリカ労働省資料より作成。

し引いた保健・医療の分野では、病院が 6.7 百万人、施設（クリニックや介護施設）が 10.2 百万人である。図表 2-5 でその保健・医療分野の賃金水準をみると、医療分野（8.3 百万人）の平均年収 79 千ドルは、全職種の 50 千ドルをかなり上回るが、その中で外科医（0.6 百万人）の 210 千ドルや診断・治療医師（5.1 百万人）の 99 千ドルや正看護師（2.9 百万人）の 72 千ドルに対して、医療技師（3.0 百万人）が 46 千ドル、補助医療技師（0.8 百万人）が 35 千ドルであり、さらに医療補助業務（補助看護師、介護士等、4.0 百万人）の平均年収が 30 千ドルであり、かなりの格差構造がみられる。

第 2 に、図表 2-3 で 2 番目の増加寄与率である専門サービス部門は、図表 2-4 では専門・経営サービス部門（21.3 百万人）に該当するが、高技能の専門サービス（10.6 百万人、法務、財務、建築設計、コンピューター関連、コンサルタント、研究者等）と、低技能の総務サービス（6.8 百万人、人事関連、補助業務、建物管理、造園管理等）に分かれている。図表 2-5 で平均年収をみると、専門サービスは経営・管理業務の 118 千ドルをはじめとしてビジネス・金融業務、コンピューター関連業務、技術業務、研究業務が 80 千ドル前後の高水準であるのに対して、総務業務（22.0 百万人もあるので、他の部門内部の総務業務職も含まれていると思われる）の平均年収が 37 千ドルであり、また建物管理等（4.4 百万人）は 28 千ドルであり、やはりかなりの格差構造になっている。

第 3 に、図表 2-3 で 3 番目の増加寄与率の宿泊・飲食・娯楽（図表 2-2 で 2015 年に 15.1 百万人）は、図表 2-4 ではレジャー・

44　　　　第 2 章　アメリカ経済社会の基本構造

図表 2-5　職種別賃金水準（2015 年）

	就業者 （千人）	メジアン 時給	平均 時給	平均 年収
全職種	140,400	$17.81	$23.86	$49,630
経営・管理	7,091	$48.46	$56.74	$118,020
ビジネス・金融業務	7,281	$31.99	$36.09	$75,070
コンピューター関連	4,165	$39.82	$42.25	$87,880
技術業務	2,499	$37.45	$40.53	$84,300
科学研究	1,153	$30.45	$35.06	$72,930
コミュニティ・社会サービス	2,019	$20.67	$22.69	$47,200
法務	1,076	$38.30	$50.95	$105,980
教育・職業訓練・図書館	8,636	$23.08	$26.21	$54,520
芸術・デザイン・娯楽・スポーツ・メディア	1,903	$22.69	$28.07	$58,390
医療	8,319	$30.49	$38.06	$79,160
診断・治療の医師	5,144	$37.49	$47.51	$98,830
外科医	650	na	$101.04	$210,170
正看護師	2,857	$32.91	$34.70	$72,180
医療技師	3,019	$20.55	$22.34	$46,460
補助医療技師	752	$15.93	$16.91	$35,180
医療補助業務	4,043	$13.42	$14.65	$30,470
警察・消防等	3,386	$18.59	$22.03	$45,810
飲食関連業務	12,982	$10.01	$11.47	$23,850
建物管理等	4,426	$11.87	$13.47	$28,010
日常的サービス	4,515	$10.92	$12.74	$26,510
販売業務	14,537	$12.78	$19.50	$40,560
総務業務	22,026	$16.37	$17.91	$37,260
農林漁業	464	$11.30	$13.37	$27,810
建設・鉱業	5,585	$20.96	$23.51	$48,900
設備・修理	5,457	$20.89	$22.45	$46,690
製造の現場	9,106	$15.93	$17.88	$37,190
運輸	9,732	$14.78	$17.34	$36,070

出所：アメリカ労働省資料より作成。

接客部門（13.8百万人）に該当し、その中で芸術・娯楽分野が3.2百万人、宿泊・飲食が10.6百万人である。図表2-5で平均年収をみると、芸術・デザイン・娯楽・スポーツ・メディア部門（1.9百万人）の58千ドルに対して、飲食関連業務（13.0百万人）が24千ドルであり、格差構造の中で特に後者の低所得レベルが注目される。

すなわち、第4に、全職種140百万人の1割に当たる13百万人の飲食関連業務の平均年収が全職種の水準の半分にすぎないのであり、図表2-5で飲食関連業務のすぐ下にある建物管理等（4.4百万人）と日常的サービス（4.5百万人、図表2-4では「その他サービス」に含まれる洗濯・美容等の多様な対人サービス）も平均年収は30千ドルを下回っており、また、医療補助業務（4.0百万人）は30千ドルであるので、これらの4つの分野を合計すると26.0百万人の就業者（全職種の18％）の平均年収が全職種のそれの5～6割程度であることがわかる。

以上の本節の検討をまとめると、1990年代からのグローバル化の下でアメリカでは全体の雇用規模を拡大させながら内部ではサービス化を徹底させる方向の構造変化が進んだが、その中で、一方ではIT関連あるいはIT技術を活用する高技能（ビジネス・経営判断も含めて）を有する高所得層と、サービス業務を中心とする低技能低所得層への二極分化が進み、経済格差あるいは社会格差が一層厳しくなったといえよう。

しかし本書第1章でみたように、ハイエクのいう「前衛」（経済社会の発展を先導する階層、第8章で紹介するフロリダ理論ではクリエイティブ・クラスと呼ばれる）を頂点とする社会的階段

Column4

移民労働力

2011年時点でアメリカには40百万人の「外国生まれの人（以下で外国出身者と略記、foreign-born people）」が存在し、人口の13%であった。その中で、アメリカ国籍取得者は18百万人、外国籍者（合法滞在者、不法滞在者）は22百万人であり、外国籍者の半分が不法滞在者であった*。

外国出身者の37%がメキシコ等の中米出身であり、アジア出身者が28%である。アメリカ国籍取得者の5分の1がメキシコ等の中米出身であり、3分の1以上がアジア出身者である。外国籍者の半分がメキシコ等の中米出身であり、4分の1がアジア出身者である。不法滞在者の59%がメキシコ出身であり、14%がエルサルバドルやグァテマラやホンジュラスの出身であり、それらを合わせると73%が中米ということになる。

外国出身者は国内出身者に比べて重要な属性で異なっている（2012年）。

第1に、人口における年齢階層の比重（2012年）をみると、国内出身者では25歳未満層が37%、25-64歳層が約半分であるのに対して、外国出身者では25歳未満層が14%、25-64歳層が4分の3に近く、家族を出身国に残して出稼ぎ的に就労する者が多いためであろう。

第2に、教育歴（2012年）では、外国出身者全体の平均でも劣るが、出身国によって大きな違いがある。25-64歳層における高卒未満の比率では国内出身者が7%、外国出身者が27%であり、その中でもメキシコ等中米出身者では54%であるのに対して、アジア出身者では9%、ヨーロッパ及びカナダ出身者では5%である。

---

*本コラムにおける計数的検討は Congressional Budget Office（2013）に依拠している。

さらに学士号取得者の比率では国内出身者が33％であるのに対して、アジア出身者が55％、ヨーロッパ及びカナダ出身者が51％である。

第3に、年収メジアン値（2011年）でも同様の傾向がみられる。男性では国内出身者が46千ドルであるのに対して、メキシコ等中米出身者が24千ドル、アジア出身者では50千ドル、ヨーロッパ及びカナダ出身者が55千ドルである。女性では国内出身者が32千ドルであるのに対して、メキシコ等中米出身者が17千ドル、アジア出身者では30千ドル、ヨーロッパ及びカナダ出身者が35千ドルである。

以上の計数的な検討から、アメリカの人口の13％を占める40百万人の外国出身者の中でもメキシコ等中米出身者と、アジア出身者やヨーロッパ及びカナダ出身者では大きな違いがあり、前者が低技能低所得の階層が多く、後者では高技能高所得層が比較的多いことがわかった。第1章及び第2章で検討しているアメリカ自由主義の社会的階段に位置づけると、後者はその階段を上る機会をつかめるのに対して、前者はその階段の下層に位置して、全体を支える役割にあり、逆にいえば、その支えがなければアメリカ経済社会が存立できないともいえよう。

そのような視点から連邦議会における外国人労働者に関する議論を検討しよう。ここで取り上げるのは、2011年の下院法務委員会の移民政策小委員会における公聴会記録＊＊であり、共和党側は不法滞在者を取り締まって送還することで就労機会をアメリカ国内の労働者に取り戻すことを主張し、民主党側は不法滞在者の国外送還では国内労働者の失業は解決しないと主張している。

まず同小委員会の委員長である共和党のGallegly議員の発言（1-3頁）を聞こう。不法滞在者の取締り強化の理由として、「教

＊＊U.S.House, Committee on the Judiciary, Subcommittee on Immigration Policy and Enforcement（2011）.

育歴が高卒未満のアメリカ人の失業率が20%を超えており、不完全雇用を合わせると32%という状態」であるが、他方で、「数百万人の不法滞在者が就労しており、また、低技能のアメリカ人が就労できる場合でも不法滞在者の存在によって賃金が抑制される」ことを述べた上で、ブッシュ（子）共和党政権による取締り強化策によって、「アメリカ人と合法滞在者に就労機会を提供し、賃金水準も上昇した」ことを論拠として、オバマ政権の寛大な移民政策を批判した。

　他方、民主党のLofgren議員は、「不法滞在者の取締りと送還によってアメリカ人の就労機会を取り戻すという論法は間違っており、かえってアメリカ経済とアメリカ労働者に害を及ぼす」と述べて、具体的な例として、「もし農業部門で働く不法滞在者を国外に送還しても、アメリカ人をトマトやリンゴやイチゴの（野外の：引用者）収穫作業に従事」させるには賃金を引き上げることになり、「アメリカの農産物の生産コストが上昇して輸入が増大する」ので、結果的に、「アメリカの農園が閉鎖されて多くの雇用が海外に流出する」だけではなく、「アメリカ国内の農業生産にかかわる製造部門や種子産業や流通部門等におけるアメリカ

を想定すれば、アメリカ自由主義の理念に基づいてアメリカ・モデルでは、「前衛」は高収入を無駄な贅沢に費やすよりも有望な投資機会に回すはずであり、その「前衛」による投資先の選択とリスクテイクの試行錯誤が、結果的にアメリカ経済社会における最適な方向への構造変化をダイナミックに実現するはずである。本章第3節で検討するアメリカの金融メカニズムの役割は、その投資選択とリスクテイクの試行錯誤の場を提供することである。

　また、上記の社会的階段において低技能低所得の状態にある底

人の雇用を喪失する」というのである。

たしかに本書の第6章でみるように、アメリカ農業の国際競争力を基盤とする食料関連産業はアメリカの大きな強みであり、それを支える外国出身者の低賃金労働はさまざまな問題点をかかえながら、他方では、グローバル化の進展によるアメリカ経済の構造変化を可能にするだけではなく、また、グローバル規模で進行する新興国や途上国における工業化と都市化に伴う食糧需要に対応している。したがって、不法滞在者の存在による賃金・労働条件の引下げ圧力を回避して、適正な条件で就労できる合法滞在者を受け入れるという意味の寛大化政策であれば、21世紀のグローバル化とアメリカ経済社会の構造変化にとって有用な効果があるという主張は合理的といえよう。

ただし、本章のウォルマート社による中国製品の輸入の検討でみるように、海外における低賃金を武器とする輸入圧力が常に存在するので、農業部門に限らず、アメリカ国内での不法滞在者による低賃金を全面的に排除することが可能か否かは今後も注目すべき問題である。

辺労働者が、自助努力で階段をそれぞれに自立的かつ自律的に上昇するプロセスに対する、政府部門や地域コミュニティによる支援のメカニズムという観点から、第4節でアメリカの政府部門を検討する。その前に第2節で、第1節でみてきた労働構成を編成するメカニズムという視点から、産業構造について検討しておこう。

2.2　産業構造——ダイナミックな変化

　本節で検討する産業構造の上で、労働者が編成される。たとえば、農場で収穫されたトウモロコシは、トラックで畜産農家に搬入され、その餌で飼育された家畜は肉に加工され、また物流システム（トラックやITシステム）を通して、ウォルマート（世界一のスーパーマーケット・チェーン）に並べられ、消費者はクレジットカードで購入し、自家用車で帰宅したのち、調理して「豊かな食卓」でメイン・ディッシュになるプロセスで、それぞれの企業に雇用される労働者による労働がかかわる。企業は、このプロセスにおいて最適な位置と規模とスピードを維持することで利潤を最大化できるが、そのために労働者の最適な配置が不可欠であり、同時にそれを支える設備を備えることも必要である。

　そうして構築される産業連関に裏打ちされて、アメリカの産業構造が構築される。図表2-6は2015年における産業別GDP（付加価値）の金額と比重をみたものである。

　第1に、GDP合計は18.12兆ドルであり、民間部門が15.78兆ドル（87.1％）、政府部門が2.34兆ドル（12.9％）であり、第1節の図表2-3における民間部門と政府部門の就業者の比重が84.5％と15.5％であることと比較すると、民間部門の生産性がやや高いといえよう[1]。おそらく政府部門には、本章第4節でみるように、労働集約的な教育分野や就労支援型の福祉分野が含まれているこ

---

1)　就業者には農業が含まれておらず、第1節の図表2-1において、農業の就業者が非農業の1.6％であることを考慮すると、もう少しだけ民間部門の生産性が高いと思われる。

2.2 産業構造

図表 2-6　産業別の GDP（2015 年）

	兆ドル	%
GDP 合計	18.12	100.0
民間部門	15.78	87.1
農林漁業	0.18	1.0
農業	0.15	0.8
林業・漁業	0.04	0.2
鉱業	0.33	1.8
公益事業	0.28	1.6
建設業	0.74	4.1
製造業	2.18	12.1
耐久財	1.17	6.5
非耐久財	1.01	5.6
卸売業	1.10	6.1
小売業	1.06	5.8
運輸・倉庫	0.55	3.0
情報産業	0.86	4.8
金融・保険・不動産	3.71	20.5
金融・保険	1.36	7.5
不動産	2.36	13.0
専門・経営サービス	2.18	12.0
教育・保健	1.49	8.2
教育	0.20	1.1
保健・社会サービス	1.29	7.1
娯楽・宿泊・飲食業	0.71	3.9
娯楽等	0.18	1.0
宿泊・飲食業	0.53	2.9
その他サービス	0.40	2.2
政府部門	2.34	12.9
連邦政府	0.73	4.0
軍事支出	0.40	2.2
非軍事支出	0.28	1.5
政府企業	0.06	0.3
州・地方政府	1.61	8.9
民間財生産部門	3.44	19.0
民間サービス部門	12.34	68.1
ICT 部門	1.08	5.9

出所：アメリカ商務省資料より作成。

とが影響するのであろう。

第2に、その民間部門の中で農業のGDPの比重が0.8%（0.15兆ドル）であり、農業大国として国内だけではなく、グローバル規模で成長する途上国における「豊かな食卓」を支えるイメージとかけ離れるが、それは、本書第6章でみるように、農業現場及び物流過程の機械化、効率化によって安価に大量の農産物が生産され、圧倒的な国際競争力が実現しているからである。ただし他方で、機械化できない労働集約的な作業過程に、メキシコ等から流入する安価な労働力が投入されるという格差の問題もあり、これも第6章で取り上げている。

第3に、製造業のGDPの比重は12.1%（2.18兆ドル）であり、図表2-3の就業者の比重8.7%と比べて大きいが、それは、グローバル化の中で生産性の低い部分が淘汰され、相対的に強い分野がアメリカ国内で生き残ったためであり、たとえば、自動車製造業のGM社の中で生産性の低い工場が閉鎖され、南部で新工場が新設される場合もあり、またトヨタの進出で代替される場合もある。その場合には、北部のブルーカラーは失業して他分野に移り、南部で新規の就業機会が増加するという労働編成の変化となって現れる。

第4に、金融・保険・不動産のGDPの比重は20.5%（3.71兆ドル）もあるが、図表2-3の就業者の比重では5.7%である。2つの統計数字の分類が正確に一致しないとしても、投入労働力に比べて付加価値がかなり大きく、そのことは、図表2-5における経営・管理業務やビジネス・金融業務における平均年収の高さとも整合している（この2つの業務には金融・保険・不動産部門以外

2.2 産業構造 53

に勤務する者も含まれている）。

第5に、専門・経営サービス部門のGDPの比重12.0%（2.18兆ドル）であるのに対して、図表2-3の就業者の比重は13.9%である。この部門では、図表2-5でみたように、一方で高技能高収入の階層（コンピューター関連や技術業務や法務に加えて経営・管理やビジネス・金融業務の一部）があるが、他方では、それを上回る規模の低技能低所得の階層（補助的な事務作業や総務業務や建物管理等）が存在するという格差構造の中で、後者に引っ張られる形で部門全体の生産性が低く現れるのであろう。

第6に、教育・保健部門のGDPの比重は8.2%（1.49兆ドル）であるが、図表2-3における就業者の比重は15.5%である。2つの小計における分類のズレもあるかもしれないが、やはり、この部門でも格差構造が注目され、図表2-5でみたように、医療部門の外科医や診断・治療医師などの高技能層もあるが、他方で医療補助職や医療技師補助職の低技能層も存在し、さらに医療技師やコミュニティ・社会サービス職も平均年収の全職種平均を下回っている。しかし低技能の看護師や介護士は、高齢化が進むアメリカ社会において欠くべからざる存在である。

第7に、娯楽・宿泊・飲食部門のGDPの比重は3.9%（0.71兆ドル）であるが、図表2-3における就業者の比重は10.7%である。この部門は一部の芸術家や管理職の高技能高所得層がいるとしても、全体的には低技能の階層であることと整合している。特に飲食部門（外食等）における低技能低所得層の問題は、本書の第6章で詳しく検討する。

以上の部門別GDPの検討から、全体としてアメリカ経済のサ

ービス化が徹底的に進み、その中で部門間、あるいは部門内部における大きな格差（生産性、所得）が存在することがわかった。しかし、一方で20世紀末からのグローバル化の中で東アジアの製造業に依存しながら、アメリカ経済は相対的に強い部門を強化し、他方でサービス部門におけるJobを増加させたことで、アメリカ国内の淘汰される企業の労働者に、さらには流入する移民労働者に対する就業機会を提供したという面も見逃してはならない。もちろん、このような構造変化に伴う厳しい状況が個々の労働者にストレスやコストをもたらしたのであり、それに対応するために、本章第4節でみるように、政府部門が福祉や教育分野で新しい産業構造に適した職能を獲得するための政策を拡充している。

　次に、グローバル化に対応する構造変化をリードする各部門のビッグ・ビジネスについてみておこう。図表2-7は、Financial Times社によるアメリカ国内のビッグ・ビジネスの順位付け500社（FT US 500、株価総額、2015年3月末）から上位20社のデータを取りだして作成したものである。

　現代のアメリカ経済社会でも、びっくりするような大金持ちもいるが、基本的には社会全体の富と経済力は、企業の活動の中に存在する。本章第3節でみるように、国民の大規模な貯蓄が金融機関や市場を通して企業活動に投入される。例えば、個人の銀行預金は企業に貸し付けられたり、また個人が社債や株式を購入したり、そして極めて現代的なメカニズムとして、個人の年金資産が基金を通して企業に投資される。もちろん、採算性の高い有望な企業に投資されるので、図表2-7の順位づけに使われる株式時価総額はきわめて有効な指標である。

2.2 産業構造　　　　55

図表 2-7　ビッグ・ビジネスの 20 社（FT US 500, 2015：株価総額による順位付け）

国内順位	会社名	株価総額（億ドル）	産業部門	純利益（億ドル）	総資産（億ドル）	従業員（千人）
1	Apple	7,248	電子機器	395	2,318	92.6
2	Exxon Mobil	3,565	石油・ガス	325	3,495	75.3
3	Berkshire Hathaway	3,565	保険	199	5,262	316.0
4	Google	3,458	ソフトウエア	144	1,311	53.6
5	Microsoft	3,335	ソフトウエア	221	1,724	128.0
6	Wells Fargo	2,799	銀行	231	16,872	264.5
7	Johnson & Johnson	2,797	薬品	163	1,277	126.5
8	Wal-Mart Stores	2,651	小売	164	2,037	2,200.0
9	General Electric	2,498	機械	152	6,458	305.0
10	JP Morgan Chase	2,259	銀行	212	25,731	241.4
11	Procter & Gamble	2,213	一般消費財	116	1,443	118.0
12	Pfizer	2,136	薬品	91	1,677	78.3
13	Verizon Communications	1,980	電話事業	96	2,327	177.3
14	Chevron	1,974	石油・ガス	192	2,624	64.7
15	Oracle	1,884	ソフトウエア	110	895	122.0
16	Facebook	1,839	ソフトウエア	29	402	9.2
17	Walt Disney	1,783	メディア	75	842	180.0
18	Coca-Cola	1,771	飲料	71	920	129.2
19	Amazon.com	1,728	小売	-2	545	154.1
20	AT&T	1,695	電話事業	62	2,928	253.0

出所：Financial Times 社の HP（https://www.ft.com/ft500）より作成。

　第 1 に、最上位 10 社をみると、第 1 位 Apple（電子機器）の株価総額は 7,248 億ドル、純利益は 395 億ドル、総資産 2,318 億ドル、従業員は 9.3 万人であり、総資産の 3 倍以上の株価総額なので将来性がよほど有望なのであろう。10 位以内の IT 関係では、Google と Microsoft も株価総額が総資産をかなり上回っている。ちなみに、図表 2-8 で業種別の計数をみると、Apple が属する電子機器

第 2 章　アメリカ経済社会の基本構造

56

図表 2-8　業種別ビッグ・ビジネス

業種	100 以内企業数	500 以内企業数	業種内トップ企業と国内順位	
			企業名	国内順位
航空宇宙・軍需	3 社	11 社	United Technologies	41
自動車	2 社	10 社	Ford Motor	73
銀行	6 社	15 社	Wells Fargo	6
飲料	2 社	8 社	Coca-Cola	18
化学	2 社	14 社	E I Du Pont de Nemours	70
建設		4 社	Sherwin-Williams	189
電気事業	1 社	17 社	Nextera Energy	99
電気機械		8 社	Emerson Electric	120
金融サービス	6 社	28 社	Visa	31
電話事業	2 社	4 社	Verizon Communications	13
食品・薬品小売	3 社	8 社	CVS Caremark	34
食品加工	3 社	16 社	Mondelez International	81
製紙		1 社	International Paper	219
公益事業	1 社	7 社	Duke Energy	88
機械	4 社	9 社	General Electric	9
小売	8 社	31 社	Wal-Mart Stores	8
医療設備・サービス	4 社	28 社	UnitedHealth Group	37
家具・住宅建設	1 社	10 社	Procter & Gamble	11
産業設備	1 社	11 社	Caterpillar	96
金属		4 社	Southern Copper	220
運輸	3 社	10 社	Union Pacific	47
レジャー用品		4 社	Electronic Arts	276
生命保険	1 社	5 社	Metlife	84
メディア	4 社	19 社	Walt Disney	17
鉱業		1 社	Newmont Mining	418
携帯電話事業		3 社	T-Mobile US	199
損害保険	2 社	14 社	Berkshire Hathaway	3
石油・ガス	5 社	25 社	Exxon Mobil	2
石油採取設備	2 社	9 社	Schlumberger	40
日用品	2 社	9 社	Nike	67
薬品	13 社	28 社	Johnson & Johnson	7
不動産投資・サービス		1 社	CBRE Group	364
不動産投資ファンド	2 社	26 社	Simon Property Group	75
ソフトウエア	5 社	26 社	Google	4
コンサルタント	1 社	19 社	Accenture	82
電子機器	7 社	31 社	Apple	1
タバコ	2 社	4 社	Philip Morris International	35
旅行・レジャー	3 社	22 社	McDonald's	48

出所：図表 2-7 と同じ。

分野は 100 位以内が 7 社、500 位以内が 31 社もあり、また Google と Microsoft が属するソフトウエア分野では 100 位以内が 5 社、500 位以内が 26 社もある。

第 2 に、金融・保険部門の Berkshire Hathaway と Wells Fargo と JP Morgan Chase では総資産より株価総額がかなり小さいが、それは、次節にみるように、同部門の役割は資金融通を仲介することであり、投資・貸付の資産に対応する預金・保険債務という債務が大きいので純資産はかなり小さいという特殊条件がある。ちなみに図表 2-8 で金融・保険部門の銀行と金融サービスと生命保険と損害保険を合わせると、100 位以内が 15 社、500 位以内が 62 社であり、また、不動産部門の不動産投資・サービスと不動産投資ファンドを合わせると 100 位以内が 2 社、500 位以内が 27 社であるので、金融・保険・不動産部門を合計すると 100 位以内が 17 社、500 位以内が 89 社となる。先にみたように、金融・保険・不動産部門は就業者数に比べて GDP（付加価値）が相対的に大きく、したがって高収入の階層が集中する部門でもある。

第 3 に、最上位 10 社の中の製造業として薬品の Johnson & Johnson と機械の General Electric を比べると、前者では株価総額が総資産の 2.2 倍であるのに対して、後者では 0.3 倍であり、21 世紀の高齢化社会における有望性が表れているといえよう。後者の属する重工業の自動車、電気機械、機械、産業設備、金属の分野を合わせると、100 位以内が 7 社、500 位以内が 42 社であるのに対して、前者の属する医療関連の医療設備・サービスと薬品の分野を合わせると 100 位以内が 17 社、500 位以内が 56 社である。ちなみに図表 2-7 の原資料で薬品分野の Merck（国内順位 21 位）、

Amgen（32位）、Actavis（32位）、Bristol Myers Squibb（39位）、Biogen Idec（44位）における株価総額の対総資産倍率を算出すると、それぞれ1.7倍、1.8倍、2.3倍、3.3倍、6.9倍である。

　第4に、第8位のWal-Mart Storesは総資産の1.3倍の株価総額であるが、それは、*Column5*でみるように、低賃金労働（上記のグローバル化の中でアメリカ国内の衰退分野から移動する労働者やメキシコ等からのヒスパニック移民）や低価格商品（中国等のアジア地域から輸入）だけではなく、物流段階でのIT投資等によるコストダウンの努力も評価されているためであろう。ちなみに、図表2-7の原資料で小売り大手の従業員数をみると、Wal-Mart Stores（株価総額順位8位、220万人）、Amazon.com（19位、15万人）、Home Depot（25位、37万人）、CVS Caremark（34位、22万人）、Walgreen（50位、25万人）、Lowe's Companies（60位、27万人）、Costco Wholesale（69位、20万人）、Target（91位、35万人）、TJX Cos（97位、20万人）であり、これらの従業員数を合計すると421万人になる。

　本節におけるアメリカの産業構造の検討から以下のようにまとめておきたい。グローバル化の下でアメリカの立ち位置に適合する形で産業構造と労働編成をダイナミックに変化させるのが、アメリカ経済社会の大きな特徴である。それをリードするのが、第1章で取り上げたハイエク的な経済発展システムにおける「前衛」であり、そして、「前衛」は自らの画期的な発明やビジネスによって、経済的な報酬としての富を獲得することで、格差が生じたとしても、その発明や新企業が社会全体の経済成長を通して、多数者にとって自由を発揮できる条件をもたらすので好ましいとい

うのが、アメリカ自由主義の論理である（第1章第2節）。

　したがって、ダイナミックな構造変化の中で成長する業種や企業の投資家や経営幹部は豊かな報酬を獲得するが、それは、一般に想像されるような贅沢な消費ではなく、貯蓄と高収益の投資に回されるはずである。

2.3　金融構造——構造変化を支えるメカニズム

　アメリカの金融市場には映画や小説よりもワクワクするようなドラマがいっぱいある。現代世界の起点となる1929年恐慌はニューヨークのウォール・ストリートから始まっている。アメリカ史を形成する南北戦争も第1次世界大戦も第2次世界大戦もベトナム戦争も、アメリカ金融の仕組みによる戦費調達がなければ不可能であった。また、大独占資本やビッグ・ビジネスの成立にも不可欠な仕組みであった[2]。

　しかし、アメリカ経済社会といえども、金（GOLD）や貨幣が人格や判断力をもって人間をコントロールするわけはなく、すべてが人間のなせる業である。本書の第1章でみたように、それぞれの個人が自分の自由と自立の基盤を確立・維持するために一生懸命に勤労して生活の糧を稼ぎ、余裕ができれば貯蓄をする。その貯蓄の貸し借りが金融取引であり、その金融取引が効率的に実行されるのが金融市場であり、金融取引を仲介するのが金融機関

---

2)　20世紀初頭の日露戦争の時にも、高橋是清がロンドン（当時の最大の国際金融市場）に続いて、ニューヨークで戦費を調達しており、これが勝因の一つであった。

Column5

ウォルマートにおける技術革新と低賃金

　周知のように、ウォルマートはアメリカ最大の小売業者であり、国内の店舗数は4,000軒を超えている。その事業規模の巨大さだけではなく、徹底的な価格競争で他の業者を圧倒して成長したので、競争相手等から様々な批判がある。

　第1に低価格を可能にするために賃金水準を過度に引き下げており、労働組合運動も強く排除する点である[a]。その結果、第2に、低賃金労働者がメディケイド（医療扶助）や食料扶助に依存しながら、ウォルマートで就業するケースも多い、すなわち、連邦政府および州政府の財政資金による福祉給付を人件費への実質的な補助金として使いながら、価格競争に勝って他の業者を淘汰するという批判である[b]。

　さらに第3の批判点として、アメリカ国内の店舗における競争的な低販売価格を実現するために、国内の製造業者から中国等の途上国へと購入先を変更して、アメリカ経済の空洞化を進めるだけではなく、輸出国の内部における不当な搾取を促進しているというのである。たとえば、ハーニー（2008）は、ウォルマート社が仕入れ先の中国工場における遵法の状態を査察する仕組みを設けているが、実際にはその査察対象工場とは別の工場で劣悪な労働環境、長時間労働によって生産された商品がアメリカ向けに輸出されるという事実を指摘している[c]。またリクテンスタイン（2009）も、玩具や衣料品、靴、それに家庭用品向けの生産は、しばしば4月から11月いっぱいまで伸びる繁忙期には、「週7日、1日18時間労働が決して珍しいわけではない」と指摘している[d]。

a　ウェザーズ（2010）で詳しく検討されている。
b　ウォルマートの従業員によるメディケイド受給については長谷川千春（2010）の第3章が詳しく検討している。
c　ハーニー（2008）64頁。

さらに、ハーニー（2008）は、中国の工場内での搾取に加えて、その中国からの安い輸出価格に比べて「アメリカ側の小売業者やブランド業者の取り分は」大きく、「工場出荷時点から小売店の陳列棚に置かれるまでに、製品の価格は2倍から10倍、時にはそれ以上の価格に跳ね上がる」という事実を指摘している[e]。

本章で詳しくみたように、アメリカでは製造業の空洞化が進むが、商業や運送業は付加価値でも就業者数でも大きな比重を維持しており、中国の工場における「搾取」による成果の分配においては、中国の企業よりも多くをアメリカの流通部門によって取得されるというのである[f]。

以上の批判もあるが、その反面、ウォルマートに対する支持的な評価もあり、それがなければ、これだけの大規模な小売業者に成長できなかったと思われる。

第1に、アメリカの消費者大衆に安価な消費財を確保できているという点である。リクテンスタイン（2009）は、一方で上記の第1の批判点（アメリカ国内と労働者や製造業者の困難）を指摘しながらも、他方では、「居間と台所と冷蔵庫を満たそうと安物をたくさん抱えても」悪くなく、「自由」には「困窮を免れる意味」もあるので、「ウォルマートの小売革命は、世界中の何億人の人々が以前より破格に安く生活必需品を買えるようにした」と述べている[g]。

第2に、その大量の安価な生活必需品を可能にした要因として、効率的な物流システムの構築が指摘されている。その要となる物流センターについて、リクテンスタイン（2009）は以下のように述べている[h]。

d　リクテンスタイン（2009）208頁。
e　ハーニー（2008）65頁。
f　渋谷博史（2015）202頁。
g　リクテンスタイン（2009）319-320頁。
h　リクテンスタイン（2009）57頁。

今日の典型的な物流センターは巨大で、120万平方フィート以上にも及び、屋根の広がりはフットボール場を15～20合わせたものに相当する。……毎日……トラックが200～300台も到着する。トラック群は……100ヵ所以上のスペース・トラックベイの中に身を寄せる。これらのセミ・トレーラーから、それぞれ自分自身を特定するバーコードと配送先住所が貼られた数千の箱が、全体で20マイル以上に及ぶ各荷捌きベイから、建物の内側に延びる多くの小型コンベアのひとつに乗せられ、……箱の奔流が機械化された仕分け場に流れていく「合流センター」で、より大きな4つの支流に合流する。そこでは電子読み取り装置がラベルを識別すると電動腕が伸びて、箱は特定のウォルマート店舗への行き先に向けられ、仕分け場から数百もの同施設の落し樋のひとつに落ち、待機中のトラックの方へと向かうのであるが、以上はすべて、1分間200カートンの割で、週7日、1日24時間稼働する。

　第3に、このようなITの活用に加えて、ウォルマートはグローバル化を先導して、そのメリットも獲得している。1990年代半ば以降のアジアからの輸入は増大し、中国のWTO加盟の2001年にウォルマートの中国からの輸入が95億ドルであったのが2007年には270億ドルになった。2002年に深圳にグローバル仕入本部を設置した。2006年時点における納入企業6,000の海外企業のうち8割が中国に立地していた[i]。そのグローバル化のプロセスにつ

である。本節では、そういう視角で金融構造を検討したい。
　現役労働者が引退後に備えて銀行に預金をして、老後には生活のために自分の預金を引き出すこともあれば、現役期に自宅を購入するために、金融市場や金融機関（他の労働者の貯蓄）から借

いて製造業者の視点から以下の指摘もある[j]。

アパレルメーカーと同様、電子機器メーカーもウォルマートの影響を受ける以前からコスト削減のために生産拠点の移転を始めていた……最初は米国北東部地域に生産拠点を持っていたが、まずテネシーに移転し、それからメキシコに移った……メキシコに移る頃には既にウォルマートは顧客として大きな存在となり、コスト引き下げの要求も厳しくなった。

ウォルマートの成長は、本章でみてきた IT 化とグローバル化の中で急激に進行するアメリカ国内の労働編成と産業構造の変化を先導するものであり、たしかに淘汰される製造業の企業や労働者や労働組合からは大きな非難があるが、他方で、21 世紀の新しい状況を活用して、グローバルな規模において就業機会を拡大しており、またアメリカ国内においても、社会的階段の第 1 段になり得る就業機会を創出している面もある。

いずれにしても、21 世紀における「内なるグローバル化」（メキシコ等からの安価な労働力の流入）と「外なるグローバル化」（中国等からの消費財の輸入による製造業のグローバル配置の変化を先導、そのための物流システムを確立する）の中心にウォルマートが位置しており、象徴的な存在になっている。

i　リクテンスタイン（2009）205 頁。
j　フィッシュマン（2006）149 頁。

りることもある。住宅ローンを毎月返済するが、それは別の引退老人の生活費のための預金引出しに回されるかもしれない。このように貯蓄の貸し借りを仲介する役割を、銀行や民間年金基金や投資信託が担うこともあれば、個人が直接に民間企業の株式や政

府部門の公債を購入して資産を運用することもある。

　本章の第１節及び第２節でみたように、1990 年代からのグロー
バル化の下で、アメリカでは労働編成も産業構造も大きく変化し
たが、アメリカ経済社会の大きな特徴として、その変化が比較的
円滑に進んでおり、その要因の一つとして、その変化に対応する
形で投資を行う金融メカニズムがあった。本節でみるように、家
計貯蓄が間接的あるいは直接的なルートを通って企業に投資され
るときに、当然であるが、将来の採算見通しの良い業界や企業が
優先される。金融市場の本源的な役割は、採算の予想という目安
を通して、産業構造が変化する方向に資金を投入することであり、
その予想が実現すれば、投資家や貯蓄者の資産価値は維持、増加
するのであり、逆に予想が外れたり、また投資先が倒産すれば、
資産価値は減少あるいは消滅するという仕組みである。結果的に
はアメリカ経済の急激な構造変化が実現していることから、アメ
リカの金融メカニズムは柔軟にその変化に対応する投資を行うこ
とができたと考えられる。

　そのようなアメリカ金融の基本構造を図表 2-9 で概観しよう。

　第１に、2015 年時点におけるアメリカの金融資産は合計で 208.6
兆ドルであり、その中で家計（NPO を含む）が 71.2 兆ドル（34％）、
非金融企業が 23.2 兆ドル（11％）、国内金融部門が 86.2 兆ドル（41
％）、海外部門が 22.8 兆ドル（11％）である。

　ところが、第２に、資産合計から負債・株式合計を差し引いた
純資産を算出すると、全部門がプラス 0.8 兆ドルであるのに対して、
家計がプラス 5.7 兆ドル、連邦政府がマイナス 1.6 兆ドル、非金
融企業がマイナス 3.3 兆ドル、国内金融部門がマイナス 0.2 兆ドル、

図表 2-9　アメリカの金融構造（資産と負債、2015 年、10 億ドル）

	国内非金融部門 家計		国内非金融部門 非金融企業		国内非金融部門 州・地方政府		国内非金融部門 連邦政府		国内非金融部門 小計		国内金融部門		海外部門		全部門	
	資産	負債	資産	負債	資産	負債	資産	負債	資産	負債	資産	負債	資産	負債	資産	負債
資産合計	71217.1	—	23173.3	—	3070.1	—	2140.5	—	99601.1	—	86210.8	—	22775.5	—	208887.4	—
負債・株式合計	—	14509.5	—	56435.7	—	5726.9	—	17645.7	—	94317.8	—	88699.3	—	172237.1	—	200254.2
負債小計	—	14509.5	—	24021.4	—	5726.9	—	17645.7	—	61903.5	—	81438.1	—	10408.9	—	153750.5
公的準備											30.5		48.9	106.4	166.4	155.4
SDR											5.2	5.2			5.2	5.2
政府紙幣											47.6	25.3			47.6	25.3
海外預金	31.6		48.0						79.6		11.1		90.7	585.9	90.7	585.9
銀行間勘定											2061.5	2363.6	354.4		2405.8	2363.6
当座預金・現金	1300.2		1014.9		132.5		338.1		2785.7		337.7	3829.7	705.1		3828.5	3829.7
定期預金	8345.8		1057.3		335.1		1.8		9740.0		638.8	10854.9	476.1		10854.9	10854.9
MMF	1066.1		668.7		177.4		＊		1912.2		728.1	2754.7	114.5		2754.7	2754.7
連銀預け金等			26.0		142.1				168.1		2544.2	2928.4	667.6	783.0	3379.8	3711.5
債券	4568.6	220.8	191.4	5531.4	1338.7	3015.1	0.5	15165.6	6099.2	23932.9	23303.1	13110.8	10358.7	2717.3	39761.0	39761.0
商業手形	15.1		54.7	176.5	63.3				133.1	176.5	704.3	320.1	104.1	448.8	941.5	941.5
財務省証券	1144.8		97.7		666.4			15141.1	1908.9	15141.1	7084.1		6148.1		15141.1	15141.1
政府機関債	545.6		11.8		416.0		＊	24.6	973.4	24.6	6282.1	8144.4	913.5		8169.0	8169.0
地方債	1648.8				14.4	3015.1	0.5		1690.3	3777.0	1999.2		87.5		3777.0	3777.0
社債・外債	1214.4	220.8	27.2	4813.7	178.7				1393.5	4813.7	7233.3	4646.2	3105.5	2272.5	11732.4	11732.4
ローン	970.3	13998.8	119.7	7255.8	221.5	16.9	1264.4	＊	2575.9	21271.5	20995.4	2131.0	193.9	362.6	23765.1	23765.1
銀行借入		325.7		2110.7						2436.4	3205.8	441.4		328.0	3205.8	3205.8
その他借入	842.6	4372		1296.8		16.9	198.2		1040.9	1750.8	2004.9	1454.2	193.9	34.6	3239.6	3239.6
住宅抵当借入	83.5	9700.3	76.1	3848.2	221.5		116.5		497.6	13548.5	13286.4	235.4			13784.0	13784.0
消費者信用	44.2	3535.7					949.7		1037.4	3535.7	2498.3				3535.7	3535.7
株式	14158.2			21681.4	178.0		33.4		14369.6	21681.4	15864.4	7214.6	5522.2	6828.2	35756.2	35756.2
ミューチャルファンド	6519.4								6841.6		5473.4	12897.2	582.2		12897.2	12897.2
Trade credit		259.4	3341.5	2622.3	183.6	862.7	61.2	261.9	3586.3	4006.3	140.9	26.3	175.6	44.7	3902.8	4077.3
保険資産	1310.6		164.9		150.6				1310.6	51.1	2052	1464.6			1515.8	1515.8
年金資産	21247.6			10732.9					21247.6	21247.6		21247.6			21247.6	21247.6
納税債務							181.3		332.0	164.9	-56.1				332	108.9
非金融企業資産	10747.6								10747.6	10732.9	841.4	14.7		5648.6	10747.6	10747.6
海外直接投資			4807.2						4807.2						5648.6	5648.6
海外からの直接投資				2976.5						2976.5		599.9			3576.4	3576.4
その他	951.3	30.6	11662.8	5470.4	124.1	1832.3	173.0	2087.5	12911.2	9420.8	12992.3	7285.1	3576.4	160.3	25903.6	16865.5

備考：＊は絶対値が0.05未満。
出所：Board of Governors of the Federal Reserve System (2016) より作成。

海外部門がプラス0.6兆ドルとなる。すなわち、金融資産合計の34％を占める家計は、負債・株式合計を差し引いた純資産（5.7兆ドル）でも圧倒的な規模であり、非金融企業のマイナス3.3兆ドルと連邦政府のマイナス1.6兆ドルを賄っている。

　第3に、アメリカ金融市場の本源的な資金の出し手である家計に立ち入ってみよう。資産の71.2兆ドルに対して負債が14.5兆ドルであり、差し引くと56.7兆ドルの純資産になる。負債は主として住宅抵当借入（住宅ローン）9.7兆ドルと消費者信用3.5兆ドルである。資産の主力は年金資産21.2兆ドル、株式14.2兆ドル、預金（定期預金、当座預金・現金）の9.6兆ドル、投資信託6.5兆ドル、債券（地方債、社債・外債、財務省証券）の4.6兆ドルである。おそらく、年金資産は多くのブルーカラー労働者を含めて大衆的に分布する資産である。なお、図表2-9の原資料で、年金基金の運用面に立ち入ると、資産18.2兆ドルの中で低リスクの債券が7.5兆ドルもある反面、高リスクの株式が4.5兆ドル、中間的な投資信託が3.8兆ドルという構成である。また投資信託の運用面では資産12.9兆ドルの中で株式が8.6兆ドルである。すなわち、国内金融部門の様々なリスク分散の仕組みを通して家計部門の資産が運用されているのであり、次にみる国内金融部門における重複的な資金の流れに表現される金融証券市場の社会的役割を典型的に示している。

　第4に、このようにして、中間層や低所得層にとってハイリスク・ハイリターンの株式投資は縁が薄いが、年金資産や、年金資産の投資信託への運用や、あるいは投資信託という仕組みを介して、間接的に株式投資による収益の配分を受けている。この間接

2.3 金融構造 67

的な株式投資が、図表 2-9 における国内金融部門の資産の中の株式 15.9 兆ドルと、負債の中の年金資産や投資信託の負債項目（資金の受入れ、21.2 兆ドルと 12.9 兆ドル）の関係の中で主力の運用となっている。

　第 5 に、国内金融部門の資産合計 86.2 兆ドル（41％）は家計を上回っているが、上述のように金融機関は資金を仲介するのであり、負債・株式合計を差し引くと純資産はマイナス 0.2 兆ドルとなる。負債 81.4 兆ドルの内容に立ち入ってみると、年金負債（家計の側の年金資産、すなわち年金受給権確定額と対応する）が 21.2 兆ドル、預金（定期及び当座預金等）が 14.7 兆ドル、債券発行 13.1 兆ドル、投資信託 12.9 兆ドルがあり、主として家計からの資金である。

　他方、第 6 に、国内金融部門の資産 86.2 兆ドルの内容に立ち入ると、債券が 23.3 兆ドルもあり、その主力は財務省証券が 7.1 兆ドル、政府機関債が 6.3 兆ドル、社債・外債が 7.2 兆ドルであるが、他方で政府機関債の負債が 8.1 兆ドル、社債・外債の負債が 4.6 兆ドルもあるので、結局は、財務省証券以外については、国内金融部門の内部で資金が回っている部分が大きく、ネットで貸し付けているのは財務省証券だけである。もう一歩踏み込んで考えると、国内の家計や海外部門から資金を受け入れて、債券投資を行うと同時に、その債券の中には国内金融部門の発行するものもあり、また海外部門の発行する債券もあるのである。同様に、国内金融部門の資産運用の中でローンの規模も大きく、21.0 兆ドルもあるが、その主力は、住宅抵当貸付（家計や非金融企業にとっては借入という負債）13.3 兆ドルが主力である。

さらに第7に、国内金融部門の株式投資が15.9兆ドルもあるが、他方で国内金融機関の株式発行が7.2兆ドルもあり、それを差し引いた8.7兆ドル程度が国内の非金融企業と海外部門の株式投資に回されたことになる。株式の分野における資産（投資）をみると家計の14.2兆ドルが最大の純投資家であり、他方、海外部門も5.5兆ドルの資産（投資）であるが負債（株式発行による資金受入れ）が6.8兆ドルもあるので、ネットでは1.3兆ドルの資金受入れになる。

第8に、その海外部門は解釈がやや難しくなる。資産合計の22.8兆ドルに対して負債・株式合計が17.2兆ドル、負債小計が10.4兆ドルである。さらに株式については資産が5.5兆ドル、負債が6.8兆ドル、直接投資では資産（海外からアメリカへ）が3.6兆ドル、負債（アメリカから海外へ）が5.6兆ドルであり、海外部門のアメリカへの投資を上回る規模のアメリカ側からの投資がある。それらを除くと、資産小計が13.7兆ドル、負債小計が4.8兆ドルとなる。資産の主力は財務省証券6.1兆ドルと社債・外債3.1兆ドルである。すなわち、海外部門は、アメリカ連邦政府の財務省証券の保有が突出しているが、それ以外では、株式及び直接投資の分野ではアメリカ側の主導性がみられる。おそらく、本格的なグローバル化の中でアメリカ内外の企業活動が一層活発化することが反映していると思われる。そして、中国等の対アメリカ輸出超過による余裕資金が安全な運用先として財務省証券に向けられている。19世紀の帝国主義の時代とは違って、現代世界において貸付の担保としてアメリカ政府の課税権を差し押さえることも不可能であり、万が一にも中国がアメリカ財務省証券を投げ

売りすれば、ドルの為替レートは暴落することになるので不可能である。

　以上みたように、アメリカ金融市場の本源的な資金の出し手は家計である。ところが、本書の主テーマである「グローバル化の下における構造変化」を円滑に進めるという金融メカニズムの役割を先導するのが株式投資であり、それ故に、ハイリスク・ハイリターンである。たしかに株式投資は高所得階層に集中すると思われるが、他方で、多くのブルーカラー労働者を含めて大衆的に保有される年金資産は、上記の国内金融部門の複雑な仕組みを通して、本章第2節でみたような産業構造の変化に整合する形で投資・運用されている。おそらく、リスクの高い方から株式、投資信託、債券、預金の順で、所得の高い階層の分布が大きいが、そういう構造を内包している金融資産全体についても、アメリカ経済社会では上位10％にかなり集中しており、大きな経済格差を典型的に示すといわれている。2016年大統領経済報告によれば、2013年において家計の上位3％の階層が総資産の50％以上を保有しており、上位10％では75％以上になるという推計が示されている[3]。

　アメリカ経済社会を勉強する時に、長期的な経済成長による「豊かな社会」において株式投資が大衆化（広がり）したとみることもできるが[4]、他方では、「豊かな社会」の中で「取り残される大衆」への対策としての福祉国家システムという切り口もある。もちろん、前者の株式投資における大衆は、上述のように、最上

---

3)　Council of Economic Advisers（2016）pp. 28-30.

位の3％のすぐ下に存在する2番目上位の7％の階層への広がりを指しており、後者の構造的な貧困層は、下位90％の中でも最下層の2〜3割の部分を指している。次節では、その最下層に対する支援メカニズムを意識しながら、政府部門の財政構造を検討しよう。

2.4 財政構造——アメリカ自由主義の政府

アメリカは「自由の国」であり、それ故に世界中から移民が流入し続ける。自分や家族が他者から支配や迫害を受けないこと、そして、「働いたものはすべて自分のものになる苦労」[5] をして自分の暮らしを維持することが、自由のための基盤となる。その自由主義が結実したものがアメリカ・モデルの「小さな政府」であり、またその「小さな政府」は分権的でなければならないのは、第1章でみたとおりである。

自由は厳しい自己責任で裏打ちされる。「働いたものはすべて自分のものになる苦労」ができる時は、他者に依存しないことで

---

4) 渋谷博史（2005）第3巻第9章第2節の中で税務統計を使って株式投資からの配当所得を分析して、第2次世界大戦後の長期的な経済成長による「豊かな社会」における株式投資の大衆化（広がり）を検討しているが、実質的には富裕層に集中するという構造が持続していることも確認されている。また、渋谷博史（2010b）でも、2005年時点の所得階層別の配当所得を検討して、主として上位10％の階層がアメリカの資本主義的企業の株式を所有することを確認している。

5) 渋谷博史（2005）第3巻第6章（311頁）で砂金玲子（1997）第1章を引用した中で登場する移民の言葉。

自由を維持できる。できなくなった時にも、できるだけ他者に依存しない仕組みを用意するのがアメリカ・モデルの福祉国家である。連邦政府が社会保険として運営する社会保障年金（アメリカでは基礎年金を指す）とメディケア（高齢者向けの基礎的医療保障）を1階部分として、2階部分は雇用主提供年金（前節の家計の最大の金融資産である年金資産）と雇用主提供医療保険（現役世代の医療保障）であり、それらは民間保険市場で購入される。社会保険では社会保険料の納付が受給権の根拠となり、もちろん民間保険の場合には保険商品の代金として保険料が支払われるので、上記の「働いたものはすべて自分のものになる苦労」によって獲得される自立と自由と整合する仕組みである。

　それが、戦後の「豊かな社会」の中で確立されたアメリカ・モデル福祉国家の基本的な骨組みであるが、そこから取り残される人々については、保険料という自己責任の仕組みのない社会福祉による給付やサービスが用意される。雇用主提供医療保険がない職種あるいは無職の現役世代が病気になった時のためのメディケイド（医療扶助）をはじめとして、食糧や住宅や職業訓練の支援メカニズムである。

　こうして、アメリカ・モデル福祉国家のデザインは、自由と自己責任の理念で設計されているが、歴史的な経緯としては、1930年代の大不況期に1936年社会保障法でスタートしたものが、第2次世界大戦後の長期的な経済成長による「豊かな社会」の中で、特に1960年代に構造的な貧困状態に「取り残された大衆」が再発見されたことで政治的な弾みがついて、拡充された[6]。それは、アメリカ国内の自由主義を実現するための政策手段であるが、同

72　　第2章　アメリカ経済社会の基本構造

図表 2-10　連邦財政支出（2015年度）

	億ドル	%
軍事	5,897	16.0
教育・職業訓練・社会サービス	1,221	3.3
メディケイド等	4,463	12.1
メディケア	5,462	14.8
所得保障	5,088	13.8
社会保障	8,878	24.1
利子	2,232	6.1
その他	3,644	9.9
合計	36,884	100.0

出所：Budget of the United States Government（2017）の HIS-
TORICAL TABLES より作成。

　時に、アメリカは、文字通りに世界的な規模でその自由主義を堅持する役割も担っている。世界最強の軍事力を保持して、アメリカ自由主義の理念で設計された経済社会（アメリカ・モデルの福祉国家も含める）を防衛するだけではなく、グローバルに展開するためでもある[7]。

　さて、このような理念とデザインを体現する政府部門の財政構造を具体的にみよう。まず、連邦政府について図表 2-10 をみると、2015年度の財政規模は 3.69 兆ドルであり、その中で規模が大きいのは、社会保障の 0.89 兆ドルとメディケアの 0.54 兆ドルと所得保

---

6)　詳細は渋谷博史（2005）第2巻の第4章と第5章を参照されたい。

7)　詳細は渋谷博史（2005）第1巻第2章と第2巻第5章と第3巻第8章及び第9章を参照されたい。

障の 0.51 兆ドルとメディケイド（医療扶助）等の 0.45 兆ドルという福祉国家関連の項目と、軍事 0.59 兆ドルである。

　日本のように皆保険システムではないために、非正規雇用等の理由で無保険状態になる人が 3,000 万人を超えており、それ故に、大規模のメディケイド（医療扶助）が必要になり、連邦メディケイド補助金の交付によって各州政府が実施している。なお、所得保障の 0.51 兆ドルの内容について同表の原資料で立ち入ってみると、連邦公務員年金（0.14 兆ドル）と失業保険（0.04 兆ドル）の社会保険を除くと、生活扶助、食糧支援、住宅支援等の社会福祉が 0.33 兆ドルとなる。

　すなわち、連邦政府は、世界最強の軍事力でアメリカ・モデルの経済社会と福祉国家の外枠を構えると同時に、その内側で、連邦政府は社会保障とメディケアとメディケイド等という福祉国家の基礎的な部分を担当しており、その基礎の上に民間ベースの年金・医療システム（雇用主提供年金、雇用主提供医療保険は雇用主が民間保険会社から購入する）が大きな役割を果たすという構造のアメリカ・モデル福祉国家が構築されている。

　上記の連邦政府が担当する福祉国家の基礎制度の中で社会保障とメディケアは社会保険であるが、メディケイド等の社会福祉の部分は連邦補助金を交付して州政府に運営を任せている。逆にいうと、上述の「豊かな社会」の中で取り残された底辺層に向けて、州・地方政府がコミュニティ・レベルで実施するきめの細かい福祉政策に対して、連邦政府が連邦補助金で支援、誘導するという形で、分権的なシステムが運営されている。

　連邦政府（中央政府）が、連邦補助金を提供してメディケイド

図表 2-11　州・地方財政支出（2014-15 年度、億ドル）

	全米合計		
	州・地方純計	州	地方
一般支出	33,975	16,341	17,634
教育	9,370	2,916	6,455
メディケイド	5,051	4,984	67
その他福祉	817	452	365
病院	1,719	742	976
保健	929	441	488
道路	1,683	1,003	680
その他	14,405	5,803	8,602

出所：米国センサス局資料より作成。

や教育システムの運営に対して誘導性を発揮する場合には、州政府が本来的に有する権限を尊重する形で、交付条件を設定する。そうしなければ、連邦最高裁の違憲判決を招くリスクもあり、それは、アメリカ（United States of America）が文字通りに、自立的な州政府が主体性を有する形で形成されているからである。

　次に、本来的に国内の様々な政府機能の権限を有する州・地方政府について、図表 2-11 で検討しよう。州・地方政府の最大の役割は教育であり、教育支出（0.94 兆ドル）の中で州政府の 0.29 兆ドルは高等教育（州立大学等）であり、地方政府の 0.65 兆ドルは初等中等教育（日本流で言えば、高校 3 年生まで）である。メディケイドは連邦補助金を受けて州政府が担当している。連邦補助金の主力は初等中等教育とメディケイドと道路建設（近年には都市交通の拡充にも力点が置かれている）であるが、それぞれの

分野において各州政府やコミュニティによる主体的な制度設計や選択の権限があり、分権的なシステムとなっており、連邦議会の審議中にもしばしば、連邦政府による規制強化に反対するために「one size fits for all」という表現が否定的に使用される場面がある[8]。なお、その他支出の1.44兆ドルの中には、警察や消防や刑務所、さらには連邦補助金が交付される分野である住宅支援やコミュニティ開発など、多様な政策分野がある。

ちなみに、本書の第8章で、バージニア州北部に位置するアーリントン郡における先進的な都市政策の具体的な事例を使って、アメリカ・モデルの政府部門の分権的構造を支える地方政府とコミュニティのレベルの主体性を検討している。第1章で検討したアメリカ経済社会で普遍的に共有されるアメリカ自由主義の論理に整合する形の政府と財政は、コミュニティの現場における実践によって支えられるのであり、それがなければ空理空論に終わる。

第2章参考文献

C. ウェザーズ (2010)『アメリカの労働組合運動』昭和堂 (前田尚作訳)
加藤美穂子 (2013)『アメリカの分権的財政システム』日本経済評論
　　社

---

8) アメリカ・モデル福祉国家における分権的な構造については、渋谷博史・根岸毅宏編 (2012) と加藤美穂子 (2013) を参照されたい。なお、アメリカの警察ドラマでは、FBIと州警察と地方レベルの警察署の間に権限争いがよくみられる。同様の意識が各政策分野でも常に働くので、連邦政府の側で新しい政策が導入されると、連邦最高裁において州権限の侵犯の有無について判断を求める訴訟がしばしば起こされる。

渋谷博史 (2005)『20 世紀アメリカ財政史』全 3 巻、東京大学出版会

渋谷博史編 (2010a)『アメリカ・モデルとグローバル化 I ──自由と競争と社会的階段』昭和堂

渋谷博史 (2010b)「アメリカ・モデル経済社会の基本構造」渋谷博史編 (2010a) 所収

渋谷博史・根岸毅宏編 (2012)『アメリカの分権と民間活用』日本経済評論社

渋谷博史 (2015)「グローバル化と中国経済」国学院経済学第 63 巻第 2 号

長谷川千春 (2010)『アメリカの医療保障』昭和堂

A. ハーニー (2008)『中国貧困絶望工場』日経 BP 社 (漆嶋稔訳)

C. フィッシュマン (2006)『ウォルマートに呑みこまれる世界』ダイヤモンド社 (中野雅司監訳、三本木亮訳、訳書は 2007 年)

N. リクテンスタイン (2009)『ウォルマートはなぜ、世界最強企業になれたのか』株式会社金曜日 (佐々木洋訳、訳書は 2014 年)

Board of Governors of the Federal Reserve System (2016), *Financial Accounts of the United States Flow of Funds, Balance Sheets, and Integrated Macroeconomic Accounts.*

Congressional Budget Office (2013), *A Description of the Immigrant Population-2013 Update.*

Council of Economic Advisers (2016), *Economic Report of President, 2016.*

Council of Economic Advisers (2017), *Economic Report of President, 2017.*

U.S. House, Committee on the Judiciary, Subcommittee on Immigration Policy and Enforcement (2011), Hearing, *"ICE WORKSITE ENFORCEMENT-UP TO THE JOB?"*, 113rd Cong. 1st Sess.

第Ⅱ部

アメリカ経済社会の国際的側面と政策

第3章　貿易・国際金融構造の変化

　本章では、冷戦崩壊後から現在までのアメリカの貿易と国際金融構造の変化を検討する。それは第2章でみたアメリカ国内の経済社会における製造業の空洞化とサービス化の進展という構造変化と表裏一体の関係にある。第4章で見るように、アメリカは国際経済政策を活用し、貿易や資本移動の自由化を推進することによって、グローバル化の動きを主導してきた。

　グローバル化は、国際貿易や資本移動の急激な拡大、グローバルな金融危機のリスク、中国に代表される新興国の台頭など、国際経済構造の変化をもたらしてきた。当然、アメリカの貿易・国際金融構造にも大きな変化を与えている。その変化は、特に大規模な経常収支赤字の定着という点に集中的に現れている。この経常収支の赤字は海外からの資本流入で埋め合わされているのであり、アメリカの対外経済構造の特徴となっている。

　本章では、こうしたアメリカの対外経済構造を生み出した貿易構造の変化及びアメリカへの資金流入の動向について考察する。

3.1　経常収支赤字の定着

　アメリカの対外経済構造の特徴を考えるために、図表3-1を使って、アメリカの経常収支（1980-2017年）の推移を確認していく。

図表 3-1 アメリカの経常収支 (1980-2017 年)

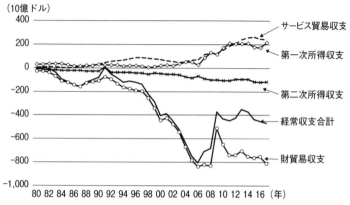

出所：Bureau of Economic Analysis, International Data より作成。

経常収支とは、財の輸出入の差額である「財貿易収支」、サービスの輸出入の差額である「サービス貿易収支」、直接投資や証券投資等からの所得の受取・支払を示す「第一次所得収支」、援助や寄付等を意味する「第二次所得収支」から構成されている。図表 3-1 から分かる現在のアメリカの経常収支の特徴は、以下の 5 点である。

第 1 に、アメリカの経常収支は赤字額が拡大し、それが定着している。経常収支の赤字は 1990 年代後半から急速に増え、2006 年には 8,059 億ドルまで拡大した。2017 年には 4,662 億ドルの赤字となっており、ピーク時からは縮小しているが、赤字傾向が定着する形になっている。

第 2 に、経常収支赤字の大部分は財貿易収支の赤字である。図表 3-1 から明らかなように、1980 〜 2009 年頃までは、財貿易収

支の赤字額と経常収支の赤字額がほぼ並行して推移していた。こうした財貿易収支の大幅な赤字は、1990年代以降のアメリカ国内における旺盛な消費・投資需要と大きく関係している。

第3に、サービス貿易収支は一貫して黒字である。2017年の数値をみると、サービス貿易収支は2,428億ドルの黒字となっている。こうしたサービス貿易収支の黒字は金融サービスや生産者向けサービス輸出が拡大している点が大きく、財貿易収支の大幅な赤字部分を、このサービス貿易収支の黒字が補っている[1]。

第4に、第一次所得収支も一貫して黒字である。2017年の第一次所得収支は2,170億ドルの黒字となっており、2007年以降は急速に拡大している。第一次所得収支の黒字は直接投資や証券投資等からの所得の受取が多いことを意味しているので、そのような投資活動が活発に行われていることを示している。

第5に、第二次所得収支は赤字である。第二次所得には、国際援助や国際機関への分担金等が含まれるが、赤字になっているのは第4章でも触れる連邦政府による国際援助が多く行われているからである。

このようなアメリカの経常収支における赤字構造の定着は、第5章や第7章で見る企業活動のグローバル化の結果でもあり、第2章で確認した国内経済の構造変化を反映したものとなっている。そして、この赤字部分は海外からの資本流入によって埋め合わせ

---

1) 『大統領経済報告』（2015年版）では、サービス貿易が発展した背景として、第1に情報通信技術の向上や輸送費の低下といったインフラ面での革新、第2にアメリカ企業の多国籍化によって生じた生産者サービス需要の増大が重要であったと指摘している。Council of Economic Advisers (2015), pp. 296-297.

られている。

3.2 貿易構造の変化と財貿易収支赤字

本節では、アメリカの貿易構造の変化を貿易相手国と主要製品別で見ていきたい。

まず貿易相手国について検討する。図表3-2は、2015年におけるアメリカの財とサービス貿易の主要相手国・地域を示したものである。

まず財貿易について見ると、輸出先では、NAFTA地域が34.7％（カナダ18.8％、メキシコ15.9％）、アジア太平洋地域が27.6％（中国7.8％、日本4.3％）、ヨーロッパ20.8％、ラテンアメリカ（メキシコを除く）10.1％、となっている。これらの地域で全体の93.2％を占めている。財の輸入先を見ると、アジア太平洋地域が42.7％、NAFTA地域が26.5％（カナダ13.2％、メキシコ13.3％）、ヨーロッパは21.9％、ラテンアメリカ（メキシコを除く）4.8％、である。これらの地域で全体の95.9％を占めている。アジア太平洋地域の割合が突出しているのは、中国の影響が大きいからである。中国のみで全体の21.4％を占めており、これはヨーロッパが占める割合とほぼ同じである。

次にサービス貿易について見ると、輸出・輸入の双方においてヨーロッパが占める割合が圧倒的である。ヨーロッパはアメリカからのサービス輸出の36.6％、サービス輸入の42.1％を占めている。

以上から、2つのことが指摘できる。第1に、ヨーロッパの位置の変化である。まず財貿易市場においては、1980年代にヨーロ

図表 3-2　主要相手国との財・サービス貿易（2015 年、100 万ドル）

輸出先	ヨーロッパ	カナダ	メキシコ	ラテンアメリカ	中国	日本	アジア太平洋
財の合計	310,912	280,391	236,132	152,680	116,355	63,863	230,178
サービス	275,959	54,510	31,604	128,035	48,537	44,746	123,679
輸入先	ヨーロッパ	カナダ	メキシコ	ラテンアメリカ	中国	日本	アジア太平洋
財の合計	495,141	299,155	300,411	110,439	484,016	134,300	346,690
サービス	207,135	29,171	22,878	77,534	15,064	29,519	85,312
財の収支	-184,229	-18,764	-64,279	42,241	-367,661	-70,437	-116,512
サービス収支	68,824	25,339	8,726	50,501	33,473	15,227	38,367
合計	-115,405	6,575	-55,553	92,742	-334,188	-55,210	-78,145

注1：ラテンアメリカはメキシコを除く。
注2：アジア太平洋は中国と日本を除く。
出所：The Bureau of Economic Analysis, International Data より作成。

ッパが輸出先に占める割合は 30％程度であったが、1990 年代以降低下していき、現在では 20％程度になっている。一方、輸入先としては 1980 年代から一貫して 20％程度の割合を占めている。アメリカの輸出先としてのヨーロッパの重要度は低下しているが、輸入先としては同じ程度の重要性をキープしている。一方で近年はサービス貿易の主要相手先としてその重要度を増している。

　第 2 に、財貿易において大きな地位を占めるようになったのが、NAFTA 地域とアジア太平洋地域（特に中国と日本）である。まず NAFTA 地域は、輸出入両面において最も重要な役割を果たしている。そのため NAFTA 地域とアメリカの財貿易収支の赤字が全体に占める割合は 10％程度に収まっている。ただし対メキシコの赤字が対カナダの 3 倍に達していることに注意しなければ

ならない。

一方、輸出先としてよりも、輸入先として大きな存在となっているのがアジア太平洋地域、特に中国と日本である。中国は、2015年においてアメリカの財貿易収支赤字全体の49.3%を占め、最大の貿易赤字相手国となっている。第2位はドイツで10.0%、第3位は日本で9.3%であるから、アメリカの対中財貿易収支赤字の圧倒的な大きさが分かる。

日本の場合、1980年代にはアメリカの財貿易収支赤字の40%程度を占めていた。その結果、1970年代後半から1990年代前半にかけて、日本による対米輸出をめぐる日米経済摩擦が激化していった。しかし自動車産業に代表される対米直接投資・現地生産の増大、1990年代以降の長期不況の影響等により、日本がアメリカの財貿易収支赤字に占める割合は低下していき、それとともに日米経済摩擦は沈静化していった[2]。

他方、中国は財貿易収支赤字に占める割合を急激に上昇させた。例えば、WTOに加盟した直後の2002年には、アメリカの財貿易収支赤字全体に占める割合は22%程度であったが、その割合は毎年上昇し続け、2015年には49%と倍以上の水準に達している[3]。そのため米中間の経済摩擦問題も激化してきている。

次に産業分類をベースとした製品別で財貿易収支の動向を確認しよう。図表3-3は1990～2015年における製品別財貿易収支の変化を示したものである。ここから次の5点を特徴として指摘できる。

---

2) 日米経済摩擦の推移については、Kawasaki（2014）を参照。

3) USA Trade Online（https://usatrade.census.gov）のデータに基づく。

3.2 貿易構造の変化と財貿易収支赤字　　　85

図表 3-3　アメリカの製品別貿易収支、1990-2015 年 （億ドル）

	1990 年	2000 年	2010 年	2015 年	1990-2015 年の 赤字増加額
収支合計	−1,160	−4,229	−6,205	−7,143	−5,983
農林水産物品	135	48	230	135	−0.1
鉱物製品	−441	−737	−2,082	−821	−380
製造業製品	−766	−3,935	−5,973	−8,323	−7,557
コンピュータ・電子機器	−159	−892	−2,035	−2,514	−2,355
輸送機器	−215	−914	−642	−1,230	−1,015
アパレル製品	−218	−548	−723	−861	−643
その他製造品	−158	−372	−573	−694	−536
電気機器、家電製品	NA	−142	−375	−551	NA
皮革製品	−96	−191	−284	−373	−277
一次金属製品	−101	−237	−295	−335	−233
化学製品	162	10	−162	−330	−492
機械（電気機械を除く）	62	57	211	−329	−392
家具、建具	−36	−127	−217	−319	−282
組立金属製品	−5	−62	−140	−255	−250
繊維製品	−32	−51	−132	−180	−148
製材、木材	11	−105	−63	−103	−114
食品および関連製品	−4	60	99	36	40
石油製品	−77	−313	−413	118	195

注：NA は、産業分類変更によるデータなし。
　　1990 年のデータは SIC ベース。
　　製造業製品は主要なものだけを取り上げている。
　　再輸出項目を除いているので、主要 3 項目の合計は必ずしも収支合計になるわけではな
　　い。
出所：Census Bureau, U.S. International Trade in Goods and Services, series FT-900, De-
　　cember issues より作成。

第1に、1990〜2015年の財貿易収支の赤字増加額の大部分は製造業製品であるが、なかでもコンピュータ・電子機器の割合が約4割（39.4%）を占めている。この品目での赤字額が多いのは、関連するアメリカ製造業が1990年代以降、製造拠点をアジア地域へと移転していったことやアウトソーシングの拡大が影響している。このことはアメリカ製造業の空洞化を意味しており、第2章でみた産業構造の再編とつながっている。またICT産業のグローバル展開については、第7章で具体的に検討される。

第2に、製造業製品の赤字増加額のうち輸送機器（主に自動車・関連部品）の赤字増加額が17%を占める。この要因としては、アメリカ自動車産業の輸出競争力の低下やNAFTAの発効（1994年）以降に3か国（アメリカ、カナダ、メキシコ）の間で発達してきた国際分業の進展が挙げられる。これらの点については、第5章において詳細に検討される。

第3に、アパレル製品やその他製造品（玩具・スポーツ用品・雑貨など）の赤字額も未だに多く、これらの部門で赤字増加額の2割近く（それぞれ10.8%、9%）を占める。後述するように、このような消費財の主要な輸入国は中国であり、競合するアメリカ国内の企業に大きな影響を与えている。

第4に、農林水産物品と食品および関連製品では黒字となっている。この点は、第6章で分析されているアメリカの農業・食料生産分野における競争力の強さを示している。特に近年では、途上国の経済成長、先進国の食生活の多様化、輸送技術の発達などの要因によって、高付加価値生産物（食肉や乳製品などの加工品、野菜、果物等）の輸出が増大している[4]。

第5に、石油製品に関しては、2010年から2017年にかけて赤字から黒字へと転換している。この背景には、2000年代以降、アメリカ国内におけるシェールガス及びオイル生産が拡大するにともない、エネルギー関連輸入が減少したことが影響している。

以上見たように、アメリカの財貿易収支赤字は21世紀に入って急速に拡大し、またその赤字構造は定着している。その主要な要因は、第1に、中国とNAFTA地域（特にメキシコ）との貿易において財貿易収支赤字が増大している点である。第2に、品目別では、コンピュータ・電子機器、輸送機器（主に自動車）、アパレル製品、その他製造品の財貿易収支赤字額が多い点である。これらの点は非常に重要なので、次節でこの2つの地域・国との貿易関係に立ち入って検討していこう。

3.3 対NAFTAと対中国の貿易——その差異と共通性[5]

1994年に発効したNAFTAによる、アメリカとカナダとメキシコからなる自由貿易地域では、貿易だけではなく、投資や金融サービスも自由化された。元々、アメリカとカナダの貿易関係は緊密であり、1989年にはすでにFTAが発効していた。ゆえにNAFTAはアメリカとカナダの自由貿易圏に、徐々に貿易と投資の相手国としての重要性を増しつつあったメキシコを取り込むという意味が強かった[6]。

---

4) 名和（2017）150-151頁。

5) 本節において特に注記のないデータは、全てUSA Trade Online（https://usatrade.census.gov）に基づく。

例えば、NAFTA 成立以前の 1992 年におけるアメリカの輸出入相手国の第 1 位は共にカナダであり、輸出の 21.6％（1,004 億ドル）、輸入の 19.2％（1,112 億ドル）を占めていた。このことからカナダとアメリカの貿易関係はすでに密接な状況にあったと言える。対してメキシコは、共に第 3 位であり、輸出の 8.9％（416 億ドル）、輸入の 6.9％（399 億ドル）を占めていた。メキシコとアメリカの貿易関係も一定の緊密さを持っており、アメリカがさらなるメキシコとの貿易拡大を目指したことも頷ける。

NAFTA 成立後、特にメキシコとの間の貿易が増大していく。2015 年になるとカナダは輸出の 19％（2,809 億ドル）を占めており第 1 位、輸入については 13.2％（2,962 億ドル）で第 2 位であった。これに対してメキシコは、輸出の 15.7％（2,362 億ドル）を占め第 2 位、輸入については 13.2％（2,964 億ドル）で第 3 位を占めるようになっている。金額ベースで見た場合、カナダとの輸出入が共に 2.8 倍程度の伸びを見せている一方、メキシコとの間の貿易は輸出で 5.7 倍、輸入で 7.4 倍に増加している。特に輸入の伸びが大きく、これがメキシコとの財貿易収支赤字がカナダよりも大きい要因となっている。

次に、2016 年におけるアメリカと NAFTA 地域の主要な貿易製品について見てみよう。輸入については多い順に、自動車、原油、自動車部品、商品輸送用自動車、コンピュータとなっている。輸出については、自動車部品、石油製品、自動車、オフィス用機械部品、商品輸送用自動車となっている。ここから自動車関連製

---

6) アメリカとメキシコの経済関係、NAFTA の成立について詳しくは、中本（1999）第 6 章を参照。

品が、重要な位置を占めていることが分かる[7]。

　自動車及び関連部品のアメリカとメキシコの輸出入を見ると、1993年の段階では186億ドル（輸出75億ドル、輸入111億ドル）であり、自動車輸出入全体に占めるシェアは12.1％であったが、2016年には1,232億ドル（輸出272億ドル、輸入960億ドル）へと約6.6倍の水準へと上昇し、自動車輸出入全体に占めるシェアも27.5％に増加した[8]。この背景には、第1にNAFTA成立以前には高関税や規制等の保護貿易政策によってメキシコ政府に守られていた自動車市場が、成立後、アメリカとカナダに開放されたこともあるが[9]、第2に、第5章で詳細に検討するように、NAFTA以降、アメリカや日本の自動車産業が、メキシコに生産拠点を築いていき、アメリカの生産拠点との間で、完成車や部品取引を活発化させていったことがある。

　次に中国との貿易について見ていこう。中国からの対米輸出が急増した背景には、2001年のWTO加盟がある。加盟直後の2001年に中国がアメリカの輸入全体に占める割合は9％（1,023億ドル）であったが、2015年には21.4％（4,832億ドル）へと2.4倍（金額ベースでは4.7倍）の規模へ増大している。この増大のスピードは過去の例と比べても非常に急激な形で生じている。例えば、メキシコがNAFTA成立直前の1992年にアメリカの輸入全体に占めた割合は6.6％であった。それが2015年の13.3％まで23年かけてほぼ倍増したにすぎない。

---

7)　Villarreal and Fergusson（2017）pp. 13-14.

8)　Villarreal and Fergusson（2017）pp. 17-18.

9)　Council of Economic Advisers（2002）p. 266.

製品品目別に中国との財貿易収支を見ると、2015年では合計3,673億ドルの赤字のうち、コンピュータ・電子部品が1,531億ドルの赤字、電気機器・家電製品が387億ドルの赤字となっており、両部門で財貿易収支赤字全体の53％を占めている。また、アパレル製品とその他製造品でも財貿易収支は赤字であり、合計709億ドルの貿易赤字（赤字額全体に占める比重では19％）となっている。

以上のように中国の対米輸出は、過去に例のない急速な増大及び消費財を中心としつつも、資本財へと輸出品目を拡大してきているという特徴を持ち、アメリカの経済社会に製造業の空洞化や失業率の上昇等の大きな影響を与えている。特に中国からの輸入製品と競合する製造業を抱える地域では、失業者が急増し、その多くは社会福祉給付に依存せざるをえない状況に陥っている。しかし他方で『大統領経済報告』（2015年版）は、中国からの製造業製品の輸入と失業の関係を認めつつも、中国への輸出の拡大が新たな雇用の増大をもたらしている側面にも注目すべきであると指摘している[10]。

たしかにWTOへ加盟した2001年にアメリカの輸出全体に中国が占める割合は2.6％（192億ドル）にすぎなかったが、2015年には7.7％（1,159億ドル）へと約3倍（金額では約6倍）の規模へと急拡大している。中国はアメリカにとってカナダ、メキシコに次ぐ第3位の輸出相手国でもある。主要な輸出品目は、航空機関連、穀物類、自動車関連、スクラップ、コンピュータ関係であ

---

10)　Council of Economic Advisers（2015）p. 308.

る。ここから消費財分野における製造業雇用の喪失とは対照的に、これらの主要な対中輸出分野においては、雇用の創出があったと考えられる。

　以上、NAFTA地域及び中国とアメリカの貿易関係について見てきた。メキシコと中国は、NAFTAの成立やWTO加盟を契機として、アメリカとの貿易を拡大していった点では共通している。両国とアメリカの貿易の拡大は、アメリカの経済社会に大きな影響を与えている。一方で、中国とメキシコの対米貿易は大きな違いを有している。最も重要な点は、アメリカ企業の国際的な展開との関係である。先述したように、アメリカ企業はメキシコへと展開し、活発にサプライチェーン取引が行われている。ゆえにメキシコからの輸入製品について見た場合、付加価値ベースでは40％がアメリカへと帰着する。アメリカのメキシコからの輸入は、一方的にアメリカがデメリットを被っているのではなく、一定の利益を得ていると考えられる。これに対してメキシコとは異なり、中国からの輸入品にアメリカによって付け加えられた付加価値が占める割合は4％に過ぎない。つまりメキシコの場合とは異なり、中国との間では中間財貿易が少なく、その結果として、アメリカの雇用に対して中国からの輸入が、メキシコからの輸入よりも大きな打撃を与えている[11]。

---

11)　Villarreal and Fergusson（2017）pp. 16-17.

3.4 資本輸出・輸入の構造

次にアメリカの国際金融構造について検討していこう。図表3-1でみたように、1990年代から2008年までの間、アメリカの経常収支赤字は拡大を続けていた。2008年に大手投資銀行であるリーマン・ブラザーズが多額の損失を抱え、経営破綻した影響で、金融市場が混乱し、アメリカ経済も不況に陥った（リーマン・ショック）。その結果、財輸入が大きく減少し、財貿易収支の赤字が縮小し、経常収支赤字も同様に縮小している。一般に経常収支の赤字が、GDPの3%を上回る水準になると、その持続可能性に懸念が持たれる。2000 〜 2008年までは3%を超えて上昇を続けていたが、リーマン・ショック後、3%以下の水準で安定的に推移している。

経常収支赤字に対するアメリカ政府の見方は大きく変化してきた。1980年代は、経常収支赤字の原因となっている財貿易収支の赤字は、アメリカ製造業の競争力低下＝弱さを示していると認識されていた。ゆえに最も大きな赤字をもたらしていた日本に対して、アメリカからの輸入が増大しないのは国内の経済構造が閉鎖的であるからだと主張し、日米構造協議等の二国間交渉において、市場経済システムを徹底化していく経済構造への転換を強く要求した。

しかし1990年代後半の第二次クリントン政権以降は、経常収支赤字の拡大自体をアメリカ経済の強さの現れと見なし、問題にしないという立場へと転換した。例えば、『大統領経済報告』（2000年版）は、「今日の貿易及び経常収支の赤字は、アメリカ経済の

相対的な強さを反映している」(p. 235) と主張する。なぜならば
アメリカ国内に収益性の高い投資機会が豊富に存在しているがゆ
えに、経常収支赤字をファイナンスする形で資金が流入している
からだ、と述べる[12]。こうした変化の背景には、第2章でみたよ
うに、アメリカ経済のリーディングセクターが、製造業からICT
産業や金融業にシフトしながら、国際的な強さを維持しているこ
とがある。

　では1999～2015年までのアメリカの資本輸出入の推移を示し
た図表3-4から、その大まかな傾向を見ていこう。

　第1に、多額の資本輸入を受け入れると同時に、海外へも大量
の資本輸出を行っている。経常収支赤字を埋め合わせる必要があ
るため、常に資本輸入が資本輸出を上回っているが、資本輸出も
かなり高い水準で推移している。つまりアメリカは経常収支赤字
を埋め合わせるために必要とされる額以上に、資本輸入を行って
おり、その資金を海外への投資にも活用している。資本移動の自
由化が進展していく中、アメリカの金融市場を中心として資本移
動が国際的に活発化している。

　第2に、資本輸入・輸出とも同じ傾向で推移している。まず
1999年から2007年までにかけて急速に増大している。資本輸入
は7,652億ドルから2兆1,900億ドルへ、資本輸出は5,266億ドル
から1兆5,634億ドルへと増大した。その後、リーマン・ショッ
クを契機として、大きく低下した。資本輸入は2007年の4分の
1へ、資本輸出はマイナスになっている。資本輸出のマイナスは

---

12)　Council of Economic Advisers (2000) pp. 231-236.

図表 3-4 資本輸出入の推移、1999-2015 年

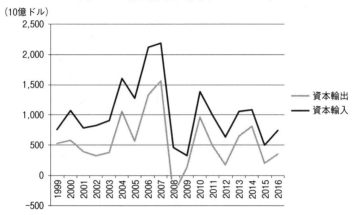

出所：Bureau of Economic Analysis, International Data より作成。

国内の損失を埋めるために海外資産を取り崩したことの影響である。その後、2010年頃から共に回復していくものの、1999年と同程度の水準で推移しており、2000年代前半ほどの大きさではない。

つまりアメリカの資本輸出入の動向は、2008年を境にして、大きく2つに分けて考察する必要がある。ゆえに以下では2つの時期に分けて、検討していきたい。

3.5 対ヨーロッパと対中国の資本輸出・輸入の差異

リーマン・ショックに至るまでのアメリカの国際金融構造を特徴づけるのが、グローバル・インバランスと呼ばれる現象である。

3.5 対ヨーロッパと対中国の資本輸出・輸入の差異　　95

先述したように 1990 年代末からアメリカの経常収支赤字は大きく拡大しており、世界全体の経常収支赤字の大部分を占めている。一方、世界全体の経常収支黒字は産油国、中国や日本を中心とするアジア諸国、ドイツが占めている。こうした不均衡を指してグローバル・インバランスと呼ぶ。この不均衡は 1990 年代終盤から 2007 年まで拡大し続けた。

この不均衡の拡大が可能であったのは、アメリカの経常収支赤字を埋め合わせる程度に、資本輸入が資本輸出を超過したためである。そこでアメリカにおいて資本輸入・資本輸出双方とも最大であった 2007 年を取り上げ、地域別の動向を検討していきたい[13]。

まず資本輸出先を見るとヨーロッパへの投資が圧倒的であり、全体の 60％を占めている。これはヨーロッパの金融機関がアメリカにおいてドル資金を大量に調達していたためである[14]。次に多いのはラテンアメリカ（19％）であり、両者で全体の約 80％を占めている。一方、日本と中国はマイナスになっており、アメリカへの資金の引き上げが生じている。

次に資本輸入先を見ていこう。こちらにおいてもヨーロッパ（44％）とラテンアメリカ（25％）が中心になっており、それに加えて中国（12％）、日本（3％）、それ以外のアジア太平洋地域（6％）がある。ヨーロッパは、高収益の獲得を目的とし、アメリカの株式や債券を中心に投資を行っており、債券の多くはサブプライム関連証券であった。サブプライム関連証券とは、債務が多い、所

13）　本節において特に注記のないデータはすべて Bureu of Economic Analysis, International Data に基づく。

14）　岩本（2014）42-43 頁。

得水準が低い等の理由で、信用力が低い借り手に向けた住宅ローンであるサブプライムローンに関する債権を証券化したものである。サブプライム関連証券市場の活発化にヨーロッパの金融機関や投資家が重要な役割を果たしていた。またイギリスからの投資は、2000年代の石油価格の上昇によって蓄積された産油国のオイルマネーの対米投資を仲介する役割も担っている。

　一方、中国、日本などのアジア諸国は、リスクの低い（低収益）アメリカ国債や政府機関債に多く投資を行っている。これは自らの経常収支黒字をアメリカ国債等に投資し、ドルを外貨準備として蓄積するとともに、貿易輸出に有利な対ドル・レート水準を維持することが目的であったためである。またラテンアメリカへの資本輸出入が共に多いのは、カリブ海地域に存在するオフショア市場の故である。そこにはイギリスと同様、産油国のオイルマネーが流入しており、その対米投資に関わる取引の一端が反映されている[15]。

　ここから以下の点が指摘できよう。第1に、ヨーロッパが資本輸出・資本輸入両面において最大の相手国であり、その巨額な資本移動がアメリカ金融市場の活発化を生み出している。ただし、欧米間の資本移動はほぼ同額である。ところが第2に、アジア太平洋地域、特に中国と日本の場合、アメリカからみて資本輸入の方がかなり多くなっており、結果的に、アメリカの経常収支赤字がその超過分で賄われている。中国や日本からみて、アメリカ向け輸出の維持・拡大のためにも、その純資本輸出によってドル相

---

15)　ここまでの資本流入先の叙述について、より詳しくは奥田（2016）95-96頁、菅原（2008）178-191頁を参照。

場の低下を防ぐという意味もある。

2007年にサブプライム関連証券の価格は暴落した。住宅価格の急激な低下により、多くの借り手がサブプライムローンの返済が不可能となったためである。その影響はリーマン・ショックやアメリカ経済の不況に留まらず、ヨーロッパやアジア地域にも波及した。アメリカの株式や債券に多くの投資を行っていたヨーロッパの金融機関は多額の損失を計上し、それはその後のユーロ危機の引き金となった。アジア太平洋諸国は、アメリカの消費が低迷したことによって、対米輸出が減少し、不況へと陥った。

一方で、図表3-4から明らかなように、リーマン・ショック以降もアメリカの資本輸入はそれ以前に比べると規模は縮小しているが、依然として国際的には大きな規模を維持したまま継続している。このことはアメリカの金融市場、ひいてはその経済が持つ強さを示していると考えられる。では、その特徴を見ていこう。

第1に、経常収支赤字の拡大に歯止めがかかったことにより、基軸通貨としてのドルの地位が安定化したことが挙げられる。経常収支赤字が3%を超えて拡大していた時期は、資本輸入が途絶し、ドル暴落の可能性が懸念され、ユーロの地位が上昇していた。しかしリーマン・ショック後、ユーロ危機が生じ、むしろドル資産への需要が急増したことから、ドルの強さが改めて注目された[16]。このことはリーマン・ショック以前の中心的な投資主体であったヨーロッパ諸国の動向からも明らかである。ヨーロッパ諸国へのアメリカからの資本輸出は2003年と同水準の2,000億ドル

---

16)　菅原・河﨑（2016）202-205頁。

台で停滞しているが、アメリカの資本輸入は再び増加傾向にあり、2007年段階ではほとんどなかった両者の差は大きく拡大している。例えば2016年における対ヨーロッパの資本収支は、4,049億ドルの入超であった。これは高収益を確保するための投資先としてアメリカが強く選好されていることを示している。

第2に、アジア太平洋諸国からの対米投資は、リーマン・ショック以前と変わらない形で継続している。このことはアジア諸国にとってアメリカが輸出市場として依然重要であり、有利な環境を確保するために対米投資を行っていくという状況には大きな変化はない。ただし近年、中国経済の減速にともない中国から資金が流出し、これまで蓄積してきたドル準備が急減している。またオイルマネーも、石油価格の低下によって減少してきており、経常収支赤字のファイナンスという観点から見た場合、両者の役割は縮小している[17]。

第3に、こうしたアメリカの強さの背景にある市場経済システムの役割にも注目しなければならない。徹底した自由主義の原理に基づくアメリカの市場経済では、労働者や企業の流動性が非常に高く、グローバル化の中で産業構造の再編も急速に進んだ。第2章でみたアメリカにおいて活躍する新産業のビッグ・ビジネス（Apple、Amazon、Google）が新たな成長の基盤を作り出しており、それは、アメリカの市場経済システムが新産業の継続的な登場を可能とし、豊富な投資機会が存在していることの表れである。

以上のように、アメリカにおいて生み出される多くの投資機会

---

17) 近年におけるオイルマネーと中国の動向について詳しくは、奥田（2017）第5章を参照。

とそこから得られる投資収益性の高さがアメリカへと資本を引き付けている。また活発な投資活動は、アメリカの消費・投資市場を拡大させ、海外からの輸入も増大していく。アメリカへの輸出を重視するアジア諸国は、貿易に有利な為替レートを維持するために、外貨準備の形でアメリカへの資本流入を継続させざるを得なくなっている。

第3章参考文献

岩本武和（2014）「グローバル流動性とシャドー・バンキング・システム」『世界経済評論』2014年11・12月

奥田宏司（2016）「ドル体制の変遷と現状」奥田宏司・代田 純・櫻井公人編『現代国際金融［第3版］』法律文化社、所収

奥田宏司（2017）『国際通貨体制の動向』日本経済評論社

菅原 歩（2008）「対外金融政策——資本流入の持続可能性」河音琢郎・藤木剛康編『G・W・ブッシュ政権の経済政策』ミネルヴァ書房、所収

菅原 歩・河﨑信樹（2016）「対外経済構造と国際金融政策」河音琢郎・藤木剛康編『オバマ政権の経済政策』ミネルヴァ書房、所収

中本 悟（1999）『現代アメリカの通商政策——戦後における通商法の変遷と多国籍企業』有斐閣

名和洋人（2017）「自由化と生産調整の間で——農業大国の展開」谷口明丈・須藤 功編『現代アメリカ経済史——「問題大国」の出現』有斐閣、所収

Council of Economic Advisers（2000）, *Economic Report of the President, 2000.*

Council of Economic Advisers（2002）, *Economic Report of the Presi-*

dent, 2002.

Council of Economic Advisers (2015), *Economic Report of the President, 2015.*

Kawasaki, Nobuki (2014), "The Historical Development of U.S. Trade Policy toward Japan and its Legacy: Implications for TPP Negotiations", *The Journal of Policy Studies* (*Kansai University*), No.7, March 2014.

Villarreal, M. Angeles and Ian F. Fergusson (2017), "The North American Free Trade Agreement (NAFTA)", CRS Report, R42965, May 24, 2017.

第4章　国際経済政策
——アメリカ・モデルのグローバル展開

　本章では、アメリカが様々な国際経済政策を活用し、いかにしてアメリカ・モデルをグローバルに拡大してきたのかを検討する。アメリカから発信される民主主義と市場経済システムに基づくアメリカ・モデルのグローバルな展開は、国際秩序や世界各国の経済社会のあり方に強烈かつ持続的なインパクトを与えてきた。また第2章で示したように、アメリカ国内の経済社会自体も、アメリカによって主導されてきたグローバル化から大きな影響を受け、ダイナミックな変化を遂げている。

　そして、そうした変化を生み出してきたアメリカの国際経済政策のうち、本章では、援助政策と通商政策に注目する。両政策ともアメリカ・モデルのグローバル展開の特徴を典型的に示すからである。アメリカは援助政策を通じて、被援助国に制度改革を促し、アメリカ・モデルの基本原則である民主主義と市場経済システムの拡大を目指してきた。またアメリカは通商政策によって、二国間・地域間・多国間レベルにおける貿易自由化を推進してきた。代表的な地域貿易協定であるNAFTA、世界貿易を司る国際機関であるWTO（特に中国の加盟）は、第2章、第3章でみたように、貿易や投資の拡大を通じて、アメリカ経済にダイナミックな変化を生じさせている。

　以下では、まずアメリカの国際経済政策の展開を支える基本的

な論理を示した後、その政策展開の全体を支えるアメリカの世界戦略の特徴について概観する。その上で、援助政策と通商政策について順に考察していく。

4.1 アメリカの国際経済政策の基本原則
——「職」の確保の重要性

　次節以降で見ていくように、アメリカは二国間、地域間、多国間のレベルで国際経済政策を活用し、貿易と資本移動の自由化を推し進めてきた。では、その背景にある基本的な原則はどのようなものであろうか。当然、各年の『大統領経済報告』の中で強調されるように、貿易と資本移動の自由化は世界経済の成長と安定につながる、ゆえにアメリカのリーダーシップによって推進しなければならない、との論理が存在する。例えば、2015 年の『大統領経済報告』は、「グローバルに生産と消費の機会を増大させていくことを通じて国際貿易は、世界経済の成長と開発を促進することができる」と述べ、貿易自由化の意義を強調している。さらに貧困の削減、女性の社会進出及び環境関連技術のグローバルな拡大等、様々なメリットの存在を指摘している。また資本移動の自由化については、「国際的な金融取引は、各国がグローバルにリスクを分散すると同時に、国境を越える借り入れと貸し付けを実行することを通じて、より高く、安定した消費水準を世界経済のあらゆる場所に生み出すことができる」と述べ、その国際社会

---

1) Council of Economic Advisers (2015) pp. 291-292.

にもたらす恩恵の大きさを強調する[1]。

　ここでは貿易自由化や資本移動の自由化が国際社会に大きな恩恵をもたらすため、アメリカが積極的にその動きを主導しなければならないという論理が述べられている。しかし、そうした論理のゆえに、アメリカの国際経済政策は自由主義の原則に基づくアメリカ・モデルを受容しない勢力に対しては、それを徹底的に排除することを目指すという裏面も有している。例えば、第1章末尾の *Column3* において指摘されているアメリカ・モデルの南部や西部への拡大に見られる論理や、冷戦期における共産主義の封じ込め戦略は、そうした裏面を物語るものである。

　このようにアメリカの国際経済政策は、排除の論理を含みつつも、世界経済の成長と安定のためにアメリカ・モデルを拡大することが必要であるという論理に基づき実行されている。そして、これに加えて共和・民主両党の大統領が強調してきたのは、アメリカにとってのメリット、特に労働者の「職（Job）」の確保への貢献である。近年、両党の対立が強調されているが、その基盤にあるこの部分は共通している。

　例えば共和党の G. W. ブッシュ大統領は、2008年の『大統領経済報告』の冒頭で「貿易と投資に対する市場開放を追求し続けなければならない」と述べた後、二国間 FTA に言及し、「これらの協定は、我々の輸出に対してより多くの機会を与えると同時に、アメリカの労働者による良き雇用の獲得をサポートすることによって、我々の経済に利益をもたらすだろう。そしてアメリカの戦略的な諸利益も拡大するだろう」と述べている。その上で、貿易調整支援制度に基づき、貿易によって職を失った労働者が新たな

職を得るための支援を行う必要性を論じている[2]。

これに対して、民主党の B. オバマ大統領は、2015 年の『大統領経済報告』の冒頭において、環太平洋パートナーシップ（Trans-Pacific Partnership、以下 TPP）協定と EU との自由貿易協定締結のための交渉である大西洋間貿易投資パートナーシップ（Trans-atlantic Trade and Investment Partnership、以下 TTIP）協定交渉とを念頭に置き、「新しい貿易協定は、アメリカの企業が新たな市場へと到達する手助けとなるだろう。そしてより強力な環境と労働の基準を実現する。あらゆる国が同一かつフェアなルールの下で活動することを保証するためである」と述べている[3]。

ブッシュ大統領は良質な雇用の確保のために貿易自由化の推進が必要であると主張する。その上で、競争に敗れた業種や企業の労働者が新たな職を得るための仕組みの重要性を強調する。オバマ大統領は、地域貿易協定によって貿易自由化を進めていく中で、アメリカの労働者が公正なルールの下、グローバルに競争することを可能とする条件を整備すると主張している。両者において、貿易自由化の推進は否定されておらず、むしろ労働者がグローバルな競争に参加することによって、より良い職を得る可能性が示されている。すなわち貿易の拡大によって国際的にもアメリカ国内でも大きな構造変化が進むなか、アメリカの企業も労働者も流動的かつ柔軟に対応することが「職」の確保につながっていくこと、そして同時に、グローバルにアメリカ・モデルの市場経済システムを拡大していくという全体像を両党は共有している。

---

2) Council of Economic Advisers (2008) p. 4.

3) Council of Economic Advisers (2015) p. 5.

なぜ「職」の確保が重要なのか。それは第1章で論じたように、自由主義の原則に基づくアメリカの経済社会の基盤としての重要性をもつからである。市場において「職」を獲得し、自身の経済的基盤を確立してこそ、自由で自立した個人として、アメリカ・モデルの経済社会の構築に参加することが可能となる。それに貢献しうるものとしてグローバル化は推し進められた。では、逆にグローバル化がアメリカにおいて「職」を奪い、アメリカ・モデルの経済社会の基盤が掘り崩される事態が到来した場合、アメリカは貿易自由化や資本移動の自由化を進める速度を緩めるのか、それとも止めてしまうのか。もしくはグローバル化に適応する新たな仕組みを構築するのか。それが現在問われているともいえる。

4.2 アメリカの世界戦略とアメリカ・モデルの拡大

第1章及び前節でみたような自由と民主主義、市場経済システムに基づくアメリカ・モデルのグローバルな拡大という大きな論理の中に、アメリカの国際政治および軍事戦略も位置付けられる。そして自国の安全保障や経済的な利益の確保という側面が、「自由と民主主義、市場経済システムに基づくアメリカ・モデル」のグローバルな拡大と結びついていく形で構想され、実施されてきた。

第1章においてケネディ、レーガン両大統領の演説に基づいて指摘したように、アメリカは自由主義に基づくアメリカ・モデルの経済社会をより充実させていくことこそが、ファシズムやソ連共産主義といったアメリカ・モデルと対立する別の体制に打ち勝

つために重要であると考えていた。一方で、第2次世界大戦後の日本やドイツのように、そうしたアメリカ・モデルの経済社会自体を受容する諸国を守り、さらに世界中にそれを拡大していくことも、アメリカの安全保障と経済的利益につながるものとして追求された。

アメリカ・モデルの拡大は、民主主義と市場経済システムの拡大を意味する。市場経済システムの拡大が、アメリカの経済的利益の拡大に貢献してきた側面については、本書の様々な所で明らかにされている。ここでは民主主義の拡大と安全保障の関係について見ていこう。

アメリカ・モデルの拡大は、世界において民主主義国が増加していくことを意味する。そしてアメリカでは、民主主義国の増加は安全保障の確保につながると考えられている。例えば、G. W. ブッシュ大統領は、2001年9月11日に生じた同時多発テロ事件以降、「テロとの戦い」を遂行していった。そうした中で行われた2期目の大統領就任演説（2005年)[4] において以下のように述べている。

同大統領は、テロが生じる背景として、独裁や圧政の存在を挙げる。テロ国家内部における弾圧は暴力や憎悪の原因となり、テロを生み出してしまう。テロは国境を越え、アメリカの安全保障を脅かす。ブッシュ大統領によれば、こうした状況を打破できるのは「人間の自由という力」である。そして「我々の国の自由が

4）　George W. Bush: "Inaugural Address," January 20, 2005. Online by Gerhard Peters and John T. Woolley, *The American Presidency Project.*（http://www.presidency.ucsb.edu/ws/?pid=58745）

4.2 アメリカの世界戦略とアメリカ・モデルの拡大　　107

生き残ることができるかどうかは、他の国における自由の実現に
ますます依存するようになっている。世界平和を実現するための
最良の希望は、自由の世界中への拡大である」と主張した。

　独裁国家による圧政や内戦による混乱は、テロを生み出し、ア
メリカの安全保障の脅威となっている。それを防ぐためには、自
由主義の原理に基づくアメリカ・モデルを世界に拡大していかな
くてはならない、というアメリカの姿勢をブッシュ大統領は示し
ている。つまり「あらゆる国や文化における民主的な運動と制度
の成長をサポートし、追求していくことがアメリカの政策である。
それは究極的には世界における圧政を終わらせることを目標とし
ている」のである。

　このブッシュ大統領による対テロ戦略の基本は、冷戦期のアメ
リカの世界戦略の論理、例えば、1947 年のトルーマン・ドクトリ
ンの延長線上にある。トルーマン・ドクトリンは、共産主義を封
じ込め、民主主義と市場経済システムを維持・拡大しなければ、
最終的にアメリカの安全保障が危機にさらされてしまうという論
理を示した。こうした論理は、対テロ戦争をめぐってブッシュ大
統領が提示した論理と同じである。両者が封じ込めるべき対象は
共産主義とテロリズムと異なっているが、アメリカ・モデルの市
場経済と民主主義の経済社会システムを浸透させることが世界の
平和と経済発展のための最良の対策であるとする論理は同じであ
る。

　こうした基本論理の上で、アメリカ軍は、アメリカ及び他の民
主主義国の安全保障を確保するために、グローバルに展開してい
るが、それは同時に、グローバルに展開するアメリカ企業や金融

機関の利害にも資するという側面もある。

　世界規模の東西冷戦を契機にアメリカ軍が世界各地の基地等に半恒常的に駐留するようになった。特に冷戦の最前線であった西ヨーロッパとアジア地域に多くの軍を展開していた。冷戦の終焉後、世界に展開する兵士の数は減少したが、ヨーロッパと日本・韓国に多数が駐留するという基本構造自体に変化はない。ただし現在は「テロとの戦い」の遂行のため、中東・中央アジア地域にも多くの兵力を展開している。

　図表 4-1 は、2016 年時点における駐留アメリカ兵数の上位 20 ヵ国を地域別に示したものである。駐留兵員数が最も多いのは日本、次いでドイツ、韓国と続く。ヨーロッパ全体では 6 万 1,710 人、アジア全体では 7 万 4,131 人のアメリカ兵が駐留している。ヨーロッパにおける駐留アメリカ軍は、冷戦期はソ連、その後は東ヨーロッパの混乱への対処やロシアと対峙する役割を果たしている。アジアの駐留アメリカ軍は、冷戦期と同様に北朝鮮や中国に対抗する存在である。また「テロとの戦い」において焦点となっている中東・北アフリカ地域には 2 万 5,124 人が駐留している。

　以上のようにアメリカ軍は、アメリカと他の民主主義国の安全保障を確保するという基本原則の下、グローバルに展開・活動している。

4.3　援助政策

　アメリカによる国際援助は、前節でみたアメリカの世界戦略の基本原則（アメリカ・モデルの拡大を通じて、アメリカの安全保

図表4-1 アメリカ軍の主要な駐留国、2016年

(人)

アジア太平洋		ヨーロッパ		中央アジア		中東		ラテンアメリカ		アフリカ	
日本	38,818	ドイツ	34,602	アフガニスタン	9,023	クウェート	5,818	キューバ	791	ジブチ	1,702
韓国	24,189	イタリア	12,088	トルコ	2,139	バーレーン	5,284	エルサルバドル	617		
オーストラリア	1,112	イギリス	8,365			イラク	4,626				
		スペイン	3,272			カタール	3,216				
		ベルギー	852			ヨルダン	1,556				
		ルーマニア	682			UAE	1,510				

出所：Kristen Bialik, 'U.S. active-duty military presence overseas is at its smallest in decades', August 22, 2017, Pew Research Center より作成。

110　　　第4章　国際経済政策

障・経済的利益を確保する）に沿って、政策目標が設定され、その仕組みが構築されている。軍事援助と経済援助に大きく分かれており、軍事援助は、武器の供与等を通じた同盟国の軍事力強化を目的とし、経済援助は、途上国支援を目的とし、その仕組みには後述のようにアメリカ的な特徴が見られる。

　第1章でみたように、アメリカの経済社会は、「職」の確保によって経済的基盤を確立した自由で自律した個人によって支えられている。こうした個人は納税者として、民主主義的な政治プロセスへと参加し、連邦議会や様々な政治活動（例えばティーパーティー運動）を通じて、政府による財政支出や政策がアメリカ・モデルの基本原則から逸脱していないかどうかチェック＆コントロールを行っている。こうした納税者の役割を指して「納税者の論理」と呼ぶ[5]。

　国際援助も当然、納税者の論理によってチェックされる。特に安全保障の確保という明確な目的を持つ軍事援助に対して、経済援助については、その政策目標がより厳しく問われる。つまり政府が掲げている援助政策の目標が、アメリカ・モデルの拡大を通じて、アメリカの安全保障や経済的利益の確保に資しているのかどうかが問題となる。アメリカ・モデルを拡大するという援助政策の目標を掲げるのみでは、経済援助は支持されない。それがアメリカの安全保障や経済的利益を促進するかどうかが問われている。経済援助はアメリカ的な特徴を典型的に示すことになる。ゆえにここでは経済援助を中心に取り上げる。図表 4-2 は、1985-

――――――――――――
5)　納税者の論理の詳細については、渋谷（2005）、国際援助との関係については、河﨑（2012）序章を参照。

図表 4-2　経済援助額の推移、1985-2015 年度 (2015 年ドル基準)

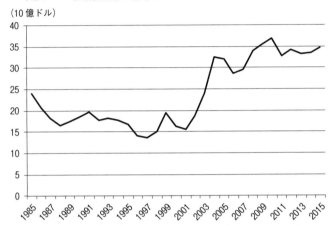

出所：The US Agency for International Assistance (USAID), Foreign Aid Explorer: the official record of U.S. foreign aid (https://explorer.usaid.gov/aid-dashboard.html). Accessed in November 9, 2017.

2015年度におけるアメリカの経済援助額の推移を示したものである。

冷戦期における経済援助は、自由と民主主義を拡大し、ソ連共産主義を封じ込めることを通じて、アメリカの安全保障に貢献することを政策目標として実行された。しかし1985年にゴルバチョフ書記長が登場し、米ソ和解が進められていく中で、ソ連共産主義がアメリカの安全保障に与える脅威が低下し、冷戦期における政策目標が有効性を失い始めた。それを反映し、経済援助額も1980年代後半から減少し始める。図表4-2から明らかなように、1985年の240億ドルから経済援助額は緩やかに減少し、1989年に冷戦が終焉を迎えた後の1990年代には、200億ドルを割り込み、

さらに低迷を続けた。1997年には135億ドルと第2次世界大戦後最低の水準にまで低下した。

　アメリカにとって冷戦の終焉は、民主主義と市場経済システムに基づくアメリカ・モデルの勝利を意味したが、他方で、冷戦期に提示されていた経済援助の政策目標が失われることを意味した。ゆえに新たな政策目標が提示されなければ、アメリカによる経済援助額も減少せざるを得ない。1990年代のアメリカの経済援助は、新たな政策目標を見出せず、漂流していた。

　こうしたトレンドを大きく転換させる契機となったのが、2001年9月11日に発生した同時多発テロ事件であった。ブッシュ政権はアメリカの安全保障の確保を最大の政策目標として掲げ、「テロとの戦い」を推進していった。「テロとの戦い」に勝利するためには、軍事的にテロリストを壊滅するだけでは十分ではない。テロリストを生み出す背景にある問題への対処も必要である。ブッシュ政権は、テロの背景に「破綻国家」や「独裁国家」における政治的自由の欠如や貧困の問題があるとして、経済援助による民主主義と市場経済システムの拡大という政策が根本的なテロ対策として有効であると考えた。民主主義は政治的な自由の拡大をもたらし、市場経済システムは経済成長の基盤となる。すなわちブッシュ政権は、「破綻国家」や「独裁国家」に民主主義と市場経済の経済社会システムを浸透させることで、アメリカの安全保障を確保する、という新たな援助政策の目標を掲げた。

　この政策目標が、納税者に受け入れられたことは、前掲図表4-2からも明らかである。アメリカの経済援助額は、2001年度には155億ドルであったが、翌年度以降急増していき、2008年度に

4.3 援助政策　　113

は340億ドルに達した。続くオバマ政権も、ブッシュ政権と同様の政策目標を掲げ、経済援助を実行した。オバマ政権期の経済援助は320〜350億ドルの水準でほぼ安定的に推移した。

　同時多発テロ事件以降のアメリカの経済援助の特徴を最も典型的に示しているのが、ブッシュ政権が開始したミレニアム・チャレンジ・アカウント（Millennium Challenge Account、以下、MCA）である。MCAは、アメリカが設定した適格性基準を満たした国のみが、新しくより多くの経済援助を受け取ることができるという援助プログラムである。ミレニアム・チャレンジ・コーポレーション（Millennium Challenge Corporation、以下、MCC）によって運営されている。

　図表4-3は、その適格性基準の一覧である。20項目ある適格性基準は大きく「公正な統治」「経済的自由の奨励」「人への投資」の3つの分野に分けられている。これらの項目が、アメリカ・モデルの拡大と適合的な内容であることは明らかであろう。

　アメリカから経済援助を受け取るためには、①20項目のうち10項目で定められた基準をクリアする（3つの分野から必ず1つを含む）、②「汚職の制御」の項目をクリアする、③「政治的権利」もしくは「市民的自由」の項目（この2項目は「民主主義的権利」と呼ばれる）をクリアする、ということが必要である。適格性基準をクリアした国は、経済援助によって実行するプロジェクトの計画をMCCへ提出し、これが認められれば、これまでよりも多額の経済援助をMCCから受け取ることができる。このようにMCAは、民主化と市場経済システムの導入に向けた被援助国の自助努力を促すことで、アメリカ・モデルの拡大を実現して

図表 4-3　MCA の適格性基準、2018 年度

指標	ソース
公正な統治（Ruling Justice）	
政治的権利（Political Rights）	フリーダムハウス
市民的自由（Civil Liberties）	フリーダムハウス
情報の自由（Freedom of Information）	フリーダムハウス／法と民主主義センター
効率的な政府（Government Effectiveness）	Worldwide Governance Indicators（世界銀行／ブルッキングス研究所）
法の支配（Rule of Law）	Worldwide Governance Indicators（世界銀行／ブルッキングス研究所）
汚職の制御（Control of Corruption）	Worldwide Governance Indicators（世界銀行／ブルッキングス研究所）
経済的自由の奨励（Encouraging Economic Freedom）	
財政政策（Fiscal Policy）	IMF
インフレーション（Inflation）	IMF
規制の質（Regulatory Quality）	Worldwide Governance Indicators（世界銀行／ブルッキングス研究所）
貿易政策（Trade Policy）	ヘリテージ財団
経済におけるジェンダー（Gender in the Economy）	国際金融公社（IFC）
土地の権利とアクセス（Land Rights and Access）	農業開発のための国際基金／国際金融公社（IFC）
信用へのアクセス（Access to Credit）	国際金融公社（IFC）
ビジネス開始のコスト（Business Start Up）	国際金融公社（IFC）
人への投資（Investing in People）	
健康に対する公的支出（Public Expenditure on Health）	WHO
初等教育支出（Total Public Expenditure on Primary Education）	ユネスコ／各国政府
天然資源の保護（Natural Resource Protection）	国際地球科学情報ネットワークセンター／イエール環境法と政策センター
予防接種率（Immunization Rates）	WHO／国連子ども基金
少女の教育（Girls' Education）	ユネスコ
子どもの健康（Child Health）	国際地球科学情報ネットワークセンター／イエール環境法と政策センター

出所：Report on the Criteria and Methodology for Determining the Eligibility of Candidate Countries for Millennium Challenge Account Assistance for Fiscal Year 2018, September 27, 2017.
（https://www.mcc.gov/resources/doc/report-selection-criteria-methodology-fy18）

いくという援助プログラムであり、アメリカの経済援助の特徴を典型的に示しているといえよう（*Column6* も参照）。

　以上みてきたアメリカの援助政策は、社会主義や独裁といった多様な政治体制を持つ開発途上国にアメリカ・モデルを浸透させることを政策目標としているが、それは、次節の通商政策との関連でみると、貿易や資本取引の自由化という次のステップに進むことが可能なレベルへと、それらの国々を引き上げるための援助政策といえよう。被援助国が、活発な貿易や資本取引を通して国内の市場メカニズムによる経済発展を遂げることが、結果として世界の平和にもつながるという政策理念があり、それとの関連でアメリカの通商政策を検討しよう。ただし、それは決して空想的な平和主義ではなく、同時に、アメリカの企業や金融機関のグローバル展開と表裏の関係にあることも見逃してはならない。

4.4　通商政策

　第1節でも見たように、国際貿易の拡大は世界各国の繁栄の基盤であると同時に、アメリカ国内における「職」の確保のためにも重要であると考え、アメリカは貿易自由化を推進してきた。そのためにアメリカは二国間、地域間、多国間のレベルにおいて通商政策を駆使してきた。

　まず多国間レベルから見ていこう。多国間レベルでの貿易自由化に大きな役割を果たしたのが「関税及び貿易に関する一般協定（General Agreement on Tariffs and Trade、以下、GATT）」であった。アメリカは第2次世界大戦後、貿易自由化の推進を重要

Column6

経済援助をめぐる米中の対立点

　本文で指摘したように、アメリカの経済援助は、アメリカ・モデルの拡大を目標に掲げている。これを受容する被援助国は法や制度の改革が求められる。しかし近年、そうした内政干渉的なアメリカの援助に対して、中国は内政不干渉を掲げ、経済援助を拡大している。ここでは、そうした性格を持つ中国の経済援助がアメリカの経済援助に与える影響について見ていこう。

　アメリカによって推進されたグローバル化の波に乗り、大きく経済成長を遂げたのが中国であった。近年の中国は、さらなる経済成長のために必要な天然資源の獲得と自国企業のグローバルな国際展開を支援することを目的として、特にアフリカを中心に経済援助を拡大している（平野 2013）。

　アメリカと異なる中国の経済援助の大きな特徴は、内政不干渉の原則である。アメリカの場合、経済援助に際して、MCA に見られるように、被援助国に民主化や市場経済システムの導入を要求する。これに対して中国は、一党独裁と市場経済システムの組

な政策目標として掲げた。その背景には、1930 年代のブロック経済体制が第 2 次世界大戦の原因の一つとなったこと、国際競争力を強めていたアメリカ企業に対してグローバルな市場を提供することがあった。

　貿易自由化を推進するための交渉の「場」を設定する根拠となったのが GATT であった。GATT は、国際機関ではなく協定にすぎないが、「ラウンド」と呼ばれる多国間貿易自由化交渉を行う舞台を設定する根拠となるものであった。GATT では 8 回に及

み合わせを特徴とする経済社会モデル＝「中国モデル」の拡大を現在のところ意図しておらず、アメリカのように制度改革を条件付けない形で経済援助を行っている。そして自国の経済的な利得の獲得を重視すると共に、中国からの直接投資や経済インフラの整備を期待する被援助国を惹きつけている。

また中国は 2013 年に「一帯一路」構想を公表した。これは中国から中央アジアを経由してヨーロッパへ至るルート、また中国から東南アジア、インド洋を経由して中東に至るルートを中心に、インフラ整備や貿易の活性化を進めていくという野心的な構想である。そのためにアジア地域を対象とした国際開発銀行としてアジアインフラ投資銀行（2015 年）、中央アジア向けの基金としてシルクロード基金（2014 年）を設置した。これにより中国による経済援助はますます活発化することが予想されている。

このように活発に経済援助を行う中国は、被援助国に対して、アメリカ以外のもう一つの選択肢となっている。ゆえにアメリカ・モデルの拡大を受容する被援助国が減少し、その拡大が阻害されていく可能性も存在している（河﨑 2015）。

ぶ貿易自由化交渉が行われ、関税の引き下げ交渉がその中心的な位置を占めた。ラウンドへの参加国は、第 1 回の 23 ヵ国から第 8 回には 123 ヵ国へと拡大した。また GATT 発足当初に 40 ～ 50 ％に達していた先進国の平均関税率は、約 3％へと大きく低下した[6]。その結果、国際貿易も大きく拡大した。

GATT は、最後のラウンドとなったウルグアイ・ラウンド（1986

---

6)　田村（2006）13 頁。

～1994年）において、国際貿易を司る新たな国際機関としてWTOの設立を決定した。GATTは、財貿易の自由化を中心に関税引き下げ交渉を行ってきた。しかし冷戦が終焉して1990年代にアメリカ主導のグローバル化が急激に進行するプロセスにおいて、さらなる貿易自由化を進めていくためには、関税引き下げ交渉だけではなく、貿易に関わる新たな分野に取り組む必要性があると議論されてきた。アメリカが提起した代表的な論点は、各国が規制していた金融などのサービス貿易の自由化、厳密な形で保護されていなかった知的所有権の保護、規格の違いなどの非関税障壁の撤廃といった問題である。

　ゆえにWTOはGATTと同様、多国間貿易自由化交渉を行うだけではなく、新たな分野についても交渉の対象とした。例えば、金融やサービスの自由化については「サービス貿易に関する一般協定（GATS）」、知的所有権の保護については「知的所有権の貿易関連の側面に関する協定（TRIPS協定）」が締結された。

　金融サービスの自由化は、強い競争力を持つアメリカの金融機関がグローバルに展開することを助けるものである。また知的所有権の保護は、製薬産業やハイテク産業、ハリウッドを中心とするエンターテインメント産業といった分野で活躍するアメリカ企業にとって非常に重要である。特許や著作権等が保護されず、海賊版やコピーが横行する状況の下では、利益を獲得することが難しいためである。WTOへと新たに加盟する国は、原則的に、これらWTOに関連するすべての協定に合意し、それと矛盾する国

---

7)　奥（2012）第6章。

内制度があれば制度改革を行わなければならない[7]。このことは
アメリカによる貿易自由化の推進に大いに貢献した。同時に、先
述のアメリカ・モデルの浸透と理解できよう。実際、2001年に
WTOへと加盟した中国の場合は、一定の猶予期間が与えられた
ものの、その国内の法・制度改革の実施と成果について、WTO
内部に設置された機関によって審査された。2011年に公表された
最終レビューでは、中国が一定の義務履行を行っていると評価さ
れた[8]。

　ただし2001年に開始された、WTOにおける新たな多角的貿易
交渉（ドーハ・ラウンド）は現在（2018年）に至るまで妥結に至
っていない。先進国の農業保護と途上国の工業製品の保護をめぐ
る対立や投資の自由化をめぐって合意が成立していない等の問題
が存在するためである。また加盟国数の多さも妥協の難しさを高
めている。すなわち、冷戦終焉後のアメリカ主導のグローバル化
が全面的かつ網羅的な交渉で一直線に進む局面から、多様な参加
国における利害を調整する局面に転換したと考えられる。この局
面では、二国間や地域レベルの貿易協定の重要性が増大してくる。

　そこで次に二国間と地域レベルでの動向を見ていこう。図表
4-4は、現在アメリカが締結している二国間FTAと地域貿易協
定の発効年月とアメリカの財貿易全体に占めるシェアを示したも
のである。

　まず二国間FTAについて見ていこう。第1の特徴は、アメリカ
のFTAがイスラエルとのFTAを除き、全てが2000年代に締結・

---

8)　秋山（2013）116-119頁。

120 第4章 国際経済政策

図表4-4 アメリカの二国間FTAと地域貿易協定

協定	発効年月	財貿易全体に占めるシェア（%）（2014年）
二国間FTA		
イスラエル	1985年 8月	1
ヨルダン	2001年12月	0.1
チリ	2004年 1月	0.7
シンガポール	2004年 1月	1.2
オーストラリア	2005年 1月	0.9
バーレーン	2006年 1月	0.1
モロッコ	2006年 1月	0.1
オマーン	2009年 1月	0.1
ペルー	2009年 2月	0.4
韓国	2012年 3月	2.9
コロンビア	2012年 5月	1
パナマ	2012年10月	0.3
地域貿易協定		
NAFTA	1994年 1月	30
CAFTA-DR	2006年 3月	1.5

出所：Council of Economic Advisers (2015), p. 300 より作成。

発効している点である。これは主としてブッシュ政権期に集中している。その理由は以下の2点である。第1に、WTOにおける多国間交渉の停滞である。先述したように、2001年に始まったWTOの下での多角的貿易交渉であるドーハ・ラウンドが停滞する中、FTA戦略が重視されるようになった。第2に、ブッシュ政権が進める「テロとの戦い」の中で重要な位置づけを与えられたことである。二国間FTAを通じて、市場経済システムや法の

支配といったアメリカ・モデルの導入を促進することによって、相手国の経済的安定を確保し、テロの背景にある貧困問題を解決しようと考えていた。そうした意味において前節でみた援助政策と同様の位置づけを与えられていた。

第2の特徴は、アメリカの貿易全体に占めるシェアが小さい諸国が多いことである。最大の韓国は2.9％であるが、それ以外は1％未満の諸国が多い。このことは中小国に対するアメリカ・モデルの拡大という点では重要な意味を持った。一方で、経済規模の大きい国（例えばブラジル）とのFTA交渉にアメリカが失敗していることも意味している。これは、①中国などの新興国の台頭による世界経済の多極化が進みアメリカ以外の輸出市場の重要性が増していること、②多数の地域において地域主義的な貿易協定が締結されていること、という2つの点が影響し、交渉相手国にとって、アメリカのみがFTA交渉の選択肢ではなくなってしまったという状況が影響している[9]。

次に地域貿易協定について見ていこう。図表4-4から分かるように、FTAと地域貿易協定全体の中で財貿易において最大のシェアを占めているのがNAFTAである。第3章においても確認したように、NAFTAを共に構成するカナダとメキシコは、中国と並び、アメリカにとって最大の貿易相手国となっている。NAFTAの後に締結された地域貿易協定が、コスタリカ、エルサルバドル、グァテマラ、ホンジュラス、ニカラグア、ドミニカの6ヵ国から構成されるドミニカ＝中米自由貿易協定（CAFTA-DR）である。

---

9)　藤木（2017）第6章を参照。

第4章　国際経済政策

Column7

新興国の台頭と国際機関

　世界経済の多極化の中で、国際機関においてもアメリカは新たな対応を迫られている。

　2000年代に入り、中国に代表されるような新興国が経済的に台頭している。IMFの予測によれば、2022年にはBRICS諸国（ブラジル、ロシア、インド、中国、南アフリカ）の経済規模はG7の約40％に達する。新興国の台頭は、従来の米欧日を中心とした世界経済の多極化が進んでいることを意味している。

　多極化する世界経済において、新興国は国際経済問題への対処に大きな役割を果たすようになってきている。ゆえに新興国は、IMFや世界銀行といった国際機関の意思決定においても自らの意見がより反映されるべきであると主張し、アメリカを中心とした欧米諸国が主導する国際機関のあり方に見直しを迫った。

　例えば、IMFにおいてBRICS諸国は、議決権の比率を見直し、

同協定はブッシュ政権期に締結され、順次各国において発効していった。財貿易全体に占めるシェアは1.5％とそれほど大きくはなく、NAFTAのようなインパクトをアメリカ経済に対して与えてはいない。また先述したFTA交渉と同様、ブッシュ政権期に進められたものであり、「テロとの戦い」のためにアメリカ・モデルを拡大していくという性格が強く、その点では意味を持つ。

　こうした地域貿易協定、特にその大型のもの＝メガFTAを重視したのがオバマ政権[10]であった。オバマ政権は積極的に地域

---

10)　以下のオバマ政権の通商政策について詳しくは、藤木（2017）第9章を参照。

> 新興国の発言力を強化することを求めた。IMFの議決権は各国の出資比率と連動しており、G7諸国が大きな部分を占めてきた。特にアメリカは約17％の議決権を有しており、IMFの重要事項に関する意思決定（85％の賛成が必要）に対する拒否権を持つ。この要求に対してアメリカは、新興国の議決権比率の上昇を容認したが、自身の拒否権自体は維持することに成功した。ゆえにIMF改革自体が大きく進んだとはいえない。こうした状況に不満を持つBRICS諸国は、独自の開発銀行の設置に乗り出した。それが新開発銀行（2014年設立）である。新開発銀行は、インフラ整備などの開発支援だけではなく、金融危機時に外貨を融資する仕組みも有している。そうした意味では世界銀行とIMFをあわせたような機能を持つものであり、既存の国際機関の競争相手として台頭してくる可能性がある（菅原・河﨑 2016）。
>
> 　そうした意味でアメリカは、既存の国際機関の内部では新興国からの改革要求に対応し、その外側では、新興国自身が設立した国際機関と競争しなければならないという状況に置かれている。

貿易協定の締結を目指した。代表的なものがTPPとTTIPの2つである。オバマ政権は、この2つのメガFTAの締結によって、貿易だけではなく、金融サービスや投資、知的所有権、競争政策等、幅広い分野におけるルールの統一を目指した。そのことを通じて、多国籍化したアメリカ企業のサプライ・チェーン貿易をよりやりやすくすると同時に、新たな貿易ルールの策定におけるイニシアティブを握ろうと考えた。

　特に、オーストラリア、ブルネイ、カナダ、チリ、日本、マレーシア、メキシコ、ニュージーランド、ペルー、シンガポール、ベトナムとアメリカの12ヵ国が参加するTPPは重要であった。

ここには主要な貿易相手国であるカナダ、メキシコ、日本が加わっており、参加国との貿易が全体に占める割合は40.5%（2014年）に上っていた。またアジア太平洋地域の諸国が多く参加しており、今後のアジア太平洋地域における貿易ルール策定の主導権を握るための基礎になると考えられていた。そして2016年2月に参加国政府はTPPの内容に合意し、署名を行った。

しかし2017年1月に誕生したD. トランプ政権は、TPPはアメリカの雇用を失わせるものだと主張し、就任直後に離脱を表明した。これは本章でみてきた第2次世界大戦後のアメリカの国際経済政策の理念から、21世紀の多極化がすすむ世界構造に対する認識の上に立つ新たな政策理念に基づく転換であるのか、今後の推移が注目される（*Column7*も参照）。

以上のようにアメリカは通商政策を通じて貿易自由化を進めてきた。その結果、国際貿易は拡大し、それにともなって直接投資も活発に行われるようになった。第5章では、自動車産業を取り上げ、そうした多国間レベルにおける貿易自由化やNAFTAに代表されるような地域レベルの貿易自由化が産業レベルにどのような変化を生み出したのか、という点について詳細に考察していきたい。

第4章参考文献

秋山浩美（2013）「中国の貿易政策とWTO加盟」渋谷博史・河﨑信樹・田村太一編『世界経済とグローバル化』学文社、所収

奥 和義（2012）『日本貿易の発展と構造』関西大学出版部

河﨑信樹（2012）『アメリカの国際援助』日本経済評論社

河﨑信樹（2013）「グローバル化と国際経済システム」渋谷博史・河﨑信樹・田村太一編『世界経済とグローバル化』学文社、所収

河﨑信樹（2015）「国際援助をめぐる米中比較——その対立点と今後の行方」『国学院経済学』第 63 巻第 2 号、2015 年 3 月

渋谷博史（2005）『アメリカ財政史Ⅲ』東京大学出版会

菅原 歩・河﨑信樹（2016）「対外経済構造と国際金融政策」河音琢郎・藤木剛康編『オバマ政権の経済政策』ミネルヴァ書房、所収

田村次朗（2006）『WTO ガイドブック【第 2 版】』弘文堂

平野克己（2013）『経済大陸アフリカ』中公新書

藤木剛康（2017）『ポスト冷戦期アメリカの通商政策——自由貿易論と公正貿易論をめぐる対立』ミネルヴァ書房

Council of Economic Advisers（2008）, *Economic Report of the President, 2008.*

Council of Economic Advisers（2015）, *Economic Report of the President, 2015.*

第Ⅲ部

内と外のグローバル化

第5章　自動車産業の再編過程[1]
——グローバル化とその社会的帰結

5.1　変化するアメリカ自動車産業

　アメリカの経済社会は、20世紀から21世紀にかけて、情報技術の発展や経済のグローバル化といった環境変化に直面し、対応してきた。このような変化を最も顕著に体現した分野の一つが、自動車産業である。

　20世紀中盤において、自動車産業は「強いアメリカ経済」を代表する産業であった。1968年フォーチュン誌の総収益ランキングでは、1位ゼネラル・モーターズ社（General Motors、以下「GM社」）、3位フォード社、5位クライスラー社と、上位5社中3社を自動車メーカーの「ビッグ・スリー」が占めている[2]。そこで生み出される大量の「豊かなジョブ」は戦後の「ミドルクラス経済」を形成する重要部分であった。その背景にあったのは、世界最大の国内自動車市場と全米自動車労働組合（United Automobile Workers、以下「UAW」）の強力な交渉力である。

---

1)　本章の執筆担当は、本文が吉田健三、*Column8* が渋谷博史である。

2)　1968年フォーチュン（*Fortune*）誌ランキングより。なお、この3社は今日では「ビッグ・スリー」ではなく「デトロイト・スリー」と呼ばれている。しかし、本章では全盛期を含む3社の歴史を取り扱うため「ビッグ・スリー」の呼称を用いる。

しかし、こうした国内完結型の体制は、20世紀末に変質する。その背景には、1970年代の日系企業の販売増大にはじまる貿易摩擦、さらに前章で取り扱った1991年東西冷戦の終焉、それに続く1994年北米自由貿易協定（NAFTA）の発効や2001年の中国のWTO加盟、また第7章で取り扱う情報通信技術（ICT）の発達による経済のグローバル化があった。いまやビッグ・スリーはアメリカだけの企業ではなく、アメリカ自動車産業もまたビッグ・スリーだけの産業ではない。ビッグ・スリーはメキシコや中国をはじめ国外での生産を加速させている。一方で国内市場は、トヨタ、フォルクスワーゲン、ヒュンダイ等としのぎを削りあうグローバル市場の一部となった。その結果、「豊かで安定したジョブ」を提供してきた自動車産業の役割も規模・内容ともに後退しつつある。

　この章では、ジョブの提供という社会的役割を軸に、アメリカ自動車産業とその再編過程を見ていきたい。次の第2節ではグローバル化した21世紀アメリカ自動車産業の実態を、第3節では再編以前の20世紀アメリカ自動車産業のジョブのあり方を、第4節では日系企業の進出による国際競争の激化を、そしてその衝撃へのビッグ・スリーの対応として、第5節で「外へのグローバル化」を含む事業再編を、第6節では労使関係における「内なるグローバル化」を検討する。最後に第7節で、この変化がもたらした社会的帰結を考察する。

　なお、ここで「自動車産業」とは、最終組み立てを行う自動車メーカーと部品メーカーを指す。より広範に小売や修理、給油サービス企業などを含める場合は「自動車関連産業」と呼ぶ。また

本書では「アメリカ自動車産業」を、ビッグ・スリーなどアメリカに本社のある「自動車メーカー」と区別し、アメリカで活動する自動車生産者を指すものとする。すなわち、アメリカで現地生産を行うトヨタやフォルクスワーゲンの工場もまた「アメリカ自動車産業」に含まれ、逆にGM社の中国工場は「アメリカ自動車産業」には含まれない。このような定義は、「トヨタ対GM社」など企業間競争に関心のあるものには違和感を与えるかもしれないが、ジョブや関連産業の創出に関心を持つアメリカの国民および政策担当者の実感にはより近い。

　最後に、アメリカ自動車メーカーは古くからカナダ、近年ではメキシコにおいても販売・生産活動を展開してきた[3]。この経緯を踏まえ、ここではカナダとメキシコをアメリカ自動車産業にとっての「準国内」として扱い、これらの国を合わせた地域を「NAFTA地域」と呼ぶことにする。

5.2　「21世紀モデル」の自動車産業

　自動車産業は、ドメスティックな20世紀モデルからグローバルな21世紀モデルへ移行した。ここで「20世紀モデル」とは主にアメリカ自動車生産の最盛期である1960年代から1970年代の構造と特質を指し、「21世紀モデル」とはサブプライムローン危機から回復しつつある2015年頃の構造と特質を指す。

---

　3)　1904年にはじまるアメリカ自動車メーカーによるカナダ進出とその後の拡大、またそれに伴う1965年米加自動車貿易協定など、カナダの自動車産業のグローバル化の歴史については、アナスタキス（2016）を参照。

20世紀モデルの自動車産業は、国内メーカーが主に国内で生産する極めてドメスティックな産業であった。特にアメリカの場合、その主な販売先も国内市場であった。だが21世紀モデルのそれは国内外の多国籍メーカーが国外市場をも射程として工場を国際的に展開しつつ、激しく競争するグローバルな領域へと変貌している。こうしたグローバル化を、アメリカ自動車メーカーとアメリカ自動車産業それぞれの視点から見てみよう。

まず20世紀モデルのアメリカ自動車メーカーは、世界最大の国内市場を基盤に発展し、国外での販売や生産事業の比重は小さかった[4]。一方、21世紀モデルでは、積極的な国外展開が行われている。図表5-1の上段が示すように、各社販売台数においてアメリカが占める割合はGM社31.1%、フォード社42.1%、クライスラー社49.3%、ビッグ・スリー合計で38.4%でしかない。こうした傾向は生産においてより顕著である。同図表下段で示されるように、各社生産台数に占めるアメリカ生産の割合は、GM社22.1%を筆頭に、フォード39.2%、クライスラー社で36.2%、ビッグ・スリー合計で30.6%であった。

ビッグ・スリーの国外進出には、冷戦終焉以降の経済のグローバル化を反映した特徴がいくつか見られる。その第1は、1994年に発効したNAFTAによるメキシコ生産である。後述のように、メキシコでは1990年代以降アメリカ市場に向けた自動車生産が

---

4) 最盛期の1978年で、最大手GM社の売上総額に占める地域別割合を見ると、アメリカで75%、カナダを含めれば85%を占めていた。当期純利益の地域別寄与率では、アメリカが87%、カナダを含めると92%であった。General Motors, *Annual Report* 1978, p. 14.

図表 5-1　ビッグ・スリーの地域別自動車販売・生産台数（千台、2015 年）

		GM 社[*1]		フォード社[*1]		クライスラー社[*2]		ビッグ・スリー計	
		台数	割合	台数	割合	台数	割合	台数	割合
販売	NAFTA 地域	3,603	36.3%	2,988	48.1%	2,631	57.8%	9,222	44.6%
	（内訳）アメリカ	3,082	31.1%	2,614	42.1%	2,244	49.3%	7,940	38.4%
	カナダ	263	2.7%	279	4.5%	293	6.4%	834	4.0%
	メキシコ	256	2.6%	90	1.4%	87	1.9%	433	2.1%
	プエルトリコ	1	0.0%	6	0.1%	7	0.2%	15	0.1%
	ヨーロッパ	1,167	11.8%	1,477	23.8%	1,165	25.6%	3,809	18.4%
	アジア	4,303	43.4%	1,171	18.9%	114	2.5%	5,588	27.0%
	（内訳）中国	3,765	37.9%	871	14.0%	39	0.9%	4,675	22.6%
	その他	538	5.4%	300	4.8%	75	1.6%	913	4.4%
	その他	852	8.6%	570	9.2%	643	14.1%	2,066	10.0%
	合計	9,925	100.0%	6,206	100.0%	4,553	100.0%	20,685	100.0%
生産	NAFTA 地域	3,410	35.2%	3,127	49.2%	2,795	56.9%	9,332	44.5%
	（内訳）アメリカ	2,142	22.1%	2,492	39.2%	1,777	36.2%	6,411	30.6%
	カナダ	578	6.0%	201	3.2%	515	10.5%	1,293	6.2%
	メキシコ	690	7.1%	434	6.8%	504	10.2%	1,628	7.8%
	ヨーロッパ	987	10.2%	1,563	24.6%	1,503	30.6%	4,053	19.3%
	アジア	4,709	48.6%	1,266	19.9%	48	1.0%	6,023	28.7%
	（内訳）中国	3,741	38.6%	884	13.9%	40	0.8%	4,665	22.2%
	その他	968	10.0%	382	6.0%	8	0.2%	1,358	6.5%
	その他	592	6.1%	405	6.4%	567	11.5%	1,564	7.5%
	合計	9,698	100.0%	6,361	100.0%	4,913	100.0%	20,973	100.0%

[*1]　企業グループとしての生産台数。
[*2]　フィアット / クライスラー自動車グループとしての生産台数。
出所：FOURIN (2017a), 39-64 頁、70-82 頁をもとに筆者作成。

急速に拡大した。同図表では、ビッグ・スリー合計での販売台数に占めるメキシコの比重は 2.1％ であるが、生産ではその 4 倍近い 7.8％ を占めている。第 2 は、2001 年の中国の WTO 加盟である。GM 社、フォード社はこの年以降に急速に中国展開を行って

おり、いまや同国はアメリカ国内を上回る販売市場、そして生産拠点となっている。第3は、冷戦終焉に伴う東欧民主化および同地域を含むEU市場圏の形成である。GM社とフォード社は、ヨーロッパ市場向けに旧東欧地域への直接投資を拡大してきた。

次に、アメリカ自動車産業の視点から見てみよう。20世紀モデルでは、販売と生産ともに大部分が国内メーカーのビッグ・スリーに占められていた。1965年の自動車販売市場のシェアを見ると、GM社49.6%、フォード社26.8%、クライスラー社14.3%と、ビッグ・スリーが国内市場の9割（90.6%）を占めている[5]。また生産事業についても、当時国外メーカーはアメリカに進出しておらず、また上述のように、ビッグ・スリーもほとんど国外展開をしていない。アメリカ自動車産業とアメリカ自動車メーカーは特に区別される必要がなかった。

一方、21世紀モデルでは、国内外のメーカーがアメリカ国内での自動車販売・生産活動に参入している。図表5-2は、2015年アメリカにおけるメーカー別自動車販売・生産台数とそれぞれのシェアを見たものである。まず、販売台数が示すように、現在のビッグ・スリーの市場占有率は44.5%しかなく、トヨタ、日産、ホンダなど日系企業が37.0%、ダイムラーやフォルクスワーゲンなどドイツ系企業が8.9%、さらに現代や起亜などの韓国系企業が7.8%を占めている。また生産台数においても、アメリカの自動車生産台数のうち、国内自動車メーカーであるビッグ・スリーが占める割合は53.0%にすぎず、31.9%を日系企業が、ドイツ系企業

5)　WARDS（2017）より算出。

図表 5-2　アメリカにおけるメーカー別自動車販売・生産台数シェア[1]（2015 年）

	販売台数	シェア	生産台数	シェア
ビッグ・スリー	7,939,955	44.5%	6,411,107	53.0%
（内訳）GM 社	3,082,366	17.3%	2,142,322	17.7%
フォード社	2,613,682	14.7%	2,492,168	20.6%
クライスラー社	2,243,907	12.6%	1,776,617	14.7%
日系企業[2]	6,600,682	37.0%	3,857,161	31.9%
ドイツ系企業[3]	1,591,214	8.9%	862,235	7.1%
韓国系企業[4]	1,387,526	7.8%	755,531	6.2%
その他	316,412	1.8%	214,061	1.8%
合計	17,835,789	100.0%	12,100,095	100.0%

[1]　自動車メーカーグループ単位での販売・生産台数
[2]　トヨタ、日産／ルノー、ホンダ、三菱、スズキ、マツダ、スバル
[3]　フォルクスワーゲン、BMW、ポルシェ、ダイムラー
[4]　現代、起亜
出所：FOURIN（2017a）、15, 24, 39-64 頁、70-82 頁をもとに筆者作成。

が 7.1%、韓国系企業が 6.2% を占めている。21 世紀モデルにおいて、アメリカ自動車産業はもはやビッグ・スリーと同義ではなく、様々な国籍に由来する自動車メーカーの集合体となっている。

5.3　「20 世紀モデル」と「ミドルクラス社会」

自動車産業の 21 世紀モデルへの移行は、アメリカの経済社会にどのような変化をもたらしたのか。その検討のため、本節では労使関係を中心に 20 世紀モデルの実態を検討していきたい。

20 世紀、アメリカ自動車産業は経済の基軸というだけでなく、社会を支える重要な役割も果たしていた。アメリカ社会の自由は、

法に基づく個人的権利だけではなく、自立、自助、自律といった社会的規範でもある。したがって、そこでは経済的基盤としてのジョブが不可欠である。第2章でみたように、この意味で戦後のアメリカ社会を支え、形作ってきたのは製造業であったが、その中心的で典型的な部門が自動車産業であった。

　まず自動車産業がアメリカ社会にもたらしたジョブは大規模なものであった。1979年時点、最大手のGM社は国内の生産活動に従事する時給（hourly-rate）被用者46.8万人、事務・管理を行うサラリー（salary）被用者15.1万人、あわせて61.9万人も雇うアメリカでも最大の雇用主であった[6]。図表5-3は、自動車産業連盟の発表による自動車産業とその関連産業による雇用数を示したものである。1972年の時点において、自動車とその部品製造部門は、アメリカ民間被用者総数の2.2%にあたる132.7万人の雇用を生み出している。また販売や給油等サービス業まで含めた関連産業の305.2万人を合わせ、民間被用者総数の7.4%にあたる437.9万人を雇用していた。自動車産業は、直接的にも間接的にも、アメリカに最も多くのジョブをもたらす部門であった。

　また自動車産業のジョブは「豊かで安定した」ものだった。

　第1に、アメリカ自動車産業の労働者の賃金は比較的高く、安

---

　6)　アメリカ自動車産業の現場労働者は、日給や月給ではなく職務ごとに定められた時給単位で賃金が支払われる。このため、彼らは時給被用者（hourly-rate employees）と呼ばれる。一方、定額給（salary）で雇われる事務や管理部門の被用者はサラリー被用者（salary employees）と呼ばれる。また、着用する作業服の襟（カラー）の色から工場労働者をブルーカラー、ワイシャツの襟色から事務・管理部門のものをホワイトカラーと呼ぶこともある。数字はHarbour & Associates（1990）p. 245。

5.3 「20世紀モデル」と「ミドルクラス社会」　　137

図表5-3　自動車産業および関連産業の雇用動向（万人）

		1972年	1994年	2013年
人数	自動車産業[*1]	132.7	111.9	83.8
	販売・サービス[*2]	305.2	328.1	380.6
	自動車関連産業合計	437.9	440.0	464.4
	（参考）民間雇用計	5,917.9	9,344.0	11,865.3
比率	自動車産業	2.2%	1.2%	0.7%
	自動車関連産業	7.4%	4.7%	3.9%

[*1] 1972年は自動車および部品（Motor Vehicle and Parts Manufacturing）、1994年、2014年は自動車および装備（Motor Vehicle and Equipment Manufacturing）と表記されているが、いずれも1987年以前の産業コード371「自動車と装備（Motor Vehicles and Equitment）」より広義の、1994年以降のNAICSコード3361,2,3「自動車と部品」（Motor Vehicles and Parts）に近い独自の分類が用いられていると考えられる。なお労働省統計ではSIC371区分の被用者は1978年で100.5万人、1994年で90.9万人、NAICS3361, 2, 3の被用者は1994年112.6万人、2013年80.0万人であり、本表と同様の減少が確認できる。産業区分の転換については、鈴木（2007）を参照。
[*2] 1972年のものは1967年の数字が使用されている。
出所：MVMA（1975）、AAMA（1997）、WARDS（2016）より筆者作成。

定していた。図表5-4が示すように、1975年の自動車産業の生産労働者の賃金水準は、民間の平均時給4.61ドルの1.4倍にあたる6.47ドルであり、その後30年以上も約1.5倍の格差が継続している。ビッグ・スリー被用者の賃金は特に高く、1975年時点でGM社の時給被用者の時給は自動車産業全体の平均をさらに2.5ドル上回る7.96ドルであった[7]。

　第2に、自動車労働者は豊かな付加給付を享受していた。公的な年金や医療保険が整備された日本と異なり、退職後の生活に十

---

7)　General Motors, *Annual Report 1975*, p. 8.

図表 5-4 自動車産業の生産労働者の賃金水準の推移（1時間当たり平均稼得額；ドル）

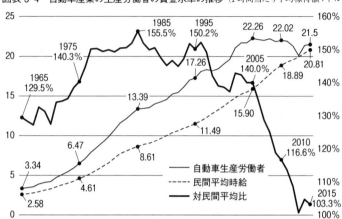

出所：アメリカ労働統計局および *Motor Vehicle Facts and Figures*（MVMA、AAMA、WARDS）各年度版より筆者作成。

分な公的年金も皆保険体制もないアメリカにおいて、雇用主が提供する年金や医療保険その他の付加給付は決定的に重要である。GM 社の時給被用者は、30 年勤務で公的年金と合わせて現役時稼得の 7 割相当もの年金給付を受給できた。さらに、65 歳以前で早期退職する場合も、公的年金が支給される年齢まではその部分に相当する早期退職給付が上乗せされる[8]。また彼らやその家族、さらには遺族となった配偶者までが、雇用主の保険料全額負担のもと、手厚い医療保険に加入することができた。このような保障は、退職後にも提供されていた[9]。彼らには他にも有休や奨学支

---

8) この早期退職年金は、「30 年でおさらば」（30 and Out）制度と呼ばれることもある。鈴木（2013b）221 頁、ローウェンスタイン（2009）53-57 頁を参照。

5.3 「20世紀モデル」と「ミドルクラス社会」　　139

援、職業訓練その他失業時の賃金保障などが提供されていた[10]。

　第3に、アメリカ自動車産業における日々の労働は、「職務主義」（workplace contractualism）のもと比較的安定していた[11]。そこでは個々の職務は細かく定義され、その割り当てや昇進は、後述の「先任権」と呼ばれるルールの下に置かれ、賃金水準もこの職務に厳格に対応し、個人の能力や成果とはほとんど関連していなかった。このことにより、アメリカ自動車産業の生産労働者は、雇用主の裁量による職務の無理な変更、その責任範囲の無軌道な拡大、また職務や昇進をめぐる労働者間の競争から守られていた。

　第4に、自動車産業の労働者は雇用の面においても相対的に安定していた。雇用主は、いつどれだけ解雇するかを決定する権限を持つが、「誰を解雇あるいは一時帰休の対象とするか」を自由に決定することはできなかった。それは、「先任権」というルールに基づき決定される。人員整理は勤続年数の短いものから、職場復帰は長いものから行うルールである[12]。つまり、労働者は長く働けば働くほど、より安定した雇用保障が得られる。そもそも、1970年代半ばまで自動車産業において人員整理の対象となるリスクは相対的に少なかった[13]。

---

9)　ただし、現役労働者と退職者とでは保障の内容にいくつか相違はある。アメリカ自動車産業における医療保険の拡充については、長谷川（2010）を参照。

10)　これらの付加給付については、鈴木（2013b）（2014）を参照。

11)　この段落における職務主義については、篠原（2014）、萩原（1999）、山崎（2010）などを参照。特に篠原（2014）では、その形成過程や非能力主義的性格が、萩原（1999）では、関連調査や評価が紹介されている。

12)　先任権については、伊達（2002）、篠原（2014）を参照。

140　　　　　　　第5章　自動車産業の再編過程

　20世紀モデルにおける豊かなジョブの背景には、巨大な国内市場と未成熟な国外自動車産業に対する優位を基盤とした自動車メーカーの成長、そしてその成果の分配を要求する強力な労働組合、すなわちUAWの存在があった[14]。1935年に結成された同組合は強力な企業横断型組織として発展し、組合員数は1949年には90万人、ピークの1979年には150万人を超えていた[15]。この巨大な組織力を背景に、UAWはビッグ・スリーを相手に強力に交渉を推し進め、平等主義的な賃金体系、インフレーションに対する各種の賃金の生計費調整や、年金や医療保障などの付加給付の拡充、さらに職場の管理体制などを獲得していく。さらにUAWは1社をターゲットに交渉した後、同様の成果を他の企業にも要求していく、いわゆるパターン・バーゲニング戦略を採用したため、企業間での労働者の待遇格差は少なかった[16]。

---

13)　もちろん、この時期であっても一時帰休（レイオフ）は行われ、産業内失業者は3〜5%程度の割合で存在していたが、1980年代以降の激動と比較すると、全体として雇用数は安定していた。1960年代までのレイオフ率については、古米（1970）を、失業給付および1970年代後半から1980年代にかけての産業内失業率については、萩原（1999）98頁、WARDS（1987）p.201を参照。

14)　競合する国外メーカーの不在、経済成長、インフレという20世紀モデルの経済環境において、ビッグ・スリーは持続的な賃金上昇の一定部分を価格に転嫁してきた。例えばGM社の場合、数倍もの急速な賃金上昇にも関わらず、総売上に占める労働コストの比率の上昇は1956年で約29%、1976年で約34%まで抑制され、当期純利益は1950年代（1950-59年平均）の7.9%から1970年代（1970-79年平均）まで5.3%を維持している。

15)　組合員数は、篠原（2014）96頁、鈴木（2013）208頁を参照。UAWには、航空宇宙産業や産業用機械製造業の組合員も含まれる。なお、アメリカの労働組合運動については、ウェザーズ（2010）を参照。

16)　鈴木（2013a）、萩原（1999）85-88頁、山崎（2010）119, 189頁等を参照。

アメリカ自動車産業における大規模なジョブは第2次世界大戦後における豊かなミドルクラスの象徴であった。ビッグ・スリーとUAWは、アメリカにおける分厚いミドルクラスの形成に大きく寄与することで、「出自に関わらず、また特別の学歴や才覚がなくとも、勤勉に働けば豊かな暮らしができる」という意味での「アメリカン・ドリーム」を支える存在であった。

5.4 日系企業進出とビッグ・スリーの苦境

第2次世界大戦後のアメリカ自動車産業は、上記のように世界最大の国内市場、未成熟な国外競合メーカーに対する優位、さらにUAWによる賃金その他の待遇改善の要求のもと、社会に質量ともに豊かなジョブを提供してきた。しかし、この20世紀モデルは、1980年代以降に大きな試練を迎えることとなる。その発端は日本からの自動車輸入の増大である。それは、自動車産業における世界的な競争時代の到来を告げるものであった。

日本からアメリカ市場への輸出が急速に増大するのは1970年代半ばからである。硬直的な「職務主義」のもとで生産されるアメリカの自動車に対し、相対的に低コストで柔軟な労働を活用して生産される日本の自動車、特に「小型車」は、故障の少なさなどの品質や燃費性能などにおいて優れていた[17]。オイルショックに伴う原油価格の高騰を契機に、アメリカの消費者のニーズが

---

17) 1980年代における日本車とビッグ・スリーの車の品質比較については、Harbour & Associates (1990) pp. 142-146、燃費については、WARDS (2000) p. 287を参照。

品質や燃費性能などに大きくシフトしていくなかで、アメリカ市場における日本車の販売は一気に拡大した。日本からアメリカへの自動車輸出台数は、1960年の3.4万台から、1975年に92.0万台、1986年には313.2万台へ急増している[18]。

1980年代後半には、日系企業のアメリカ市場進出の重点は輸出から現地生産へと移行した。1980年代初頭、急増する日本車の輸入拡大は、日米間の深刻な貿易摩擦を引き起こし、日本政府はアメリカ政府の要請に基づき対米輸出自主規制を実施する。この貿易摩擦を契機の一つとして、日系企業はアメリカに現地工場を設立し、日本からの自動車の輸出台数は1986年をピークとして減少する。1982年のオハイオ州でのホンダ社工場稼働を皮切りに、1983年テネシー州に日産、1984年カリフォルニア州にトヨタ社とGM社との合弁でのNUMMI工場、1987年にマツダ工場、1988年に三菱工場と続々と設立された。1990年の時点ではこれら日系企業の自動車工場は8拠点、年間生産台数は約149万に増大していた。これは同年のアメリカにおける自動車生産台数全体の15.1%に当たる[19]。外国系企業の現地生産は、その後も拡大を続けた。すでに見たように、2015年にはドイツ系企業や韓国系企業の現地進出とあわせ、アメリカ自動車生産の半分近くを占める重要な存在となっている。現地工場は、またアメリカ自動車産業に、後述のリーン生産方式など新しい生産システムや非組合的な労使関係を導入する「移植工場」（transplant）でもあった（*Column8*)[20]。

アメリカ市場において日本車が占めるシェアは、輸出と現地生

---

18) 佐貫（2003）61頁。

19) Singleton（1992）pp. 23-24.

5.4　日系企業進出とビッグ・スリーの苦境　　　143

図表 5-5　アメリカ自動車販売市場におけるシェアの推移

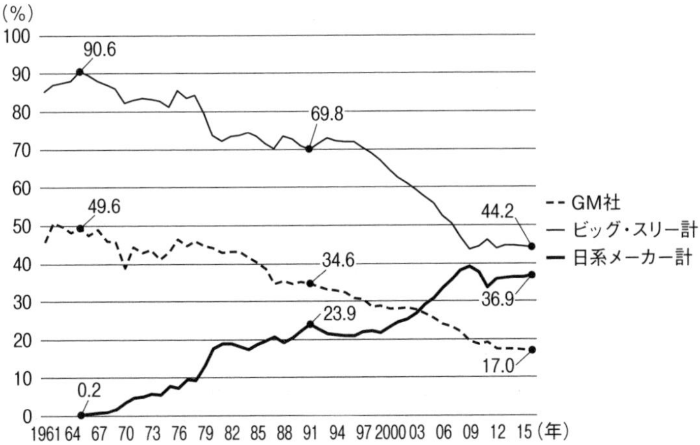

出所：WARDS (2017) より筆者作成。

産を併せて継続的に拡大した。図表 5-5 が示すように、アメリカ市場に占める日系企業のシェアは、1965 年の 0.2% から 1981 年には 18.9%、1991 年に 23.9% と拡大し、2015 年には 36.9% となっている。他方ビッグ・スリーのシェアは、1965 年の 90.6% から、1991 年に 69.8%、2015 年には 44.2% まで半減している。特に最大手の GM 社のシェアは 1965 年の 49.6%、1991 年には 34.6%、2015 年に 17.0% と著しく減少した。ビッグ・スリーの国内販売台数は、1970 年代（1970-79 年平均）の 918.1 万台から 1980 年

---

20)　移植工場における生産性については、Harbour & Associates (1990)、その労働実態については、パーカー・スローター (1988) を参照。またこうした日本的な生産の批判的な議論については、ケラー (1994) 263-271 頁、レスター (2000) 88-92 頁を参照。

Column8

映画『ガンホー』にみる「内なるグローバル化」

　映画『ガンホー』は大変興味深い。その街の自動車工場が閉鎖されたので日系の「アッサン」自動車会社を誘致するところから、話が始まる。そして、アッサン工場がスタートする朝、日本から派遣された工場長がラジオ体操を促すが、アメリカ人労働者がバカにしてふざける場面が、日米の企業風土や労使関係の大きな違いを象徴的に表現する。大小のトラブルの果てにアッサン社が工場を閉鎖して日本に引き上げる直前に至るが、結局、日本人とアメリカ人が歩み寄って工場の円滑な運営が可能になって存続するというハッピーエンドへのプロセスは、映画を観てもらおう。

　しかし、そのハッピーエンドへの歩み寄りにおいて、日本人の側も理解を示すが、アメリカ労働者が日本的な労働慣行に慣れることが重要であり、エンディングでアメリカ人労働者が整然とラジオ体操をしている場面が印象的である。第1章の *Column1* でみたように、これは、Job と「豊かな社会」の魅力で、自動車工場の存続のためにアッサン社の「移植工場」の定着を、アメリカの人間社会が受容するプロセスである。

　第2章や第3章でみたグローバル化の下でのアメリカ国内における製造業の空洞化のプロセスの中でも、この第5章でみてきたようにアメリカの自動車産業は国内の自動車需要を満たすために再編を遂げるが、それは、アメリカの「内なるグローバル化」を内蔵するプロセスであり、その複雑なストレスを表現するのが、映画『ガンホー』にみるアッサン工場における日米異文化摩擦とアメリカ労働者の側の妥協的順応である。それは、同時に、アメリカ・モデルの市場経済と民主主義の経済社会システムを世界各

国に浸透させる「外へのグローバル化」（本書の第3章、第4章）がもたらすストレスが、翻って、アメリカ国内に浸透してくるプロセスとみることができよう。

　本書第6章のコラムでみるように、NAFTAの仕組みを通してメキシコ社会にアメリカ産トウモロコシを浸透させ、農村社会に解体的インパクトを与えて、それが翻ってアメリカ国内のメキシコ人労働者を急増させ、ついにはアメリカ経済社会に不可欠な存在にまでしてしまう。同様に、映画『ガンホー』のアッサン社に象徴される「アメリカ・モデルの日本バージョン」の企業・工場システムが移植され、アメリカ人の労働者が受容させられるのである。そのような世界規模のグローバル化や、アメリカ国内の「内なるグローバル化」が、第1章で紹介したマルクスやフリードマンやサンデルの言う、「資本主義は封建的・国家的・宗教的帰属意識をすべて解体する力であり、市場の必要性に律せられる世界共通の文明の勃興をもたらす」プロセスの現代的な姿である。

　ところで、映画『ガンホー』の製作者たちの意図は知らないが、その響きは映画『ランボー』を想起させる。周知のように、グリーンベレー（陸軍特殊部隊）の精鋭としてベトナム戦争の惨い経験からのトラウマを背負う帰還兵であるランボーが、田舎の保安官（警察署長）の無礼な扱いに怒って、世界レベルの戦闘力を田舎の警察官や州兵に見せつけるストーリーである。

　アメリカが第2次世界大戦や冷戦や、冷戦終焉後のグローバル化で世界各国に与えてきたインパクトが、アメリカ国内に跳ね返ってくるのが映画『ランボー』であり、そのインパクトがコミュニティの内的な構造や本質にまで浸透してくるのが映画『ガンホー』であると思えるのは、アメリカ経済研究者の職業病であろうか？

代（1980-89 年平均）に 721.3 万台、2010 年代（2010-15 年平均）には 458.5 万台へと急減している[21]。ビッグ・スリーによる巨大国内市場の高いシェアはもはや過去のものとなっていた。

　日本からの輸入増大は、アメリカ自動車産業にとって大きな打撃となった。ビッグ・スリーの国内販売台数の減少に伴い、国内自動車生産台数も 1978 年の 1,289.9 万台を頂点に減少し、1982 年には景気後退も影響して 698.6 万台まで落ち込んだ。より長期的な趨勢として、自動車生産台数は 1970 年代（1970-79 年平均）の 1,105.8 万台から 1980 年代（1980-89 年平均）の 991.2 万台まで減少し、国内販売台数に対する比率も 84.4% から 72.1% まで低下した。ただし、国内生産台数の減少はその後、上記の日系企業等の現地生産の進展や後述のビッグ・スリーの生産性改善により鈍化する。生産台数は 1990 年代（1990-99 年平均）に 1,125.3 万台に回復し、サブプライムローン危機後の 2010 年代（2010-15 年平均）でも 1,026.2 万台、販売台数比で 68.3% に下げ止まっている[22]。

　日系企業のアメリカ市場進出は、ビッグ・スリーの経営状態に大きな影響を与えた。短期的には 1980 年代初頭、ビッグ・スリーは販売不振のためいずれも当期純損失を計上した。中でもフォード社とクライスラー社は政府や海外銀行から緊急融資を受ける深刻な経営危機に陥っている[23]。その後、後述の海外生産を含む様々な経営努力もあり、ビッグ・スリーの販売台数は回復するが、2015 年の時点でも GM 社の販売台数は 788.4 万台、フォード社で

21）　WARDS（2017）および日本自動車工業会（2017）45 頁から筆者推計。
22）　WARDS（2017）、MVMA（1975）、日本自動車工業会（2017）より筆者算出。
23）　下川（1997）13-14 頁。

5.4 日系企業進出とビッグ・スリーの苦境　　　147

620.6 万台と、1970 年代から大きな成長はない[24]。また、日系企業をはじめとした国際的な競争の激化の結果、1990 年代の好景気を背景とした小康状態や国際展開にも関わらず、利益率も全社的に低下傾向にあった。GM 社、フォード社の売上高利益率の平均は、1960 年代（1960-69 年の平均）にそれぞれ 8.7% と 5.0%、1970 年代（1970-79 年平均）でも 5.3% と 3.3% と高い水準にあったが、1980 年代（1980-89 年平均）には 2.7% と 2.5%、1990 年代（1990-99 年平均）にはマイナス 0.2% と 2.8% に低下している[25]。

　ビッグ・スリーの経営状態の悪化は、2007 年のサブプライムローン危機において顕在化する。2000 年代、自動車ローンを用いた販売拡大とその金融事業の収益により注力していた GM 社は、販売不振と金融事業の業績悪化から、巨額の当期純損失を計上し、2009 年 6 月には破産法の適用を申請する[26]。同年 4 月にはクライスラー社も破綻を申請しており、最終的にイタリアのフィアット社の完全子会社となった。GM 社、クライスラー社には、2009 年に政府よりあわせて 229 億ドルのつなぎ融資、さらに GM 社は経営破綻後 529 億ドルの公的資金の投入が行われ、事実上政府の管理下に置かれた。2013 年 12 月には、「新生 GM 社」として同社の再建が完了し、政府の持ち株がすべて売却されたが、その売却損は 105 億ドルに上っていた[27]。アメリカ史上 4 番目、製造業

---

24) 図表5-1 と異なり、グループではなく企業単体の販売額である。FOURIN (2017a) 36 頁を参照。1970 年代との比較については、各社 Annual Report および *WARD'S Automotive Yearbook* 各年度版を参照。

25) 各社 Annual Report および *WARD'S Automotive Yearbook* 各年度版から筆者算出。

26) 同時期の GM 社の金融事業への依存と破綻については、吉川（2009）を参照。

27) 篠原（2014）12 頁。

では最大規模となるこの倒産は、自動車大国の凋落を象徴する事件であった。

アメリカ市場における日系企業のシェア拡大とビッグ・スリーの後退は、1970年代のオイルショックや円安環境、個々の経営戦略の失策などによる一過性の出来事ではない。それは、激化する国際競争時代における「20世紀モデル」の限界を浮き彫りにするものであった。特に、労使関係については次の2点を指摘できる。

第1は、職務主義の硬直性である。日系企業の競争力の背景には、従来の単純な「大量生産方式」（mass production system）と異なる、「リーン生産方式」（lean production system）があるといわれている。それは、在庫、時間、調整コストなど製造工程の無駄を省くことで、全体として高い効率性と品質管理を目指す生産方式を指す[28]。このような生産方式を支えているのが、個人の職務を細分化せず、労働者を多能工として運用し、チーム労働や改善活動にも従事させる日本の生産現場の柔軟性である。これに対し、UAWとの労働協約のもと、賃金が細分化された個々の職務に厳密に結びつく「職務主義」のアメリカでは、工場長が労働者を柔軟に配置することは困難であった[29]。

第2は、労働コストの膨張である。1983年の調査によれば、自

---

28) 例えば、自動車1台の組み立てにかかる時間では、伝統的なアメリカの自動車工場が27時間、ヨーロッパで36時間であったのに対し、日本の自動車工場はアメリカの3分の2の19時間であった。また自動車100台当たりの欠陥は、アメリカ車は90箇所、ヨーロッパ車で173箇所であるのに対し、日本車は52箇所であった。こうした生産性の比較などについてはレスター（2000）、MIT産業生産性調査委員会（1990）、Harbour & Associates（1990）を参照。

29) アメリカの労使関係に対する賛否については、萩原（1999）85頁を参照。

動車製造業の 1 時間当たりの総平均労働コストは、日本が 11.28
ドルであるのに対し、アメリカは 20.00 とされた[30]。このうち基
本給与部分の差については、その後プラザ合意に伴う円高基調の
定着と日本の賃金上昇により消失する。問題は、豊かさのシンボ
ルであった付加給付コストの増大である。

　戦後、アメリカ自動車産業における付加給付コストは賃金水準
に比べて数倍も急速に増大していた[31]。この傾向は、1980 年代
以降も継続する。1979-89 年までの間に GM 社の労働者時給は
9.24 ドルから 15.27 ドルへと 65.3% 増加する一方で、付加給付の
コストは 6.65 ドルから 13.93 ドルへと 2 倍以上も上昇している。
この状況はフォード社、クライスラー社においてもほぼ同様であ
る[32]。特に医療費の増加は顕著であった。GM 社の 1983 年の年
次報告書では自動車 1 台当たりの医療給付は 430 ドルであったが、
2004 年には 1500 ドルに増大している[33]。このような付加給付コ
ストの増大は、主にアメリカの医療価格の上昇と年金給付や医療
保障の対象となる退職者の累積によるものである。それは、元労
働者に対する負債という性質から、しばしば「遺産（レガシー）
コスト」（legacy cost）と呼ばれている[34]。

---

30)　長谷川（2010）4 頁。1970 年代の日米の賃金水準のより包括的な比較は、下
　　川（2004）20-21 頁を参照。

31)　Katz（1985）によれば、GM 社の場合、拡張期の 1948 年から 1981 年の間に
　　総報酬コストは名目額で 12 倍に増加したが、うち賃金増加が 3.8 倍であった
　　のに対し、付加給付の増加は 46 倍であった（p. 23）。その他、同時期の付加
　　給付コストの増大に関する紹介は、鈴木（2013b）225 頁を参照。

32)　Harbour & Associates（1990）p. 246.

33)　長谷川（2010）74 頁。General Motors, *Annual Report 2004*, p. 7.

レガシー・コストは、日系企業等との国際競争における重い足枷だと認識された。公的医療保険の整備された日本、また退職者の少ない日系企業の現地工場ではそのような負担は相対的に軽い。実際、2008年において1時間当たりの労働者の総コストはフォード社で71ドル、日系工場で49ドルとされたが、差額の22ドルのうち19ドルが付加給付のコスト、さらにそのうち13ドルが退職者の年金・医療費の負担によるものであった[35]。

5.5 事業再編と「外へのグローバル化」

20世紀末、国際競争が激化するなかで、20世紀モデルにおける労使関係、すなわち「豊かで安定したジョブ」は、いまやビッグ・スリーにとって重い足枷となった。この課題への対応として、ビッグ・スリーは、「事業再編」(restructuring) と「労使関係の再編」を展開した。それは自動車産業における「内と外のグローバル化」の過程であった。この1980年代から今日までの再編過程について、この節で事業再編、次節で労使関係の再編のそれぞれを見て行きたい。

アメリカ市場における日系企業のシェア拡大に対し、ビッグ・スリーが採用した基本的な戦略は、重点事業の選択による事業のスリム化であった。それは第1に、生産する自動車の種類の選択

---

34) 後述の事業再編に伴う人員整理のため、ビッグ・スリーが退職者給付を拡充し、受給資格を緩和したこともコスト増大の一因とされる。こうした変化については、ローウェンスタイン (2009) を参照。

35) Leonhardt (2008) p. 1.

に明確に表れた。作業現場の柔軟性に劣るビッグ・スリーにとって、日本車が強い競争優位を持つ低価格帯の小型車の分野で対抗することは困難であった。それゆえ、彼らは高い利益率が期待できる高価格帯の中型・大型車、具体的には「小型トラック」（SUV含む）へ経営資源を集中した。NAFTA地域全体におけるビッグ・スリーの自動車生産台数は、1979年の1,229.3万台から1988年には1,201.4万台と微減し、さらに2015年には933.2万台へと再編期を通じて4分の3近くに減少したが、「小型トラック」（SUV含む）の生産台数は、1979年の324.2万台から1988年には473.7万台へとむしろ増大し、さらに2015年には664.9万台と2倍以上となっている。その結果、ビッグ・スリーのNAFTA地域生産に占める「小型トラック」（SUV含む）の割合は、1979年の26.3%から1988年には39.4%へ増加し、2015年には71.8%を占めるようになった[36]。

　こうした「小型トラック」（SUV含む）への生産集中とともに、アメリカ市場におけるビッグ・スリーと外国系自動車メーカーとの棲み分けが進行した。アメリカ乗用車市場におけるビッグ・スリーのシェアは1979年の77.4%から1988年に65.1%へと低下し、2015年には29.6%まで激減している。これに対し、「小型トラック」（SUV含む）市場におけるシェアは1979年の81.6%から1988年に82.3%へ微増し、その後はやはり減少するものの2015年の時点でも55.3%を維持している。販売台数では1979年の301.4万台、1988年の465.2万台から2015年に547.3万台へ増加してい

---

36) Harbour & Associates（1990）pp. 63-73、FOURIN（2017b）156, 193, 228頁を参照。

る[37]。

　また第2に、事業のスリム化の一環として、高い部品内製率の見直しが図られた[38]。GM社では7割もの部品が自社内で製造、調達されていたが、このように社内で生産・調達していた部品のアウトソーシングが行われ、さらに社内部門のスピンオフが実施された。こうした部品生産メーカーのスピンオフの例としては、1999年にGM社から完全分社化したデルファイ社、2000年にフォード社から独立したヴィステオン社が有名である。

　第3の事業再編は「外へのグローバル化」、つまり組立および部品生産工場の国外移転である。20世紀的な労使関係の重荷の縮小を目的に、ビッグ・スリーの工場自体をUAWの拠点であるミシガン州など中西部から労働組合運動の影響力の乏しい南部諸州や国外へ移転する試みは、すでに1970年代から行われていた[39]。日系企業の進出は、そうした動きをさらに促す圧力となった。おりしも、メキシコでは1982年の対外債務危機に直面し、世界銀行やIMFの指導のもと、自動車生産においても従来の外資規制や内製化比率の規制が緩和されるなど直接投資環境の整備が進んでいた。1994年にはアメリカ、カナダとの北米自由貿易協定（NAFTA）が発効し、域内の自動車貿易の関税や投資に関わる規制が段階的に撤廃されている[40]。これを契機としてメキシコで

---

37)　Harbour & Associates（1990）pp. 63-73、日本自動車工業会（2017）53頁。

38)　ビッグ・スリーの内製率については、下川（1997）37-38頁、レスター（2000）82頁、星野（2014）78頁を参照。

39)　ただし、1980年代にはUAWはGM社の南部工場の組織化にも成功している。GM社の南部戦略は必ずしも順調ではなかった、これらの経緯については、Harbour & Associates（1990）pp. 231-232、萩原（1999）65頁を参照。

5.5 事業再編と「外へのグローバル化」　　153

の自動車工場の設立は急拡大した。1995 年の自動車生産台数は北米生産の 6.1% にあたる 93.1 万台であったが、NAFTA 締結を契機に一気に増加し、2005 年には北米生産比 10.5% の 171.2 万台、2015 年には 19.9% の 357.1 万台となった。2020 年には 26.3% の 500 万台に到達すると推計されている。ビッグ・スリーに限ってみれば、2015 年の NAFTA 地域に占める生産の割合はアメリカが 68.7%、メキシコが 17.4% となっている[41]。

　メキシコ進出は、20 世紀モデルの労使関係からの離脱策として効果的であった。第 1 にメキシコ工場においては、日系企業の協力のもと、UAW の「職務主義」に縛られない柔軟な生産システムが導入された[42]。第 2 に、メキシコの賃金はアメリカ国内よりも低い水準にあった。2007 年から 2013 年までのメキシコにおける平均時給は、自動車工場でアメリカの約 5 分の 1 の 5.21 ドル、部品工場ではアメリカの約 8 分の 1 の 2.40 ドルである。2013 年の 1 時間当たりの労働コストでみても、アメリカで 46.35 ドルだったのに対し、メキシコはその 5 分の 1 の 8.24 ドルであった[43]。

　また 1990 年以降、経済のグローバル化の進展とともにビッグ・スリーが積極的に進出したのは NAFTA 域内だけではなかった。特に GM 社とフォード社は、より低コストの労働力、さら

---

40)　1980 年代における自動車投資の規制緩和等については、星野 (2014) を参照。

41)　FOURIN (2017b) 4 頁を参照。ビッグ・スリーの数値は図表 5-1 を参照。
　　以前のメキシコにおける自動車生産台数は 1969 年には 19.4 万台、1982 年には
　　47.3 万台であった。WARDS (1970) p. 18、WARDS (1983) p. 57 を参照。

42)　星野 (2014) 81 頁。

43)　CAR (2016) pp. 32-33. 星野 (2014) 26 頁にも、類似の数字が紹介されている。

に中国を中心とした新興市場へのアクセスを求めて、アジアや東欧諸国などにも進出していく。例えば GM 社は 1990 年にハンガリー、1999 年にはインド、1999 年タイ、2008 年にロシア、フォード社は 1995 年ベトナム、2002 年にタイ、2014 年ロシア、2015 年にインドなどに工場を建設している。特に、2001 年に WTO に加盟した中国については、市場の急成長が期待され、2007 年サブプライムローン危機以降、積極的な投資が行われた。2015 年時点で GM 社は、現地の上汽グループ（SAIC）の、五菱（Wuling）、宝駿（baojun）との提携を通じて上海、瀋陽や烟台などに 6 つの組立工場、フォード社は重慶や南昌に 4 つの組立工場を建設しており、その生産能力はすでにメキシコ工場を大幅に上回っている。

　「外へのグローバル化」の結果、今日のビッグ・スリーは、アメリカ国境、さらに NAFTA 地域にさえとらわれず世界的に生産を行うグローバル企業へ変貌した。すでに図表 5-1 で示したように、今日では GM 社とフォード社の生産全体のうちアメリカが占める割合は、GM 社で 35.2%、フォード社で 49.2% であり、NAFTA 地域全体で見ても全生産台数の半分弱を占める程度である。翻って新興市場中国の生産が占める割合は、GM 社で 38.6%、ビッグ・スリー全体で 22.2% となっている。アメリカ自動車産業は、経済のグローバル化のもと自国のメーカーが自国市場を目的として自国で活動する「20 世紀モデル」の時代から、多国籍メーカーが世界市場を目的として世界的に展開する「21 世紀モデル」の時代へ移行しつつある。

　このような事業再編には、アメリカ国内における工場や人員の大規模な整理が伴っていた。全体の生産量抑制のため、またその

ラインナップや部品調達体制の整理のため、さらに国外移転のため、多数の組立工場や金属プレス工場、部品生産工場が閉鎖された。この動きは、特に最大手であり、広範囲の車種をカバーしてきた GM 社において顕著であった。GM 社は 1979 年から 1988 年までの間に少なくとも 21 の組立工場、25 の部品工場を閉鎖し、1992 年にはさらに 21 の工場閉鎖を宣言した[44]。この動きはその後も止まらず、2000 年から 2008 年までの間に工場数は 59 から 47 へ減少し、さらに 14 工場の閉鎖を発表している[45]。

こうした生産拠点の整理とともに、1991 年の GM 社 15 万人削減計画をはじめ、大規模な人員整理も頻繁に実施された。アメリカ国内におけるビッグ・スリーの生産現場の時給被用者は、1978 年の 70.2 万人から 1988 年には 49.6 万人、さらにメキシコ進出や GM 社やクライスラー社の破綻を経て 2015 年前後には 15.3 万人と激減した。他方、事務・管理部門のサラリー被用者数も、第 7 章で見る情報通信技術（ICT）産業の発達による合理化に伴い 1978 年の 26.7 万人から 2015 年前後には 10.9 万人まで減少した。ビッグ・スリー全体の被用者数は、1979 年の 96.9 万人から 1988 年には 63.4 万人、2015 年頃には 26.3 万人となっている[46]。1970 年代までの生産拡張期、工場内の「職務主義」を盾に雇用を守っ

---

44) こうした工場閉鎖や人員整理の動向については，下川（1997）11-12, 71, 81 頁、WARDS（1990）p. 16 などを参照。

45) General Motors（2008）p. 19, 篠原（2014）160, 171 頁を参照。

46) 1979, 88 年の数字は Harbour & Associates（1990）p. 245 を参照。2015 年の数字は各社年次報告を参照。なお、クライスラー社はフィアット社との合併直前の 2013 年年次報告の数字を使用、フォード社のサラリー被用者数は年次報告と Ford（2015）から推計した。

てきた UAW は、輸入や移植工場との競争を強いられる 1980 年代以降、工場閉鎖やそれに伴う人員整理に対し、十分な抵抗力を発揮することはできなかった[47]。

　国際競争が激化する中、重荷となった 20 世紀的労使関係をどうするか。事業再編に伴う工場や人員の整理は、その重荷自体を切り捨てていく取り組みであった。

5.6　労使関係における「内なるグローバル化」

　ビッグ・スリーが「外へのグローバル化」を含む事業再編を展開する一方、アメリカ自動車産業自体の体質も大きな変化を遂げた。労使関係における「内なるグローバル化」である。巨大国内市場での高いシェアと UAW の交渉力を前提とした、硬直的かつ高コストな 20 世紀的労使関係は、21 世紀の国際競争に適応した柔軟で低コストなものへと変質した。

　この変化の最初の推進主体は日系自動車メーカーであった。すでに見たように彼らはアメリカでの現地生産を開始していたが、この「移植工場」では UAW に縛られない、柔軟で低コストな労使関係のもとで効率的な生産が展開されていた[48]。

　一方、ビッグ・スリーもまた、20 世紀モデルの労使関係という重荷自体を切り捨てる事業再編とともに、その労使関係の内容そ

---

47)　この期における、雇用保障をめぐる抵抗や取引、譲歩については、萩原（1999）、鈴木（2014）などを参照。

48)　移植工場における生産性や賃金については、Canis and Yacobucci（2010）、Ford（2015）、Harbour & Associates（1990）などを参照。

5.6 労使関係における「内なるグローバル化」　157

のものの再編成、すなわち工場内部における生産現場の柔軟化や労働コストの抑制にも着手していく。それは再編期を通じて漸進的に進められていたが、2007年の経営危機を契機に一気に進行した。

　まず、生産現場の柔軟化について見ていこう。ここで生産現場の柔軟化とは、「職務主義」に基づく労働者運用の硬直性を緩和し、職務数の整理、各職務間での労働者の柔軟な移動や協力体制、チーム活動や現場での改善活動による効率性の向上、またそのための経営参加その他の協調的な労使関係に向けた施策の導入を指すものとする。「職務主義」の硬直性、またそれによる日々の労働生活の単調化は、実のところ日系企業の進出以前からビッグ・スリーや一部の労働者自身にとっても問題とされていた。硬直した労働現場をより柔軟に運用し、あわせて労使協調により士気向上を図る試みは、すでに1970年代以前に開始していたが、UAWの頑強な抵抗に直面していた。生産性の改善は人員整理などの合理化に結びつくおそれがあり、何より労働の柔軟化や労使協調は従来までの細分化された職務の管理と団体交渉によるUAWの労働者保護のあり方を根底から覆すものだからである[49]。

　生産現場の柔軟化は、1979年のクライスラー社の経営危機を契機に進展する。UAWは労働者の雇用保障のために、賃金や職務管理、QCサークルの導入において大幅な妥協を強いられ、1986年にはクライスラー社は、「操業の近代化に関する合意」（Modern Operating Agreement）を締結し、職務区分の削減による職務範

---

49)　1970年代の試みの経緯と結果については、萩原（1999）90-96頁を参照。

囲の拡大、知識・能力給の導入を漸進的に進めていく[50]。マツダと資本提携関係にあったフォード社もまた、UAW との 1982年協定において終身雇用の部分的導入、労使共同の訓練センター設置、利益分配制度の導入など変革を進めていく[51]。GM 社は、1984 年トヨタとの合弁企業 NUMMI の設立を通じて、日本的なリーン生産を研究・吸収し、職務統合やチーム制の導入、「カイゼン」の文化など、柔軟な作業組織の構築を進めていった。そのモデルとされるランシング工場では 1990 年から 1993 年にかけて、職務は 97 種類から 57 種類に減らされ、持ち場変更の柔軟性の向上が図られた。同工場では最終的に、日本の現場労働者と同様の職務数 1 種類、いわゆる「シングルレート」を達成している[52]。

2000 年代には、生産工場の国外進出を背景として、生産現場の柔軟化による効率化がより一層推し進められた。GM 社組立工場における「柔軟な工場」(flexible plant) の導入率は、2000 年の20%、2004 年の 26% から、2008 年には 60% に上昇している[53]。また、サブプライムローン危機後の 2010 年 6 月に UAW 会長に選出されたボブ・キングは就任演説において「柔軟性、技術革新、チームワーク、生産性、コストカット、労使協調」を掲げ、「カイゼン活動」の重要性を説いている。それは国内「移植工場」はもちろん、同社内においてさえ、メキシコ工場などの労働者との

---

50) 山崎 (2010) 47 頁を参照。

51) これらの取り組みについては、萩原 (1999) 68-73, 100-106 頁、山崎 (2010) 47-48 頁、また篠原 (2014)、Harbour & Associates (1990) も参照。

52) 篠原 (2014) 97 頁。

53) 2008 年時点では、2012 年までに 77% まで引き上げる計画が示されていた。General Motors Corporation (2008) p. 19.

5.6 労使関係における「内なるグローバル化」　　　159

競争圧力に曝される、グローバル経済下における UAW の態度の
軟化を象徴するものであった[54]。

　これらの生産システム改善努力の結果、効率性と品質に関する
日米間の格差はかなり狭まっている。その傾向は、1980 年代には
じまり、1990 年代に特に顕著となる[55]。まず、生産性についてい
えば、図表 5-6 が示すように、自動車生産 1 台当たりの企業別労
働時間において、ビッグ・スリーは全体的に日系企業の水準に接
近している。1995 年時点において GM 社はトヨタの 1 台当たり
29.4 時間に対して 16.6 時間差の 46.0 時間、約 1.5 倍の時間を要し
ていたが、2006 年には、同年トヨタの 2.5 時間差の 32.4 時間、
1.08 倍の水準にまで迫っている。また、こうした生産性における
格差の縮小を基礎として、欠陥率や品質や燃費などにおいても日
系企業とビッグ・スリーの間の格差は小さくなっている[56]。1980
年代初頭に広がった「アメリカ車は、故障が多く燃費も悪い」と
いう負のイメージはすでに払拭されつつある。

　次に、労働コストの抑制である。それは 2007 年の労使協約の

---

54)　篠原（2014）165 頁。一方でこうした変化の不十分さや反発も残されている。

55)　1980 年代における工場現場での生産性の改善については、特にフォード社
　　が顕著であったとされる。Harbour & Associates（1990）pp. 142, 207 を参照。

56)　例えば、J.D. パワー社による初期品質調査（IQS）において、1991 年には上
　　位 10 ブランドのうち 7 つを日本が占めていた。しかし、2017 年にはビッグ・
　　スリーの自動車も 4 つランクインし、その他の 6 つのうち 5 つを韓国・ドイツ
　　ブランドが占め、日本ブランドは 1 つであった。その他、欠陥率の減少など品
　　質向上については、Harbour & Associates（1990）pp. 143-145、山崎（2010）
　　90-104 頁、藤本（2003）65-70 頁、燃費については、WARDS（2000）p. 287
　　を参照。

図表 5-6 主要作業の生産性（労働時間／自動車台数）*

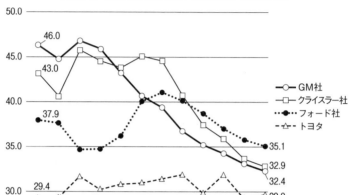

*Harbour Report（1996-2007）の各年度版より算出。General Motors Corporation（2008）等の多くの文献では、同報告書の生産性指標として「組立時間」（2006 年で各社 22-23 時間程度）が引用されるが、ここでは 1995 年以降の連続性確保のため、金型プレス、エンジンなど主要作業の合計時間が用いられている。
出所：CAR（2008）p. 26 より筆者作成。

以前と以後に分けることができる。まず 2007 年以前、それまで自動車産業の労働者に保障されていた基本給部分の生計費調整が崩された。かつて UAW はビッグ・スリーに対して経済成長率とインフレーションに対する生計費調整を団体交渉のたびに獲得していたが、1979 年のクライスラー社危機以降、その措置は断続的に停止された[57]。その結果、前掲の図表 5-4 が示すように、現地

---

57) この期間の交渉と協定の具体的内容および賃金水準の詳細は、鈴木（2013a）を参照。

5.6 労使関係における「内なるグローバル化」　　161

工場を含む自動車産業の賃金水準と民間平均賃金との格差は 1985年以降拡大していない。

　一方、付加給付についても、1980 年代以降に様々なコスト抑制策が展開されている。医療保険については、雇用主が保険料を全額負担し、また窓口負担も少額で済む「寛大な医療保険」が見直された。例えば GM 社の場合、コスト抑制的な保険の仕組みであるマネジドケアの導入、アルコールや薬物乱用治療など一部治療への保険適用除外、事務職員を中心としたサラリー被用者の一部自己負担の導入、さらに 1993 年にはサラリー被用者向け退職後医療給付の提供の停止などが行われた[58]。年金については、新規雇用者への伝統的な年金プラン加入が停止された。例えば GM 社は、2001 年以降に雇用されたサラリー被用者への年金プランの提供を停止している。彼らは雇用主の負担と責任のもと年金給付額が約束される伝統的な年金プランに代わり、自らが資金の積み立てと資産運用を行う貯蓄型のプランを通じて老後の生活に備えなければならない[59]。ただし、これら抑制策の効果は限定的で不透明であった。すでに見たように、付加給付の膨張の主な要因は、受給資格のある退職者の累積と、医療現場のコストの増大であり、それ自体は制御できていないからである。

　ビッグ・スリーの労働コストの抑制策の画期となったのは、2007 年の労使協約の締結である。2007 年サブプライムローン危機とそれに続くビッグ・スリーの経営危機を背景に、この協約で

---

58)　こうした医療給付の再編については、長谷川（2010）79-98 頁を参照。

59)　General Motors Corporation（2008）p. 17. 貯蓄型の年金については、吉田（2012）を参照。

は既存の組立工の基本賃金を時給28.125ドルで据え置くとともに、今後の新規採用労働者の基本時給を、初期15.78ドル、上限19.28ドルとする「二重賃金体制」が導入された[60]。この新規採用者は「第二層」（tier 2）と呼ばれている。

この第二層労働者は、基本賃金だけでなく付加給付についても明確に区別された。2001年以降に雇用された事務職のサラリー被用者と同様、彼らも伝統的な年金の加入資格を持たず、他の貯蓄プランかそれに類似したプランに加入することになる。さらに医療保険についても、彼らが加入する保険プランはより多くの自己負担が求められ、また加入後もより多くの窓口負担を請求され、保険が適用される診療の範囲も限定されるなど、既存の労働者のプランより低コストであった。さらに退職後には医療保障は提供されない[61]。伝統的な労働者に比べ、第二層の労働者においては、付加給付が膨張するおそれは非常に小さかった。

二重賃金制の採用は、ビッグ・スリーの労働コスト抑制に大幅に寄与している。第二層労働者の賃金・付加給付の水準は、日系企業をはじめとしたアメリカ現地の「移植工場」との競争を大いに意識したものであった。GM社の試算によれば、彼らの1時間当たりの総労働コストは25ドルから30ドル程度であり、それは米国トヨタ工場の45ドルから50ドルよりも優位とされた[62]。総労働コストは、時間が経過し第二層労働者の割合が増加するとともに、低下する。実際、フォード社における1時間当たりの労働

---

60) Lucas and Furdek (2009), Ford (2015) pp. 54-55, CAR (2008) p. 30.

61) Ford (2015) pp. 2, 9, 24, General Motors Corporation (2008) pp. 20-21 を参照。

62) General Motors Corporation (2008) pp. 20-21 を参照。

コストは 2006 年の 70.51 ドルから 2014 年には 56.33 ドルと年月の経過とともに縮小し、その後もこの傾向が続いていくことが予想される[63]。クライスラー社は、2014 年時点ですでに第二層労働者が 45% を占め、1 時間当たりの労働コストは 47 ドルと日系企業と遜色ない水準に低下していた[64]。

これらの措置の結果、自動車産業全体の賃金水準の上昇も抑制された。先の図表 5-4 が示すように、民間部門の名目賃金が上昇する一方で、自動車産業の生産部門全体における賃金上昇は 2000 年代には鈍化し、2015 年には民間部門と平均部門との賃金の差は 1.03 倍にまで縮小している。実質ベースで見れば 2005 年から 2010 年の間に、賃金は 17% も減少したことになる。

2007 年労使協約はまた、第二層以外の労働者の付加給付についても、大規模な負担の抑制策を含んでいた。それは医療費を UAW が自主管理する基金（Voluntary Employee Benefit Association;「VEBA」）の設立である。VEBA は、将来の医療費支払に必要な金額を現時点で確定させ、それに相当する資産を雇用主が拠出し、資産運用や医療費支払などの管理・運営業務を被用者の組織、この場合は UAW に委ねる仕組みである。2008 年時点での退職者は約 54 万人、その後約 30 年にわたる最終的な拠出義務は、GM 社だけで最大約 500 億ドル、ビッグ・スリーで最大約 730 億ドル以上とされる。この負担は必ずしも小さくないが、退職者医療保障の運営責任を原則として UAW に移すことで、将来におけるビ

---

63) この第二層の割合が 4 分の 1 に到達した時、はじめて日系の現地工場とも競争ができると推計されている。Canis and Yacobucci（2010）p. 13.

64) Ford（2015）p. 7. 労働コストの低下については、篠原（2014）162 頁も参照。

ッグ・スリーの追加拠出リスクは限定される。今後、予想外の医療コストの上昇、また資産運用成績の悪化が発生した場合、原則としてUAWが所定の資産の範囲内で対処しなければならない[65]。それは不透明な未来の付加給付コストを現時点で確定させる手段であった。

5.7 グローバル化の社会的帰結

日系企業の攻勢を嚆矢とする国際競争の激化、さらに1990年代以降のグローバル化や情報化がいっそう進む新しい世界経済において、アメリカ自動車産業は廃れゆく「オールド・エコノミー」部門の一つとみなされていた。2009年の、GM社とクライスラー社の倒産はその凋落を象徴する事件であった。しかし、彼らは一方的な衰退の過程を辿っていたわけではない。

この章で明らかにしたように、外国系企業の現地生産やビッグ・スリー自身の事業再編や労使関係の再編を通じて、アメリカ自動車産業は、ドメスティックな20世紀モデルからグローバルな21世紀モデルへ転換し、それによりアメリカの自動車メーカーと産業はともに今日の国際競争における地歩を確保した。こうした転換を経て、ビッグ・スリーの世界規模での当期純利益は

---

65) 2007年の労働協約では、2020年までのビッグ・スリーの既定の拠出義務に加え、積立不足が発生した場合の年々の拠出上限も定められている。拠出義務額に「最大」と付しているのはそのためである。VEBAの内容や費用については、O'brien (2008), Lucas and Furdek (2009), Canis and Yacobucci (2010) pp. 14-15 を参照。

2000 年代（2000-09 年平均）の赤字から 2010 年以降（2010-15 年平均）には黒字に転じている。単年度では GM 社、フォード社の利益は 2015 年に過去最高の水準を更新した。外国系企業を含む「アメリカ自動車産業」としての競争力もまた回復した。その生産台数はピークに近い約 1,200 万台まで回復している。アメリカからの自動車輸出額は、1980 年代まで国内生産台数の 10%、100 万台を超えることはほぼなかったが、2015 年には国内生産台数の 22.3% にあたる 269.4 万台がアメリカから輸出されている[66]。こうした国際市場での競争力の回復を反映し、2010 年以降は雇用も回復基調にある。近年ではフォード社やトヨタ社のアメリカへの大規模投資の発表など、自動車産業のアメリカ回帰の動きもみられる[67]。

　一方で、この変化は、20 世紀モデルの自動車産業が果たしていた社会的役割からの後退でもあった。21 世紀モデルへの移行は、ミドルクラスを支えてきた 20 世紀モデルの労使関係を重荷として、事業再編によって切り捨て、労使再編によって軽量化していく過程であったからである。ビッグ・スリーによる事業再編や国外進出により、自動車産業のジョブは縮小した。前掲の図表 5-3 が示すように、アメリカ自動車産業における被用者の数は 1972 年の 132.7 万人から 2013 年には 83.8 万人まで減少した。この間の労働力人口は増大しているため、自動車産業の被用者が民間被用者に占める割合は、より急激に 2.2% から 0.7%、関連産業を含めても 7.4% から 3.9% まで減少している。特に、ビッグ・スリー

66）　日本自動車工業会（2017）3, 45, 127, 135-147 頁より筆者算出。

67）　アメリカ国内への投資計画については、FOURIN（2017b）などを参照。

が繰り返した工場閉鎖や大規模な人員整理は、この産業を基盤としていた家族の生活やコミュニティの急速な荒廃を招いた[68]。かつて自動車産業の拠点であったミシガン州は、いまや「ラスト・ベルト」（錆びついた地域）の一つとみなされている。また、生産現場の柔軟化と労働コスト抑制努力の結果、自動車産業におけるジョブは、かつてのように恵まれたものではない。特に、「第二層」と呼ばれる 2008 年以降の新規雇用者の待遇は、既存の時給労働者に比べてかなり低い。

　第 2 章、また後の第 7 章、第 8 章で扱われるように、自動車産業における「豊かで安定したジョブ」が縮小する一方で、21 世紀において自立の基盤となるジョブ、特に「豊かなジョブ」は、情報通信技術（ICT）など新しい産業やサービス部門が担っていくこととなる。そもそも、アメリカ自動車産業の変化は、この ICT 産業の発展と密接に関わっている。それは、生産現場だけでなく事務・管理部門の効率化、分離、開発・生産拠点の地理的分離を可能とし、人員整理や国外進出などの事業再編の条件を提供したのである。

第 5 章参考文献

AAMA (American Automobile Manufacturers Association) (1997), *AAMA Motor Vehicle Facts and Figures.*

Canis, B. and B. Yacobucci (2010), "The U.S. Motor Vehicle Industry:

---

68)　例えば、ビッグ・スリーの拠点であったデトロイト市は 2013 年に財政破綻した。

Confronting a New Dynamic in the Global Economy," *CRS Report for Congress*, R41154.

Center for Automotive Research (CAR) (2008), *Beyond Big Leave: The Future of U.S. Automotive Human Resources*.

Center for Automotive Research (CAR) (2016), *The Growing Role of Mexico in the North American Automotive Industry: Trends Drivers and Forecasts*, July 2016.

Ford (2015), *2015 UAW-Ford: National Negotiations Media Fact Book*.

General Motors Corporation (2008), "Restructuring Plan for Long-Term Viability: Submitted to Senate Banking Committee & House of Representatives Financial Services Committee," December 2, 2008.

Harbour & Associates (1990), *Harbour Report: A Decade Later: Competitive Assessment of the North American Automotive Industry 1979-1989*.

Katz, H. (1985), *Shifting Gears: Changing Labor Relations in the U.S. Automobile Industry*, The MIT Press.

Leonhardt, D. (2008), "$73 an Hour for Autoworkers and How It Really Adds up," *New York Times*, December 10, 2008, pg.1.

Lucas, J. and J. Furdek (2009), "The Labor Agreements Between UAW And The Big Three Automakers- Good Economics Or Bad Economics?" *Journal of Business & Economics Research*, Vol. 7, No. 1, January.

MVMA (Motor Vehicle Manufacturers Association) (1975), *1975 Automobile Facts & Figures*.

O'brien, E. (2008), "Retiree Health Care: What Do the New Auto Industry VEBAs Mean for Current and Future Retirees?" Insight on the Issues, AARP Public Policy Institute.

Singleton, C. (1992), "Auto Industry Jobs in the 1980's: a decade of transition," *Monthly Labor Review*, February 1992.

WARDS (1970, 76, 83, 87, 90, 2000), *WARD'S Automotive Yearbook, 32nd, 38th, 45th, 52nd, 49th, 62nd edition*.

WARDS (2016), *Ward's Motor Vehicle Facts and Figures 2016*.

WARDS (2017), "U.S. Total Vehicle Sales Market Share by Company" (1961-2016).

アナスタキス, D. (2016)「選択的グローバル化による国境経済圏への集積〜自動車産業 II」橘川武郎・黒澤隆文・西村成弘編『グローバル経営史——国境を越える産業ダイナミズム』名古屋大学出版会、所収

ウェザーズ, C. (2010)『アメリカの労働組合運動——保守化傾向に抗する組合の活発化』昭和堂

MIT 産業生産性調査委員会(ダートウゾス, M.、レスター, R.、ソロー, R.)、依田直也訳 (1990)『Made in America ——アメリカ再生のための日米欧産業比較』草思社(原著、Dertouzos, M., R. Lester, R. Solow (1989), *Made in America*, MIT Press.)

ケラー, M. (1994)『激突——トヨタ、GM、VW の熾烈な闘い』草思社(原著、Keller, M. (1993), *Collision: GM, Toyota, and Volkswagen and Race to Own the 21st Century*, Doubleday.)

佐貫利雄 (2003)「自動車産業・五つのステージ」『帝京経済学研究』36(2), 61-73 頁

篠原健一 (2014)『アメリカ自動車産業』中公新書

下川浩一 (1997)『日米自動車産業攻防の行方』時事通信社

下川浩一 (2004)『グローバル自動車産業経営史』有斐閣

鈴木直次 (2007)「NAICS(北米産業分類システム)にみるアメリカの産業構造の転換」『専修大学社会科学研究月報』No. 531.

鈴木直次 (2013a)「1980 年代以降のアメリカ自動車産業における労

使関係 (1) 〜全国協約改定にみる賃金・付加給付の推移」『専修
経済学論集』第 48 巻、第 2 号、55-76 頁

鈴木直次 (2013b)「戦後アメリカ自動車産業における労使関係の一
断面〜全国協約改定にみる賃金・付加給付の上昇」『専修大学社
会科学年報』第 47 号、203-228 頁

鈴木直次 (2014)「1980 年代以降のアメリカ自動車産業における労使
関係 (2) 〜全国協約改定にみる賃金・付加給付の推移」『専修経
済学論集』第 48 巻、第 3 号、105-122 頁

伊達浩憲 (2002)「米国日動車産業における職場編成と先任権ルール
── General Motors 社 A 工場の事例」龍谷大学『社会科学研究
年報』第 32 巻、68-81 頁

日本自動車工業会 (2017)『世界自動車統計年報 (第 16 集)』

パーカー, M.、スローター, J. 著、戸塚秀雄監訳 (1988)『米国自動車
工場の変貌──「ストレスによる管理」と労働者』緑風出版 (原
著、Parker M. and J. Slaughter (1988), *Choosing Sides: Unions
and Team Concept*, Labor Notes.)

萩原 進 (1999)「自動車労使関係の変容」萩原 進・公文 溥『アメリ
カ経済の再工業化──生産システムの転換と情報革命』法政大学
出版局、81-111 頁

長谷川千春 (2010)『アメリカの医療保障』昭和堂

FOURIN (2017a)『世界自動車統計年刊』

FOURIN (2017b)『北米 NAFTA 自動車産業』

藤本隆宏 (2003)『能力構築競争──日本の自動車はなぜ強いのか』
中公新書

古米淑郎 (1970)「アメリカ自動車工業における補足的失業制度の生
成と発展」同志社大学『経済學論叢』第 19 巻第 3 号、28-65 頁

星野妙子 (2014)『メキシコ自動車産業のサプライチェーン──メキ
シコ企業の参入は可能か』アジア経済研究所

山崎 憲 (2010)『デトロイトウェイの破綻──日米自動車産業の明暗』

旬報社

吉川浩史（2009）「GM によるチャプター・イレブンを活用した再建の行方」野村資本市場研究所『資本市場クォータリー』2009 年夏号

吉田健三（2012）『アメリカの年金システム』日本経済評論社

レスター, R.（2000）『競争力――「Made in America」10 年の検証と新たな課題』生産性出版（原著、Lester, R.（1998）, *Productive Edge*, W. W. Newton and Company.）

ローウェンスタイン, R. 著、鬼沢 忍訳（2009）『なぜ GM は転落したのか――アメリカ年金制度の罠』日本経済新聞社（原著、Lowenstein, R.（2008）, *While America Aged*, Penguin Press.）

第6章 農業・食料産業
——アメリカと世界の「豊かな食卓」

6.1 農業大国アメリカの概観

　アメリカは農業大国である。アメリカの国民だけではなく、文字通りにグローバル規模で需要に応じている。周知のように、19世紀のヨーロッパ側で興隆する綿工業に対して、黒人奴隷の労働による南部の綿花農場が対応し、また、その後の中西部、西海岸地域の農業がアメリカ経済の強みであった。さらに、20世紀の現代世界の始まりとなった第1次世界大戦においても、アメリカ農業の生産力が連合国側の勝利を支える大きな要因であった[1]。

　本書第1章で述べたように、アメリカ自由主義は観念的なものではなく、Jobによる自立的な基盤を不可欠としている。19世紀的な『大草原の小さな家』の独立自営農民のように、自分の労働で自分や家族の「豊かな食卓」を獲得するというイメージが原風景として共有されている。現在でも世界中からアメリカに向かって移民や難民が流入するのは、他者による迫害や抑圧のない安心と、現代の経済的な豊かさと、さらには、社会的な階段を上昇しようとする機会を邪魔されないという意味の自由を求めてのことである。その豊かさを象徴するのが、安心な家庭生活の中のささ

---

1) 渋谷博史（2005）第1章を参照されたい。

やかな「豊かな食卓」である。

　その「豊かな食卓」を可能にしているのは、アメリカの農業・食料産業の高い生産性と、ヒスパニック等の安価な労働力である。また、その農業・食料産業による輸出が、グローバルな規模で多くの国々における「豊かな食卓」を可能にしている。後述の議会公聴会で農業・食料産業からの証言者が、アメリカのそれらの産業部門に利益をもたらすために自由貿易政策で農産物や食料の輸出を促進することを求めるが、視点を変えると、その自由貿易システムを通して、アメリカから農産物や食料が輸入されることで、他の国々における「豊かな食卓」が可能になるのであり、その輸入代金を支払うために中国等の労働者が頑張って工業製品を生産して、アメリカに輸出するのである。

　まさに21世紀のグローバル化の下、比較優位的な関係の中で、中国等に製造業が移り、アメリカは農業・食料産業を一層強化しているとみることができる。Column9にみるように、アメリカのテキサス州の大農場の綿花が中国に渡って上海の綿糸・綿布・縫製の工業部門の作業を経て、再び太平洋を渡ってTシャツがアメリカに帰ってくる。また、中国のレノボのPCがアメリカに輸出され、アメリカの穀物や豚肉が中国に輸入される。

　次節以降で大統領経済報告や民間組織の報告書を使って具体的に立ち入って検討するが、その前に、農業大国アメリカの姿を概観しておこう。

　図表6-1で主要農産物についての世界とアメリカの生産量（2014年）をみると、第1に世界の穀物生産は28.2億トンであり、アメリカのそれは4.4億トンであるのでアメリカの比重は16％とな

6.1 農業大国アメリカの概観　　　173

図表6-1　世界とアメリカの農業生産量（2014年）

	世界	アメリカ		第1位の国		
	（百万トン）	（百万トン）	（%）		（百万トン）	（%）
穀類	2,819	443	16	中国	557	20
トウモロコシ	1,038	361	35	アメリカ		
小麦	729	55	8	中国	126	17
大豆	307	107	35	アメリカ		
牛乳	656	93	14	アメリカ		
実綿	79.1	9.8	12	インド	20.9	26
	（百万頭）	（百万頭）	（%）		（百万頭）	（%）
牛飼養頭数	1,475	89	6	ブラジル	212	14
豚飼養頭数	986	68	7	中国	474	48

出所：総務省統計局（2017）83-86頁より作成。

る。ちなみに世界第1位の穀物生産国は中国であり、5.6億トン（20%）であった。しかし、人口はアメリカが3.2億人、中国が13.7億人であるので（2014年）、後述のようにアメリカは世界最大の食料輸出国であり、中国の輸入は増加傾向にあり、そのことが、東アジアの製造業を軸とするグローバル化を支えているといえよう。

　第2に、トウモロコシや大豆や牛乳の生産量でアメリカは世界第1位であるが、本書の第2章でみたように、アメリカ経済社会の中で相対的に少ない経済資源と労働者によってそれらが生産されるのであるから、かなり高い生産性であるといえよう。

　次に図表6-2で、世界とアメリカの農産物輸出額をみよう。第1に、アメリカは大豆とトウモロコシと小麦について世界第1位

174 第6章 農業・食料産業

Column9

テキサスの綿農業と上海の綿工業
：グローバル化の事例

現代のグローバル化について、実証的に世界中を調査して書き上げられたのが、リボリによる名著『あなたのTシャツはどこから来たのか？』である。グローバルな規模で、それぞれの財サービスが最適な場所で生産され、それらが効率的に組み合わされ、つなぎ合わされるプロセスの中で、各国あるいはそれぞれの国内の各地域が変化を強いられることが指摘される[a]。

そしてリボリは、テキサス州の大規模農家で栽培された綿花が、「奇妙な新資本主義が躍動する中国の玄関口、上海」に送られ、「糸に紡がれ、布に織られ、裁断され、Tシャツに縫い上げられ、襟に『Made in China』のラベル」が縫い付けられた後、「こうしてTシャツに加工されたテキサス綿は米国への帰途につく」というグローバル化の典型的な事例を取り上げる[b]。

第1章の *Column2* でみたように、19世紀から20世紀半ばまでのアメリカ綿農業は奴隷制やシェアクロッパー制の下で黒人を安価な労働力として動員する労働集約的な形で国際競争力を確保していたが、現在ではアメリカの科学技術力を基盤とする資本集

a　リボリ（2006）4頁。
b　リボリ（2006）84頁。

の輸出国である。ちなみに、大豆の輸出第1位のアメリカの248億ドル、第2位のブラジルの234億ドルに対して、同図表の原資料によれば、中国の輸入は443億ドルもあり、そのことが、前出図表6-1にある中国における養豚等の畜産業を支えており、さらにいえば、21世紀のグローバル化における中国の側の急激な工

約的な綿作農業（綿摘み機の導入と改善からコンピューター制御の巨大スプリンクラーにいたる技術革新等）に転換して国際競争力が維持されている[c]。

　彼（西テキサスの綿農業者ネルソン・ラインシュ：引用者）が気を配るのは人手ではなく土地、設備、技術だ。……綿花がTシャツになるには紡ぎ手、織り手、縫い手などの人手が要る。米国の綿生産に占める労働力の割合は極めて小さいが、衣料品の生産で生じる付加価値の半分以上は人間の労働でもたらされる。だから、ネルソンの綿は人のいる中国に旅立つのだ[d]。

　すなわち、現代のグローバル化の中で、労働集約的な部門は労働コストの安い中国へ移動し、アメリカ国内における労働編成では、本書第2章で検討したように、一方における省力化によって競争力のある産業で働く高技能で高報酬の階層と、他方におけるサービス業務等の低技能で低賃金の階層への分化が進むのである[e]。

c　リボリ（2006）50-69頁。
d　リボリ（2006）85-86頁。
e　なお、このグローバルな国際分業システムについては、以下の文献を参照されたい。大橋英夫（2012）、丸川知雄（2013）、渋谷博史・河﨑信樹・田村太一編（2013）。

業化や農村労働力の工業への移動を可能にしているといえよう。
　第2に、アメリカは肉類（牛肉とそれ以外の肉の合算）の輸出でも圧倒的な地位を占めており、それは、大豆やトウモロコシの分野における高技術による大規模生産に支えられている。また、綿花の輸出でも圧倒的な強さを示しており、*Column9*でみるグロ

第6章 農業・食料産業

図表 6-2 世界とアメリカの農産物輸出額 (2014年、百万ドル)

	トウモロコシ		小麦		大豆等	
第1位	アメリカ	11,414	アメリカ	7,781	アメリカ	24,835
第2位	ブラジル	3,932	カナダ	7,177	ブラジル	23,389
第3位	アルゼンチン	3,525	フランス	5,425	カナダ	6,638
第4位	ウクライナ	3,351	ロシア	5,423	アルゼンチン	4,126
第5位	フランス	2,127	オーストラリア	5,343	パラグアイ	2,395
	牛肉		牛肉以外の肉類		綿花	
第1位	オーストラリア	7,000	アメリカ	11,246	アメリカ	4,516
第2位	アメリカ	6,047	ブラジル	9,030	インド	2,907
第3位	ブラジル	5,794	ドイツ	7,307	オーストラリア	1,812
第4位	インド	4,800	オランダ	6,216	ブラジル	1,367
第5位	オランダ	2,957	スペイン	4,353	ブラキナフォソ	497

出所：総務省統計局 (2017) 174-176 頁より作成。

ーバル化のプロセスと整合している。

6.2 アメリカ農業と生産性── 2013年大統領経済報告[2]

2013年大統領経済報告の第8章「アメリカ農業の課題と機会」
は、文字通りに世界的規模で進展するグローバル化の中で、アメ
リカが農業の強い国際競争力を発揮しながら自らの立ち位置を模
索する方向を示している。

第1に、海外からの需要の増加によってアメリカ農業部門の輸

---

2) Council of Economic Advisers (2013).

6.2 アメリカ農業と生産性　　177

出額は着実に増加し、農業者の収入の31％をもたらしており、ま
た、2012年の農産物輸出額は1,358億ドルに達している（237頁）。

　第2に、海外需要の増加の原因として、輸出先における「所得
水準の上昇とミドル・クラスの増加」を、さらに、「途上国にお
ける人口増加と都市化によって食糧需要が増加し、また食事内容
の変化（肉食等への高度化を指すと思われる：引用者）が進む」
ことをあげている（237頁）。

　そして第3に、（歴史的にみると：引用者）「1920年代には農
家が労働人口の25％以上を占め、GDPの8％を生み出していたが、
現在では労働人口の1.6％、GDPの1％にすぎない」という事実
を確認した上で、他方で、「農業部門の急速な生産性上昇の故に
農産物の価格が相対的に低下した」という要因があり、「いまな
お農業はアメリカ経済にとって重要で不可欠な存在」であると述
べている（239頁）。すなわち、本書の第2章でみたようにアメ
リカ経済の労働編成やGDPにおける比重が低下したにもかかわ
らず、急速な生産性上昇によって低価格の農産物を提供すること
で、工業部門やサービス部門へ労働力や経済資源が容易かつ円滑
に移動することを可能にしたという意味を読み取ることができよ
う。

　そして第4に、一方で「農場数の9割が農業収入25万ドル未
満の小規模農家である」が、他方で、「残りの10％の大規模農場
が農産物の生産額の83％を占めている」という構造（237頁）を
示しており、おそらく、この大規模農場がアメリカ農業の国際的
競争力を担っていると考えられる。

　第5に、その点について以下のように詳しく述べている（248頁）。

上記の構造は、「最も生産性が高い農場が大規模化、一層効率化するという歴史的な再編によって形成されたもの」であり、「労働節約的な農業技術革新は、一人の農業者が運営する農地規模や家畜規模を拡大する」からである。さらに「技術革新によって特定の作業段階を外注（農薬等の噴霧、耕作、収穫）することが可能」になり、現在では、「民間コンサルタントや政府機関や装置業者や機械メーカー技術者」を活用できるというのである。すなわち、*Column 9* でみたように、「アメリカの科学技術力を基盤とする資本集約的な綿作（綿摘み機の導入と改善からコンピューター制御の巨大スプリンクラーにいたる技術革新等）」を運営するテキサス州の大規模農場には、民間や政府部門の様々な支援の仕組みがあるという意味であろう。

　さらに第6に（248頁）、「トウモロコシや大豆や小麦の大規模農場の経営者は、収穫のおよそ半分について先物契約を結び、また先物価格の変動に対応するための貯蔵施設」を有しており、「大規模農家の3割は価格変動のリスク・ヘッジ先物市場を使う」というのである。すなわち、上記の支援の仕組みに加えて、先物契約や先物市場という高度なリスク・ヘッジの仕組みも完備していることが、アメリカ農業の国際競争力の構築にとって有効であったと理解できる。現代のアメリカ農業は、農業現場における農業者の努力と勤労だけではなく、社会全体の技術水準や高度な経済システムに規定されるのである。

　そして、この大統領経済報告は、このような生産性の高いアメリカ農業部門が果たすグローバルな役割への議論を進める。

　第7に「世界規模の人口増加と都市化の中で、1950年代の都

市人口が29%であったのが、2008年には世界の人口の半分以上が都市に住むようになり、さらに2050年には7割になると予想」され（254頁）、都市化と所得上昇に伴う「世界規模の食糧需要の増加と食事内容の変化、特に中国におけるそれはアメリカ農業にとって、肉の輸出等の増加につながる」（255頁）のであり、このような状況下で「アメリカ政府による自由主義的な貿易政策が農産物輸出の増加に寄与している」（258頁）。

　以上みたように2013年大統領経済報告では、アメリカ農業の国際競争力と輸出の拡大という側面に焦点が当てられ、アメリカ国内の多層的で多様な仕組みに加えて、一層のアメリカ農業の発展のためにアメリカ政府による積極的な輸出促進策が求められるという論理展開が読み取れた。

　次に節をあらためて、2015年の連邦議会の公聴会記録を材料として、その輸出面に焦点を置いて検討しよう。

6.3　アメリカ農業と貿易── 2015年議会公聴会

　ここで取り上げるのは、2015年3月に連邦議会の下院の農業委員会で開催された「アメリカ農業にとっての貿易の重要性」というタイトルの公聴会である[3]。

　冒頭のConaway委員長（共和党、テキサス州選出）の開会演説（1-2頁）は以下のごとくであった。「アメリカの農家及び農場（farmers and ranchers）の生産力は世界一であり、国内の変化

---

　3)　U.S. Congress, House, Committee on Agriculture (2015).

しながら急増し続ける需要に対してだけではなく、海外の需要にも応じてきた。アメリカの農業所得の3分の1は輸出によるものであり、綿花やナッツやコメや小麦は、その生産量の半分以上が輸出」されており、アメリカの農業・食料産業にとって海外市場への輸出増加のための政策は極めて重要である。そのために、「国際貿易障壁を削減し、解消すること」が肝要であり、それが、「アメリカの農家及び農場が世界規模で公正な競争をする条件」になるので、「Trans Pacific Partnership や Transatlantic Trade and Investment Partnership の交渉を進めている」というのである。

最初の証言者である農業団体（American Farm Bureau Federation）の Stallman 会長は、昨年（2014年）のアメリカの農家及び農場による輸出が 1,520 億ドル以上に達したが、それは、「農業者の労働及び生産力と、世界中の新市場の開拓」によるものであると述べて、積極的な輸出策の効果を強調した（4頁）。

次の証言者である全米豚肉業者協議会（National Pork Producers Council）の Hill 会長も、アメリカの豚肉業者は（自由主義的な：引用者）貿易協定から多大の恩恵を受けて輸出を拡大しており、1989年のカナダとの自由貿易協定から始まる一連の農産物自由化の交渉によって現在までに肉類の輸出が輸出額で 15.5 倍、数量で 12.7 倍も伸びていると述べている（9頁）。そして、「2000年以降の時期において、自由貿易協定参加国の 18 国への豚肉、牛肉、鶏肉の輸出は 2.7 倍も伸びたのに対して、非参加国の 148 国へのそれの伸びは 1.3 倍に過ぎない」という事実を提示した上で、自由貿易政策の推進を求めた（10頁）。

さらに、全米牛乳業者連盟（National Milk Producers Federation）の Kappelman 氏（国際貿易委員会の委員長）は、過去 15 年間において乳製品の輸出は 6.2 倍も伸びて 71 億ドルに達しており、15 年前には「政府補助に依存しながら生産量の 5％を輸出する状態であったが、現在では、政府補助なしでも、牛乳生産が増加し、輸出の比重も 3 倍になっている」という事実を述べており（16 頁）、すなわち、輸入国側の障壁を除去する自由貿易協定があれば、もっと輸出できるという趣旨であろう。

以上みたようにアメリカ農業は、世界最高の技術水準と民間及び政府による支援と仕組みにバックアップされて生産力を伸ばして、国内の「豊かな社会」を支えながら、同時に、グローバル化の進展に伴う途上国等における食料需要の増加にも対応する役割を果たしている。民間の農業者の利潤動機による自由貿易推進策は、結果的に、グローバル化の下で新興国や途上国が工業化を進める条件を形成するという役割にもつながっているのである。

6.4 農産物の物流とグローバル化

アメリカの農家及び農場の生産力が高いだけでは、国内外の「豊かな食卓」を実現できない。農産物が加工段階や消費段階の地点に運送される必要がある。先にみたように、世界規模で急激に進行する工業化と都市化の中で増加する需要を満たすためにアメリカからの輸出を円滑にするような効率的で低コストの物流システムが不可欠である。

図表 6-3 にみるように、2014 年におけるアメリカ国内の穀物

第 6 章　農業・食料産業

図表 6-3　穀物の国内輸送量 (2014 年、百万トン)

	合計	輸出向け	国内向け
トウモロコシ	351	55	296
小麦	63	29	34
大豆	115	55	60
その他	17	8	9
合計	546	147	399

出所：U. S. Department of Agriculture (2017) p. 4 より作成。

の輸送量は 5.46 億トンの中で、国内の加工あるいは消費の地点に輸送したものが 3.99 億トン、海外に輸出するためにメキシコ湾岸や西海岸や東海岸の大規模港に輸送したものが 1.47 億トンであった。さらに図表 6-4 で、主力品目別に立ち入ってみると、第 1 位のトウモロコシ (3.51 億トン、輸出向け 0.55 億トン、国内向け 2.96 億トン) では、輸出分の 6 割近くが艀 (はしけ) 輸送であり、残りが鉄道 33％、トラック 9％であった。第 2 位の大豆 (1.15 億トン、輸出向け 0.55 億トン、国内向け 0.60 億トン) は、やはり輸出向けの 5 割近くが艀輸送であり、鉄道が 37％、トラックが 14％である。ところが第 3 位の小麦 (0.63 億トン、輸出向け 0.29 億トン、国内向け 0.34 億トン) の場合は、輸出向けも国内向けも 6 割以上が鉄道であり、輸出向けで艀輸送が 31％、トラックが 7％であるのに対して国内向けではトラックが 35％、艀輸送が 2％である。

　以上のような主力の穀物の国内輸送の構造を合計すると、図表 6-4 の「穀物合計」の欄にみるように、輸出向けは艀輸送が 46％、

6.4 農産物の物流とグローバル化　　183

図表 6-4　穀物の国内輸送構造（2010-14 年の平均、%）

	トウモロコシ				小麦		
	輸出分	国内分	合計		輸出分	国内分	合計
鉄道	33	19	21	鉄道	61	63	62
艀	57	1	9	艀	31	2	16
トラック	9	80	70	トラック	7	35	22
	大豆				穀物合計		
	輸出分	国内分	合計		輸出分	国内分	合計
鉄道	37	14	24	鉄道	42	23	28
艀	49	3	24	艀	46	1	13
トラック	14	84	52	トラック	12	76	60

出所：U. S. Department of Agriculture（2017）p. 7 より作成。

鉄道が 42% であるのに対して、国内向けではトラックが 76% を占め、残りのほとんどが鉄道という構造になっている。

　すなわち、第 1 に、穀物輸出の上位 2 品目のトウモロコシと大豆をメキシコ湾岸及び西海岸の大規模港湾に運ぶ国内輸送において、艀輸送が大きな比重を占めていることが顕著な特徴になっている。そして第 2 に、国内向けではトラックが圧倒的な比重を有するのは、農家及び農場から集荷業者にわたる段階でも、そこから加工業者や畜産業者に移動する段階でも柔軟な運用が可能で便利である故であろう。

　次にアメリカ連邦農務省の資料4) を使って、もう少し立ち入って検討しよう。トウモロコシ生産の中心は、中西部のアイオワ

4)　Denicoff, Marina R., Marvin E. Prater, and Pierre Bahizi（2014）pp. 8, 9, 12.

州、イリノイ州、ネブラスカ州、ミネソタ州、インディアナ州、サウスダコタ州であり、その6州は全米生産量の65％以上を生産している。そして、製粉業者や畜産業者へは主としてトラックで輸送される。近年はエタノール生産に回される分も増加したが、エタノール製造所は多くがトウモロコシ生産地から50マイル以内に立地しており、トラック輸送が効率的かつ安価である。それ以上の距離であれば鉄道が使用される。上記の主力生産地は、ミシシッピ川へのアプローチが便利であり、輸出のためにはミシシッピ川の艀輸送でメキシコ湾岸の大規模港に運ばれているが、太平洋岸の大規模港には鉄道を使っている。

図表6-5にみるように、2013年のトウモロコシ輸出実績値（Federal Grain Inspection Serviceによる検査済の数値）では、メキシコ湾岸から65％、太平洋岸西北部から13％が大型船舶によって輸送され、トラックや鉄道の陸送が19％である。ちなみに、主たる輸出先は日本、メキシコ、中国、ベネズエラ、コロンビアである[5]。

したがって、ミシシッピ川上流のコーンベルト地域からの艀輸送の比重が大きくなるはずであり、前出図表6-4の数値とも整合している。その具体的な輸送システムを、アメリカ穀物協会の資料[6]がわかりやすくまとめている。

大型コンバインで収穫されたトウモロコシは運搬用ワゴンに集められたのち、「地下に掘られたピット」に積みおろされると、

---

5) Denicoff, Marina R., Marvin E. Prater, and Pierre Bahizi（2014）p. 12.

6) 浜本哲郎（2015）。

6.4 農産物の物流とグローバル化　　185

図表 6-5　輸出トウモロコシの輸送（2013 年、%）

ミシシッピ/メキシコ湾岸	65
陸送	19
太平洋岸西北部	13
大西洋岸	1
テキサス/メキシコ湾岸	1
カリフォルニア州	0.3
合計	100

出所：Denicoff, Marina R., Marvin E. Prater, and Pierre
　　　Bahizi（2014）の Figure8 より作成。

ベルトコンベアでサイロに搬入される。農場内のサイロからト
ラックに積み込まれ、地元のカントリー・エレベーター（倉庫）
に集められ、さらにミシシッピ川沿いのリバー・エレベーター
（巨大倉庫）に移され、そこで艀（Barge）に積み込まれ、メ
キシコ湾岸のニューオリンズ港の輸出エレベーターに輸送され
る。

　1 隻の艀は「トラック 70 台分の 1,750 トンを運搬することが
可能」であり、「1 隻のタグボートは最大 15 隻の艀を連結」で
きるので、最大で 2.6 万トンを一度に運ぶことができる。そして、
輸出エレベーターから「パナマ運河を通行できるサイズとして
パナマックスと呼ばれる 5 万トンのクラスの船」（穀物バラ輸
送船）に積み込んで日本等へ輸出される。

　もちろん、農場の大型コンバインから始まって、カントリー・
エレベーターや輸出エレベーターにおけるトウモロコシの積み下

ろしや積み込みの作業段階における効率的な機械化の投資によって、流通コストの引き下げと運送期間の短縮も進められている。先の2013年大統領経済報告で指摘されたアメリカ農産物の輸出促進のための仕組みの一環といえよう。

なお、大豆の主力生産地域も、トウモロコシと同じくミシシッピ川の流域であり、前出図表6-4にあるように輸出向けの国内輸送は艀の比重が高くなっており、上述のトウモロコシと同様の経路と思われる。小麦の場合は、生産地がミシシッピ川から離れており、それ故に輸出向けの輸送における艀の比重が相対的に低くなっているのであろう。

さて、このようなアメリカ農業の生産力や国際競争力によって、21世紀の強烈なグローバル化の過程において、中国等における工業化や都市化による世界的な需要の増大に対応するという「光」の側面をみてきたが、他方で、その生産力を支える大量の低賃金労働者という「影」の側面も指摘されており、節をあらためて検討しよう。

6.5 農業・食料産業の低賃金

先に取り上げた2013年大統領経済報告[7]は、果実や野菜という労働集約的な分野と移民労働力の関係について以下のように述べている（259-260頁）。人件費は、農業部門全体でみると変動経費の17％であるが、果実・野菜等の労働集約的な分野では40

---

7) Council of Economic Advisers (2013).

％を占めている。外国の果実・野菜の生産者に比べて、アメリカでは人件費が高いことが多いので、アメリカの農場は、収穫を含めてそれぞれの作業段階における機械化を進めている。

　例えば、レイズンの生産量における機械化（ブドウの収穫や乾燥）の比重は2000年の1％から2007年には45％に急増した。また最近では葉レタスの収穫の7〜8割が機械化されている。
　たしかに、全面的に機械化できない作物もあるが、その場合でも、労働者の生産性を上げるための機械投資が可能であり、その実例が、南カリフォルニアのイチゴ畑におけるベルトコンベアの導入である。

ところが、同報告は、機械投資の高コストと機械化に伴う品質低下のリスクなどの理由で、「農家・農場にとって、労働者の雇用可能性、特に移民労働者のそれが重要な要因になる」というのである。ただし、この「移民労働者」には外国から流入して永住する労働者だけではなく、出稼ぎ労働者も含まれるようである。
　そして同報告は、「過去15年間において、農業の収穫作業で雇用された労働者の半分が、正規就労許可を取得していない移民労働者（出稼ぎ労働者：引用者）である」というのである。そして、移民政策によって労働需給が影響され、そのことが消費者（アメリカ国民全体という意味：引用者）にとっての食料価格にも影響すると述べている。さらに連邦農務省のレポートを引用して、「H-2A Temporary Agricultural Program（アメリカの農業者が短期的な外国労働者の雇用を拡大できるプログラム：引用者）を

実施すれば、農産物の生産と輸出が増加する」という理由で、出稼ぎ労働者対策の寛大化を勧めている。

すなわち、2013年大統領経済報告のスタンスは、国民全体にとっての食料品価格の引き下げや農産物輸出の拡大という側面に焦点を当てて論じているといえよう。

次に取り上げるのは *No Piece of the Pie*[8] という面白いタイトルの資料であり、その視点は、上記の安い食品価格や強い国際競争力のために安価な労働を提供する労働者の側にある。アメリカの楽観的な自由主義によれば、パイを大きくすればそれぞれの国民への配分も大きくなるはずであり、第1章でみたように保守派のハイエクも、「大多数の人びとが個人的な生活において前進に加わるためには、社会は相当の速さで進む必要がある」と述べており、またリベラル派の旗手であるケネディ大統領も、「上げ潮はすべての船を持ち上げる（A rising tide lifts all boats）」と述べた。

しかし、*No Piece of the Pie* というタイトルは、底辺の労働者には「パイの配分」がないという趣旨であろう。上述の2013年大統領報告では底辺労働者による農産物の生産と輸出への貢献をいうが、その貢献に対する報酬が低すぎるという意味であろう。

ところが、この *No Piece of the Pie*（以下では NPP 報告と略記）という資料の興味深い点は、ハイエク的な社会的階段を踏まえた上で、第1に現時点の一番下の階段における公正な扱いを求めると同時に、第2に上の階段に上昇できる機会を阻害すべきでない

---

8) Food Chain Workers Alliance and Solidarity Research Cooperative (2016).

という形でアメリカ自由主義的な論理構造になっていることである。

それでは具体的にみていこう。NPP報告では、食関連産業（Food System）と食関連労働者（Food Workers）という概念を使っており、食関連産業に生産部門（農場、漁場）と加工部門（パン製造、食肉処理）、輸送部門（運送、倉庫）、小売部門（食品販売、在庫管理）、サービス部門（レストラン給仕、調理師、皿洗い、フード・トラック）がある。2015年における食関連産業の雇用規模は21.5百万人であり、アメリカ全体の14％を占めており、最大である。上記5部門の労働者の多くは低賃金である。現場の食関連労働者の時給のメジアン値である10ドルはアメリカの全産業の中で最低であり、食関連産業以外の全産業における17.53ドルを大きく下回っている（5-6頁）。

そしてNPP報告は各分野における低賃金について述べている（6-7頁、原資料は連邦労働省の資料「Findings from the National Agricultural Workers Survey 2011-2012」）。第1に生産部門（農場、漁場）の労働者は248万人であり、その時給のメジアン値が11ドル、年収のメジアン値が19千ドルである。第2に加工部門（食品製造、食肉処理）の労働者は175万人であり、メジアン値の時給が13ドル、年収が28千ドルである。第3に輸送部門（食料の運送、倉庫）の325万人であり、メジアン値の時給が14ドル、年収が35千ドルであるが、アメリカの輸送部門全体の時給メジアン値は19.31ドルである。第4に小売部門（食品販売、在庫管理）の労働者は305万人であり、メジアン値の時給が10ドル、年収が15千ドルである（マネージャー等の管理職は除く）。

第5にサービス部門（レストラン給仕、調理師、皿洗い、フード・トラック）の労働者は1,096万人であり、メジアン値の時給が9.3ドル、年収が12千ドルである。

図表6-6（NPP報告から作成）で年収のメジアン値を比較しても、やはり公務員(48.0千ドル)、専門職(38.0千ドル)、卸売(38.0千ドル)、製造業（33.0千ドル）、運輸（31.3千ドル）、金融（30.0千ドル）、建設（30.0千ドル）よりもかなり低く、農業・食料は16.0千ドルである。そして、図表6-7（NPP報告から作成）をみると、アメリカの労働編成の中で、高年収の公務員が9.5百万人、専門職が11.2百万人、卸売が4.8百万人、製造業が10.5百万人、運輸が3.2百万人、金融が7.7百万人、建設が7.8百万人であるのに対して、農業・食料が21.5百万人、さらに同じく低賃金の保健（年収メジアン値15.0千ドル）が18.7百万人、娯楽（年収メジアン値15.2千ドル）が15.2百万人である。年収の上位7部門の労働者合計が54.7百万人であるのに対して、下位3部門の合計が55.4百万人になる。おそらく、農業・食料産業に限らず、保健部門においては看護及び介護関連の低技能者が多く、また娯楽では非正規雇用が多いためと思われる[9]。

そして、いよいよアメリカ自由主義と社会的階段にかかわる本質的な問題に進む（17-19頁）。2015年に農業・食料部門におい

9）NPP報告は、このような低賃金状態の故に、農業・食料産業の労働者において、福祉受給の割合が大きいという事実を示している（16-17頁）。2016年時点で農業・食料部門の労働者の13％（2.8百万人）がフード・スタンプ（食料切符：昔は本当に紙の切符であったが、現在は食料品店で使用できるデビット・カード）という福祉給付を受けており、農業・食料部門以外の全労働者の場合にはその比率は6％である。

6.5　農業・食料産業の低賃金　　　191

図表 6-6　農業・食料関連部門の低賃金（2016 年）

	年収中位値 （千ドル）		時給中位値 （ドル）
政府部門	48.0	政府部門	18.0
専門職	38.0	建設	17.0
卸売	38.0	製造業	15.5
製造業	33.0	専門職	15.0
運輸	31.3	運輸	15.0
金融	30.0	卸売	13.5
建設	30.0	金融	13.0
教育	18.7	教育	11.4
総務職	18.0	保健	11.0
その他	17.0	その他	11.0
小売	17.0	総務職	11.0
農業・食料	16.0	小売	10.5
娯楽	15.2	娯楽	10.5
保健	15.0	農業・食料	10.0

出所：Food Chain Workers Alliance and Solidarity Research
Cooperative（2016）p. 12 より作成。

て現場労働者の比率が 81.6％であるのに対して CEO が 0.06％、
専門職が 1.5％、マネージャーが 2.5％、監督職が 6.9％、事務職
が 7.4％であり、一人の CEO の下に 1,465 人の現場労働者が働く
ことになる。ところが、その CEO 職の属性をみると、72％が白
人男性であり、白人女性の 14％を加えると白人の比重が 86％に
なる。おそらく、農業・食料部門の現場労働者の多くが移民や出
稼ぎ労働者の非正規雇用であることが要因であろう。

192　　第 6 章　農業・食料産業

図表 6-7　大量の低賃金労働者（2015 年、百万人）

農業・食料	21.5
保健	18.7
娯楽	15.2
教育	12.9
小売	12.7
専門職	11.2
総務職	11.1
製造	10.5
政府	9.5
建設	7.8
金融	7.7
卸売	4.8
その他	4.1
運輸	3.2

出所：Food Chain Workers Alliance and Solidarity
Research Cooperative（2016）p. 13 より作成。

　すなわち、アメリカの「豊かな社会」の「豊かな食卓」を支え
る労働者が低賃金の不安定な状況にあり、しかも、農業・食料部
門における社会的階段が険しいというのである。次節でみるよう
に、NAFTA（貿易自由化）や自国の経済自由化の過程でアメリ
カの市場経済に向かって流入せざるを得なくなった外国の労働者
にとって、アメリカン・ドリームの可能性を閉ざした状態で働か
せているのであり、そのことは、上述の 2013 年大統領経済報告
のスタンスと整合する現象といえよう。
　そして、このような実証的検討に続いて、NPP 報告の第 3 部

では農業・食料部門の 20 人の労働者へのインタビュー記録によって、低賃金だけではなく、現場における差別や虐待、健康・安全法規の違反、非正規雇用慣行の問題点などがリアルに述べられている。しかし、NPP 報告は単なる農業・食料部門の現場労働者の貧困や惨状を暴くという趣旨ではなく、むしろ、アメリカ自由主義の趣旨に整合する形で、社会的階段を上ってアメリカン・ドリームに向かうための平等な機会を求めるという基調であり、それ故に、アメリカ社会全体にアピールできる説得力を持つといえよう。

次に節をあらためて、このアメリカ自由主義によるメキシコ経済社会へのインパクトが、結果的にアメリカ経済社会の社会的階段の底辺層の供給につながる側面について検討しよう。

6.6 メキシコ人出稼ぎ労働の意味

『壊国の契約』[10] は名著であり、経済学や歴史学や文化人類学などの多様なアプローチの成果が統一的かつ論理的に組み込まれているので、読み手の問題意識によってさまざまな解釈も可能になるように思えるが、安直な結論や意義づけを寄せ付けない学問的な書物であり、苦労しながらでも読み通すことを勧めたい。

さて、本節の意図は、同書で提示される事実を取り上げて、アメリカ自由主義を軸とするグローバル化の圧力が、世界のそれぞれの国々や社会にいかなるインパクトを与えるのかを観察するこ

---

10) E. フィッティング (2010)。

194 第6章 農業・食料産業

Column10

山田洋次監督の映画『故郷』
：日本の高度成長とステーキ

　この映画も名作である。カット数の制約の中、映像の表現力は素晴らしく、朝、昼、夕方の瀬戸内海は美しく、その中で一生懸命に働く「石船」の夫婦の姿が実に豊かな表現である。そして、最後に主人公が都市部の大工場の就労機会に飲み込まれるように挙家離村の形で島を出ていく時に、島に残る祖父に孫娘がしがみつく場面が山場であり、山田監督のキーメッセージである。

　時代はオイルショックの直前の1972年である。石崎精一（井川比佐志）は喜んでそうするのではなく、仕方なく尾道の造船所の臨時雇用の職を求めて島を出るのである。石崎は、20トン足らずの小さな石船を操縦する船長であり、機関長である妻の民子（倍賞千恵子）と二人で、島の石切り場から石を広島の埋立地に運んで生計を立てていた。しかし競争相手の船が300トンや500トンへと大型化し、また道路や橋の整備が進んでトラック輸送も可能となり、運賃競争が困難になった。

　親族会議で船長は、「わしが何をして食うか、わしが決めるこ

とである。その観察の視角を示すために、*Column10*を掲げておこう。そこでは資本主義の論理で拡大発展する市場経済の中で「石崎家」の人々が先祖伝来の「石船」の家業を捨て、故郷を離れることの辛さが描かれており、特に最後に小学生の孫娘が、地域コミュニティを象徴する存在である祖父にしがみついて離れない場面は深い感動を呼ぶ。

　しかし、皮肉な想像的考察を加えれば、この孫娘はやがて「ス

とだ」と言い放つが、結局、石船の仕事を諦めて、尾道の造船所で働くことを自分で決断するしかなかった。先祖伝来の家業から離れて都市部の労働者になるための挙家離村である。

尾道の造船所の見学に出かけた帰りにレストランでステーキを食べる場面が印象的である。船長は「うまいのう」としみじみという。それは、美しい島の食生活が瀬戸内海でとれる魚中心であるのに対して、経済成長による都市部における「豊かな社会」の食生活が肉中心のアメリカ的なものに転換することを表現している。

そして、石崎船長が転職の覚悟を決めた後、「皆は、時代の流れとか、大きなものとかには勝てないという」、「この好きな海でわしの好きな仕事を続けられないのか？」と絶望的なセリフを吐くのは、最後の石運搬の海上であった。「時代の流れ」とは、戦後日本の経済成長によって産業構造が重厚長大型となり、それに合わせて労働人口が工場の集まる都市部に集中して、農業や自営業から、雇用される労働者に変身していく大規模な構造転換である。

冒頭で紹介した孫娘と祖父の感動的な別れの場面で観客が号泣したに違いない。

テーキ」に象徴される物質的な「豊かな社会」の快適さに慣れるであろうし、また、都市部における教育機会にも恵まれて親世代よりも高収入の階層に進む可能性も高い。まさに、アメリカ自由主義における社会的階段を上る機会と、その結果としての「豊かな社会」と「豊かな食卓」を、故郷のコミュニティから離脱する辛さの代償として得ることになりそうである。親世代は故郷の瀬戸内海の新鮮な魚を懐かしむかもしれないが、子供世代はステー

キやハンバーグを好むようになるように思える。

　こうして、戦後日本の高度成長と社会変化が急速に進んだこと
は、まだ記憶に残っている。良いか悪いかの価値判断は保留する
として、同様の社会変化が、20世紀末からのグローバル化の下で、
文字通り世界規模で進行している。

　さあ、『壊国の契約』を読み始めよう。著者は結論部分で以下
のように述べている（270-271頁）。メキシコ南部の農村地域で、
「農地ではたらき穀物を育てることができなくなった」人びとや、
「そうすることを望まない……若者たちが北の世界のチェイン・
レストランの従業員となり、あるいは食品加工工場の工具として
働くという、いかにも絵に描いたような図柄」が現出し、「コー
ンを輸入して労働力を輸出するというメキシコの国家戦略は、グ
ローバル化企業のフード支配体制下でますます増大していく食糧
生産者と食糧消費者の隔たりをよく象徴」しており、地元のメキ
シコ産トウモロコシの風味とは異なる、アメリカ産あるいは輸入
品種のトウモロコシが普及するというのである。

　地元の「小規模の白トウモロコシの生産者」は、NAFTAに
よる自由貿易の進展の下で、アメリカ産品種の黄色品種に価格面
から淘汰され（30-31頁）、それが、上記の労働力の輸出につな
がるのである。さらに、国内のマキラドーラ（関税特区の保税工
場、ジーンズ工場が典型例、209頁）での賃金収入やアメリカへ
の出稼ぎによる仕送り送金が、小規模農業の農村地区の変貌を強
めた（190-191頁）。

　こうしてメキシコから送り出される労働者は、アメリカ経済社
会にとって不可欠な存在となった。「初期のメキシコ移民は一般

的に農業労働者であったのだが、今では農業よりも合衆国の他の産業で働く労働者の方」が多く（212頁）、それが、前節でみた食料関連部門における大量の現場労働者の主力となったのである。

　1980年代に出稼ぎに出た者たちはよくカリフォルニアに行って農作業をして働いた。しかし1990年代中期から雇用の性格が違ってきた。サンホセ（メキシコ南部の貧しい農村地域：引用者）出身の移民の多くが農業ではなく、レストラン、食品加工をはじめとする各種工場、そしてラスベガスのカジノではたらいている（213頁）。

　さらに、前節のNPP報告で指摘された、低賃金や、現場における差別や虐待、健康・安全法規の違反、非正規雇用慣行の問題点の原因について、『壊国の契約』は、メキシコ人の労働者が「つけ込まれやすく、短期的ですぐに馘に出来る状態にしたのは、滞在資格の違法性と、したがって、常に国外追放される可能性」であると述べる（214-215頁）。

　こうしてメキシコ農村地域から労働者として流出した若者たちは、農民としての経験も技能の会得もできないままに、アメリカの「サービス産業や食品加工工場で移民労働者として働いて、別の種類のスキルを身につけている」（247頁）というのである。しかし、前節でみたように、社会的階段を上昇する形ではなく、現場労働者としてのスキルである。

　21世紀のアメリカ経済社会の構造変化と発展は、第8章でみるように、高技能の「クリエイティブ・クラス」が先導するので

Column11

『アメリカは食べる』におけるトウモロコシ

東理夫の『アメリカは食べる』も名著である。芸術家のアメリカ論にはかなわない。そのすべてを紹介することは荷が重く、この大著を読破することを勧めたい。ここでは、代表的作物であるトウモロコシの部分だけ触れたい。

1620年にメイフラワー号で到着したピルグラム・ファーザーたちは、飢餓に苦しむ危機をアメリカ先住民が提供してくれたトウモロコシに救われた。それ以来、「トウモロコシこそ、アメリカの食べ物」であり、「トウモロコシは神様が与えてくださった食べ物」になったというのである（705-707頁）。

東氏は、「トウモロコシは大切、この国を作ってくれた」、さらには「一度でもトウモロコシを口にしたらアメリカ人……もう二度とイギリス人に戻れない」（709頁）という言葉にこだわる。その経緯、事情、理由については大著を読んでもらいたい。さらに、「トウモロコシは、私をアメリカの子にした」という言葉から、

あるが、その過程において低賃金・低技能の「サービス・クラス」は必要不可欠な存在であり、それを大量に供給するのが、本節でみたNAFTAの下で変貌するメキシコ農村地域であり、それを後押しするのが、アメリカからの農産物・食品の輸入や、アメリカ型農業の移入である。

まさに、アメリカの「内なるグローバル化」と「外なるグローバル化」の連動のひとつの典型的な事例といえよう。

「そういう国で生まれ育ち、トウモロコシとともにある生活の喜びに溢れている」と感じている。

そして東氏の本領が発揮され、トウモロコシを原材料とするコーン・フレイク、コーンオイルによるマヨネーズ、マーガリン、コーンスターチ、コーンシロップ、クリームコーン、コーンブレッド、チキン・コーンスープをあげた後、年間約2億立方トンのトウモロコシ国内消費の85％が牛、豚、鶏などの家畜、家禽の餌となるので、「チキンやビーフやポークを食べるということは、実はトウモロコシを食べること」だというのである。

そこから東氏のアメリカへの愛情が熱く表現される。アメリカの格差や落差や民族的な対立にもかかわらず、「アメリカ人になる」という帰属感があるがゆえに、対立の憤怒が決定的なまでに爆発せずに済んでいる（716頁）。その帰属感のひとつの基盤が、食の普遍化、平等化という論理である。

メキシコ人にとっても大事なトウモロコシであり、それを自給することに大きな意味があると思われる。それとも、輸入品でも構わないのであろうか？

第6章参考文献

大橋英夫（2012）「中国経済の台頭と日米中関係」『日米中関係の中長期的展望』日本国際問題研究所

渋谷博史（2005）『20世紀アメリカ財政史Ⅰ』東京大学出版会

渋谷博史・河﨑信樹・田村太一編著（2013）『世界経済とグローバル化』学文社

総務省統計局（2017）『世界の統計2017』

浜本哲郎（2015）「トウモロコシを取り巻く現状と将来」（『アメリカ穀物協会ニューレター』98号）

E. フィッティング（2010）『壊国の契約——NAFTA 下のメキシコの苦悩と抵抗』（里見実による翻訳書は 2012 年、農山漁村文化協会）

丸川知雄（2013）『現代中国経済』有斐閣

P. リボリ（2006）『あなたの T シャツはどこから来たのか？』（雨宮 寛・今井章子訳、原著は 2005 年）東洋経済新報社

Council of Economic Advisers（2013）, *Economic Report of President, 2013.*

Denicoff, Marina R., Marvin E. Prater, and Pierre Bahizi（2014）, *Corn Transportation Profile*, U.S. Department of Agriculture.

Food Chain Workers Alliance and Solidarity Research Cooperative（2016）, *No Piece of the Pie: U.S. Food Workers in 2016.*

U.S. Congress, House, Committee on Agriculture（2015）, Hearings, "*THE IMPORTANCE OF TRADE TO U.S. AGRICULTURE*", 114th Cong. 1st Sess.

U.S. Department of Agriculture（2017）, *Transportation of U.S. Grains A Modal Share Analysis 1978–2014 Updat*e.

第7章 グローバル化の推進軸としての ICT 産業

　本章では、1990 年前後から現在までの ICT 産業を対象として、ICT 産業とアメリカ経済社会とのかかわりを論じる。アメリカの ICT 産業は 21 世紀的なアメリカ・モデルの内的構造を体現しているとともに、それを外に向けて展開しながらグローバル化の推進軸となっている。

　21 世紀の半ばまでには、AI（Artificial Intelligence：人工知能）技術の発展や IoT（Internet of Things：すべてのモノがインターネットにつながること）の進展によって、情報化はさらに深化すると言われており、アメリカの ICT 産業はこうした流れを主導する役割を担っている。

　ここでは ICT 産業の分析を通じて、アメリカの ICT 企業がいかにして市場の変化に対応しながら行動しているのか、そしてそれがどのようにアメリカ経済社会を再編させているのか、これらの点を中心に見ていくことにする。

7.1 ICT 産業の位置づけと技術革新の意味

　最初に、本章で扱う ICT 産業（Information and Communication Technology Industries：情報通信技術産業）の定義と範囲を確認しておこう。ICT 産業の定義と範囲については、アメリ

カ商務省の『デジタル・エコノミー』によるものがよく知られている。この報告書によれば、情報（財とサービス）を中間財または最終生産物として生産し、加工し、伝送する産業を「情報技術生産産業」(Information Technology Producing Industries) と定義している。そしてその範囲を、①コンピュータ・周辺機器と半導体部品を含む「コンピュータ・ハードウェア」、②「通信機器」、③コンピュータのソフトウェアやコンピュータに関連するサービスを含む「ソフトウェア／コンピュータ・サービス」、④「通信サービス」の4部門ととらえている[1]。

　本章では、基本的にこの定義と範囲を踏襲し、ICT のコンピュータや通信機器を製造する「コンピュータ・ハードウェア」と「通信機器」の部門を「ICT 製造業」、ICT に関連するソフトウェアと ICT を使用してビジネスサービスを行う「ソフトウェア／コンピュータ・サービス」と「通信サービス」の部門を「ICT サービス業」とそれぞれとらえたうえで、この2部門全体を「ICT 産業」と呼ぶことにしたい。

　では、ICT 産業はアメリカ経済の中でどのような位置を占めるのだろうか。図表 7-1 は上記の範囲に基づいて、ICT 産業を名目付加価値と就業者数から4時点（1990 年、2000 年、2010 年、2015 年）で整理したものである。この表からアメリカ経済における ICT 産業の拡大を確認することができる。

　まず ICT 産業を付加価値から見ていくと、ICT 産業全体の名目付加価値額は 1990 年に 2,987 億ドルであったが、2015 年には1兆

---

1)　U.S. Department of Commerce, Economics and Statistics Administration (2004) Appendices, pp. 1, 11.

図表 7-1　ICT 産業の範囲とその拡大

	名目付加価値（10億ドル）				就業者数（万人）			
	1990 年	2000 年	2010 年	2015 年	1990 年	2000 年	2010 年	2015 年
ICT 製造業	88.8	210.1	153.5	119.6	155.2	148.4	89.8	86.8
①コンピュータ・ハードウェア	67.6	142.9	122.5	90.3	120.7	119.0	68.3	68.6
コンピュータ機器	27.1	55.0	19.1	12.5	43.8	30.2	16.2	16.1
半導体・電子部品	33.0	68.0	78.2	49.2	58.2	67.6	37.0	36.8
産業用計測機器他	7.5	19.9	25.3	28.6	18.8	21.2	15.1	15.8
②通信機器	21.2	67.3	30.9	29.2	34.5	29.4	21.5	18.2
ICT サービス業	210.0	561.5	775.4	1,028.1	208.1	336.6	300.2	361.2
③ソフトウェア/コンピュータ・サービス	63.0	311.7	488.7	683.5	77.2	211.4	208.9	278.6
ソフトウェア	12.6	76.0	151.1	201.2	11.3	28.9	26.0	33.3
コンピュータ・システム設計サービス	30.6	160.5	231.8	284.2	37.5	125.4	144.2	190.8
データ処理・ホスティングサービス、ウェブサービス	13.5	58.9	105.8	198.1	24.4	51.0	34.4	49.7
その他	6.3	16.3	—	—	4.0	6.1	4.4	4.8
④通信サービス	147.0	249.8	286.7	344.6	130.9	125.3	91.3	82.6
ICT産業合計（①+②+③+④）	298.7	771.7	928.9	1,147.6	363.3	485.0	390.0	448.0
民間経済全体に占める割合	5.2%	7.8%	7.2%	7.3%	4.0%	4.4%	3.6%	3.7%

注：1990 年のデータは、The Emerging Digital Economy II, Digital Economy 2000 のデータを使用した。
2000 年のデータは、Digital Economy 2003 のデータを使用した。
The Emerging Digital Economy II, Digital Economy 2000, Digital Economy 2003 の付加価値額および就業者数のデータには、コンピュータ関連機器の卸売業・小売業のデータが含まれているが、ここではそのデータを除いて再集計している。
2010 年と 2015 年の ICT 製造業の名目付加価値データは、Annual Survey of Manufacturers のデータを使用した。
2010 年と 2015 年の ICT サービス業の名目付加価値データは、Service Annual Survey のデータを使用して、Digital Economy 2003, Technical Appendices の計測方法をもとに推計した。
2010 年と 2015 年の就業者数データは、Employment and Earnings のデータを使用した。
産業分類が 1987SIC から 1997NAICS, 2002NAICS, 2007NAICS, 2012NAICS と変更になっているため、その接合にはセンサス局のコード対応表を使用しているが、厳密には比較可能ではない。
出所：各種資料により、筆者作成。

1,476 億ドルへと 3.8 倍に増大している。そして民間経済全体に占める ICT 産業の比重は、同期間に 5.2％ から 7.3％ に上昇した。ただし、付加価値の増大は ICT 産業を構成する 2 部門に等しく見られたものではなかった。

ICT 製造業では、1990 年から 2000 年にかけて 888 億ドルから 2,101 億ドルへと増大するものの、2015 年には 2000 年水準の半分近く（1,196 億ドル）にまで減少している。もっとも、「コンピュータ・ハードウェア」と「通信機器」部門ではこの間に著しい物価低下が見られたため、実質ベースに調整すればこの減少幅は少なくなる。

他方、ICT サービス業では、1990 年から 2015 年にかけて一貫した付加価値の増大を確認することができる。1990 年には 2,100 億ドルであった ICT サービス業の名目付加価値額は、2015 年には 1 兆 281 億ドルへと 4.9 倍に増大している。特に「ソフトウェア／コンピュータ・サービス」部門では、ICT サービス業全体の伸びよりも高く、10.9 倍の増大となっている。

次に ICT 産業を就業者数から見ると、ICT 産業全体では 1990 年の 363 万人から 2015 年の 448 万人へと、85 万人の増加が確認できる。ただし、付加価値の場合と同じく、就業者数の増大も ICT 製造業と ICT サービス業では異なっていた。ICT 製造業では、1990 年の 155 万人から 2015 年の 87 万人へと半減に近いかたちで就業者数が減少している。これはあとで見るように、企業内でのオートメーション化が進んで労働生産性が増大したことや、グローバル化のなかで生産拠点の海外移転が進んだことが関係している。

これに対して、ICT サービス業では 1990 年の 208 万人から

2015 年の 361 万人へと 1.7 倍の増加を見せている。特に、「ソフトウェア／コンピュータ・サービス」部門を構成する「コンピュータ・システム設計サービス」では、同期間に 5.1 倍と、ICT サービス業全体の伸びの 3 倍近い増大となっている。これは、ICT 製品の技術革新にともなって新しい市場が創出される中で、その部門の企業活動が拡大し、新たに職が生み出されたからであろう。このように、就業者数から見た場合でも ICT 産業の拡大は確認できたが、職の増大という点からみれば ICT サービス業を中心とした拡大であった点が特徴である。

　以上のように、ICT 産業はアメリカ経済の中で一定の位置を占めていることが確認できるが、その重要性は経済全体に占める付加価値や就業者数の比重だけでは到底説明できるものではない。ICT 産業はいくつかの点でアメリカ経済を牽引する役割を担っている。

　第 1 に、ICT 産業はアメリカの景気拡大に大きく貢献している。たとえば、ICT が注目を浴びた 1990 年代の景気拡大期後半には、「情報化投資」の実質 GDP 増加寄与率（実質 GDP の増加における情報化投資の増加が寄与する割合）は平均 18.4% となり、国内民間粗投資の実に 5 割を占めた[2]。情報化投資は製造業部門だけではなく、通信や商業、金融・証券業など「情報」を多く扱うサービス部門で急速に拡大し、21 世紀以降のグローバル展開を準

---

2)　ここでは、国民所得生産勘定（National Income and Product Accounts: NIPA）における「国内民間粗投資」のうちの「情報処理機器」と「ソフトウェア」の合計を「情報化投資」と呼んでいる。NIPA Table 1.5.2 の 1995 年から 2000 年（ピークの年）までの値で算出した。

備した。

第2に、ICT 産業は研究開発（R&D）を主導している。全米科学財団の資料によると、国内の研究開発全体のなかで ICT 産業が占める比重は 2014 年時点で 39.3％となっている[3]。図表 7-1 で確認した民間経済全体に占める ICT 産業の比重は名目付加価値で 7.3％（2015 年時点）、就業者数で 3.7％（同）であったことから、この産業が占める研究開発の比重がいかに高く、重要視されているかがわかるであろう。

第3に、ICT 産業は起業が多い分野であり、ベンチャーキャピタルを通じた投資が多く行われている。2015 年時点の産業別ベンチャーキャピタル投資額をみると、実に半数（50％）が ICT 産業への投資となっている[4]。このことは ICT 産業が高い成長分野であることを示す重要な証拠であり、新たな職を生み出す原動力となっているのである。

以上見たように、1990 年代以降アメリカにおける ICT 産業の拡大は顕著なものとなったが、それが可能となったのは、ICT 製造業における技術革新が急速に進んだからである。特に ICT 製品の高性能化と低価格化が持続的に見られたことが大きかった。

図表 7-2 は、ICT の技術革新を表すものとして、ICT 製品の性能を構成する基本要素をまとめて図示したものである。具体的

---

3) NSF（2018）pp. 10-12 より算出。ICT 産業は、2012NAICS コードの 334、5112、517、518、5415 のデータを使用した。特に 3344「半導体・電子部品」および 5112「ソフトウェア」部門での R&D 活動が多く、2 部門だけで 20％の比重となっている。

4) ここでは「コンピュータ・周辺機器」、「半導体」、「ソフトウェア」、「通信」、「IT サービス」の項目の合計を ICT 産業とみなした。NVCA（2016）p. 38.

7.1 ICT 産業の位置づけと技術革新の意味　　207

図表 7-2　ICT 製品の技術革新と高性能化

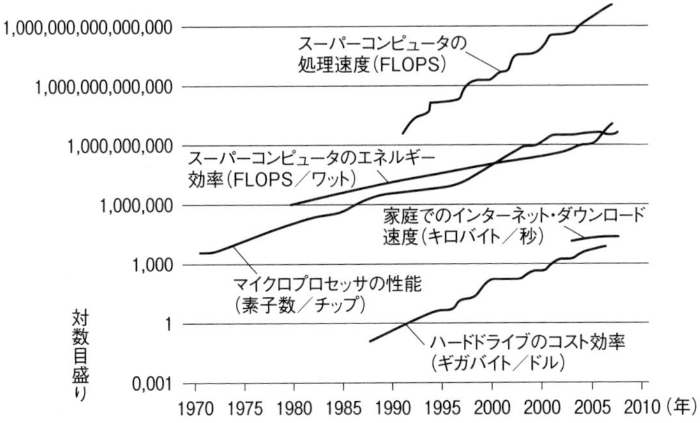

出所：ブリニョルフソン・マカフィー（2015）87 頁。

には、集積回路の集積密度や処理速度、記憶容量、エネルギー効率、データの転送速度など多岐にわたる指標が対数目盛で表示されている。この図を見ると、ICT 製品の性能を構成するいずれの指標も過去数十年にわたって、指数関数的な速度で向上していることがわかる。これによって、以前では技術的に出来なかったこと——たとえば、PC の小型・軽量化や大容量のデータの保存・送受信、通信の無線化など——が可能となった。

　このようなICTの技術革新があらゆる面で急速に進むとともに、ICT 製造業の製品価格は持続的に低下していった。アメリカ商務省の統計から「コンピュータ関連製品」の価格指数（2009 年＝100）をみると、1990 年から 2000 年では年平均で－20.9％の低下、2000 年から 2017 年でも年平均－11.7％の低下である[5]。ICT 製品

の持続的な価格低下は、企業による情報化投資の増大に拍車をかけただけでなく、ICT 製品に対する個人消費の拡大を促していった。

こうして ICT における技術革新は、「ICT 革命」と呼ばれるように、従来のアメリカ経済の構造や社会のあり方を大きく変化させた。

第1に、ICT によって文字・画像・音楽・映像などの情報がデジタル化（情報をビットの列としてコード化すること）されることで、コミュニケーションの方法や取引のあり方は大きく変化した。世界中の個人や企業、団体などは ICT 製品を使ってデジタル化した情報に簡単にアクセスし、交換や共有ができるようになった。ICT 製品による情報の交換・共有は、インターネットに代表される通信技術の発展と通信費用の低下によってさらに加速され、ICT を利用したビジネス活動を拡大させるとともに、グローバル化を推進するよう作用した。

第2に、ICT を活用することによって企業組織の効率化が進められ、労働の内容は大きく変わることになった。企業は情報化投資を増大させ、職場の隅々にまで PC を配置してそれをネットワークにつなげることで、硬直化した企業の組織構造を効率化させようとした[6]。ICT の職場への導入は各個人の知識労働を増加

---

5) NIPA Table 1.2.4. より算出。

6) たとえば、製造業ではコンピュータ・ネットワークを利用している事業所は 2000 年までに 96.5％にまで拡大した。U.S. Department of Commerce, Economics and Statistics Administration and U.S. Census Bureau (2002) Table 1A, 1B, Appendix Table D より就業者数にウェイトをつけて算出。

させるとともに、企業内の分業をいっそう進めるように作用した。企業は組織の効率化を進めるために、1980年代から行われてきたリストラクチャリングに加え、業務プロセス全体を抜本的に再構築するリエンジニアリングを1990年前後から同時に実施していった[7]。こうして組織変革と業務間のネットワーク化による効率化が、ICTによって推し進められた。

第3に、ICTは企業の競争条件や参入障壁を掘り崩し、新しい市場を作り出すとともに、電子商取引（E-Commerce）によるビジネス活動を確立させた。かつては企業規模そのものが参入障壁となり、それが企業の競争条件を決定付けていた。ICTの発展によって、既存の参入障壁は非常に低いものとなり、インターネットを使用した全く新しいビジネスや市場を作り出した[8]。たとえ小規模の新規参入企業であったとしても、B2B（企業間）やB2C（企業・一般消費者間）の電子商取引を活用して大企業と対等に競争できるようになった。それは企業の競争条件を根底から変えるものであった。ICTはさまざまな産業で浸透し、その結果、企業の売上高に占める電子商取引の割合は、製造業全体では2000年の18％から2015年の63％に増大した[9]。

以上のように、ICTの急速な技術革新とその普及にともなって経済・社会の仕組みが大きく変革していく、まさにICTによ

---

7) たとえば、1996年のFortune1000社を対象とした調査では、リエンジニアリングのプログラムを実施している企業は81％にも上った。Lawler *et al.* (1998) p. 63.

8) いわゆる「New Economy」期（1991–2001年の景気拡大期）に誕生したGoogle（1998年設立）、Yahoo!（1995年設立）、eBay（1995年設立）、Amazon.com（1994年設立）などのビジネスはその典型例である。

Column12

経済発展とイノベーション

本章で見たように、1990年代以降のICTの急速な発展は、職場における労働の内容や企業が求める人の労働能力を大きく変化させるとともに、企業活動のグローバル化を促進している。近年では、AIやIoTなどICTのさらなる発展が期待されているが、その半面、ICTの雇用への影響も人々の大きな関心事となっている。技術革新が労働や雇用、賃金にどのような影響をもたらすのか。この問題は「産業革命」による工業化が始まったときから、つねに論じられてきたものであった。

一般的に、技術革新が雇用にもたらす影響には、ネガティブな面とポジティブな面があると考えられている。技術革新による雇用へのネガティブな影響とは、技術革新によって従来の労働が機械に代替され失業をもたらすという面である。他方、技術革新による雇用へのポジティブな影響とは、技術革新は生産コストを引き下げて需要を喚起し、新たな職を生み出すという面である。

技術革新にはネガティブとポジティブの両面の影響が考えられるが、アメリカでは市場メカニズムを基本とする経済システムのもとで、技術革新が持つポジティブな面をより重視する傾向が強く見られる。それは、技術革新こそが経済発展をもたらすという考え方がその基礎にあるからである。

この経済発展と技術革新の関係を経済学の視点から明快に論じたのが、J. A. シュンペーター（Joseph A. Schumpeter）であった。よく知られているように、シュンペーターは『経済発展の理論』の中で、経済発展の意味について次のように述べている。

「『発展』とは、経済が自分自身のなかから生み出す経済生活

の循環の変化のことであり、外部からの衝撃によって動かされた経済の変化ではなく、『自分自身に委ねられた』経済に起こる変化とのみ理解すべきである。…（中略）…われわれの意味する発展の形態と内容は新結合の遂行という定義によって与えられる」（シュンペーター『経済発展の理論（上）』塩野谷祐一・中山伊知郎・東畑精一訳、岩波文庫、1977 年、174、182 頁、傍点引用者）

　こうしてシュンペーターは、新結合の定義（5 つ：新しい財貨の生産、新しい生産方法の導入、新しい販路の開拓、新しい供給源の獲得、新しい組織の実現）、そして新結合の遂行者としての「企業者」と信用を供与する「資本家」の役割の説明に進む。ここで言う「新結合の遂行」とは、現代の言葉に言い換えると「イノベーション（技術革新）」を意味するのであり、これが経済発展の原動力となると、シュンペーターは説いたのである。

　このシュンペーターの経済発展にかんする論理は、民主党、共和党の如何を問わず、アメリカの歴代政権による経済政策の考え方にも強く反映されている。「1946 年雇用法」に基づいて設立された大統領経済諮問委員会（Council of Economic Advisers）が1947 年以来作成している『大統領経済報告』（Economic Report of President）には、随所にこの論理が展開される。ここでは紙幅の関係でひとつひとつ取り上げることはできないが、さしあたり 2016 年の『大統領経済報告』第 5 章「Technology and Innovation」は、その代表的なものであろう。

　このようにアメリカでは、新しいことを生み出すイノベーションが経済発展をもたらすのであり、またイノベーションが新しい職をつくり出す原動力となってマクロ的な雇用問題の解決策にもなる、と考えられているのである。

212　　　第7章　グローバル化の推進軸としてのICT産業

る「革命」がアメリカ内外で展開されていったのである。

7.2　ICT製造業の発展と国際分業

　本節と次節では、ICT産業のなかのICT製造業の展開を考察する。ICT製造業の展開は、第4節で検討するICTサービス業の発展の前提となっている。以下ではICT製造業の構造変化とグローバル化に焦点を絞って、詳しく見ることにしよう。

　前節で確認したアメリカICT産業の多様な業種構成は、歴史的には、かつてのコンピュータ産業の構造変化のなかでもたらされたものである。この点を理解するうえで重要な現象が、「垂直分裂」（「垂直非統合」とも呼ばれる）である。垂直分裂とは、「従来一つの企業のなかで垂直統合されてきたいろいろな工程ないし機能が、複数の企業によって別々に担われるようになること」[10]を指す。

　図表7-3は、垂直統合から垂直分裂へと転換するコンピュータ産業の構造変化を図示したものである。この図の上側に見られるように、かつてのコンピュータ産業とは、コンピュータの設計からICチップ・主要部品の製造、OSやアプリケーション・ソフトウェアの開発、製品の販売等をすべて自前で行う「垂直統合」型の巨大企業群を指していた[11]。ところが、ICチップや半導体、ソ

---

　9)　U.S. Census Bureau（2017）より算出。特に製造業では、第5章で検討した自動車を含む「輸送機械」が顕著であり、2015年時点で売上高の実に8割（83％）を電子商取引が占めていた。

　10)　丸川（2007）14頁。

7.2 ICT製造業の発展と国際分業　　213

図表7-3　コンピュータ産業における垂直統合から垂直分裂への転換

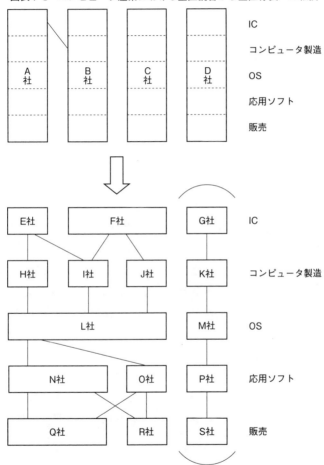

注：太線は企業の境界を示す。細線は取引関係を意味する。
　　この図の元は、グローブ（2017）である。
出所：丸川（2007）15頁。

214 第7章 グローバル化の推進軸としてのICT産業

フトウェアといったコンピュータを構成する主要な部分の開発・生産にかかる初期投資が巨大化し、主要部品の技術革新が進むなかで、これらすべての事業を自社内で行わずに、その一部や複数の事業を担う専業企業が外部に登場した。つまり、これまで垂直統合されていた事業が徐々に分割され、別々の企業として独立していったのである（図の下側）。これが「垂直分裂」である。

その結果、コンピュータ産業に参入する企業の技術的・資金的な障壁は低くなり、そこに多くの企業が相次いで参入して激しい価格競争が繰り広げられるようになった。こうしてコンピュータ産業は、1980年代から1990年代半ばにかけてハードウェア、電子部品、ソフトウェアといった多様な専業企業で構成される産業へと変貌したのである。この意味で垂直分裂はコンピュータ産業の構造を一変させるものであったと言える。

この垂直統合から垂直分裂への転換を主導し、PCの標準化を推進することになった当事者の一人が、コンピュータ産業のPC部門で遅れをとっていたIBMであった。IBMが拡大するPC市場に参入するためにとった「オープン・アーキテクチャ」戦略が、その後のPC製造における標準化を促進し、ICT製造業のいっそうの拡大をもたらしたのである。そしてこの転換のなかで、自社のビジネス・ポジションを確立し専業企業として急成長していったのが、Intel（IC、CPU製造）とMicrosoft（OS、アプリケーション・ソフトウェア）であった[12]。

---

11) 垂直統合型の巨大企業の典型は、IBMやDEC、Sperry Univacなどであった。この図の元となったグローブ（2017）60頁では、上の図が1980年ごろ、下の図が1995年ごろのコンピュータ産業の構造を示していると説明されている。

7.2　ICT 製造業の発展と国際分業　　　　　215

　こうしてかつてのコンピュータ産業は、垂直分裂によって垂直
統合型の企業群からハードウェアやソフトウェアをそれぞれ扱う
多様な専業企業の集合体としてその構成を一変させるとともに、
企業間関係や競争条件、労使関係といった産業内の構造を変容さ
せたのである。

　1990 年代前半までに展開された垂直分裂は、PC の標準化を促
し、各 PC メーカーや専業企業にとっての参入障壁が低くなるな
かで、ICT 製造業の拡大を促していった。しかしこのことはまた、
ICT 製造業における企業間競争を激化させる結果ともなった。す
なわち、ICT 製造業は激しい価格競争に巻き込まれるようになり、
生産コストを削減するために、国内における生産拠点の再配置が
進められた。そして事態はそれだけにとどまらず、さらなる生産
コストの削減をねらった国際展開と国際競争が繰り広げられたの
である[13]。

　図表 7-4 は、1985 年から 2005 年までの「コンピュータ機器」
と「半導体・電子部品」の国内生産額と貿易額、そして輸入浸透
率をまとめたものである。この表が示すように、1985 年から 2000
年まで国内生産額が増大し ICT 製造業の拡大がみられるなかで、
同業種の輸入額も同時に増大していることがわかる。特に「コン
ピュータ機器」部門では、国内生産額が 1990 年の 590 億ドルか

---

[12]　この結果、「Wintel」と呼ばれるように、Microsoft 製の Windows OS と Intel
　　製の CPU やチップセットを搭載した PC が PC 製品の「デファクトスタンダー
　　ド」となった。ある試算によれば、1996 年までに世界中で使用された 2.5 億台
　　の PC の実に 8 割が「Wintel」搭載の PC であったという。Lester（1998）p. 133.
[13]　IBM の具体的な事業再編と海外展開については、田村（2011）を参照。

216   第 7 章　グローバル化の推進軸としての ICT 産業

図表 7-4　ICT 製造業の国内生産額と貿易額の推移

(単位：億ドル)

コンピュータ機器	1985 年	1990 年	1995 年	2000 年	2005 年
国内生産額	553	590	861	1,102	650
輸出額	140	241	196	548	452
輸入額	83	233	336	685	782
輸入浸透率(%)	12.0	28.1	31.8	41.5	70.9

半導体・電子部品	1985 年	1990 年	1995 年	2000 年	2005 年
国内生産額	429	608	1,201	1,667	1,194
輸出額	62	156	311	833	627
輸入額	85	191	668	984	683
輸入浸透率(%)	17.4	25.0	44.2	39.4	37.5

注：1985 ～ 1995 年のデータは、*Industrial Outlook* のデータを利用した。
　　2000 年と 2005 年の国内生産額データは、*Annual Survey of Manufactures, 2001, 2005*
　　を使用した。
　　2000 年と 2005 年の貿易データは、*U. S. Foreign Trade Highlights*, および USA Trade
　　Online のデータを使用した。
　　産業分類が SIC から NAICS に変更になったため、その接続にはセンサス局のコード対
　　応表を用いたが、1985 ～ 1995 年のデータは SIC ベース、2000 年と 2005 年のデータは
　　NAICS ベースのため、厳密には比較可能ではない。
　　輸入浸透率(%)＝輸入額／見掛け内需（国内生産額＋輸出額）×100 で算出。
出所：各種資料により筆者作成。

ら 2000 年の 1,102 億ドルへと増大するなかで、輸入額は 233 億ド
ルから 685 億ドルへと増加し、1995 年以降は輸入額が輸出額を上
回るまでになっている。その結果、輸入浸透率（見掛け内需（国
内生産額＋輸出額）に対する輸入額の比率）は 1990 年の 28.1％か
ら 2000 年の 41.5％へと上昇し、2005 年には国内生産額が大幅に
減少したことも影響して、70.9％にまで上昇した。

　このような輸入の増大は、市場の変化に対応した ICT 製造業

の行動の結果もたらされたものであった。つまり、アメリカの ICT 製造業は生産コストを削減するために、リストラクチャリングを進めて国内工場の再配置や売却・閉鎖を行うとともに、生産拠点の海外移転を積極的に推し進め、企業内国際分業を大規模に展開していったのである。

アメリカ多国籍企業の「コンピュータ機器」製造業在外子会社の動向をみると、1994 年から 2009 年で、その総資産は 345 億ドルから 2,629 億ドルへと増加（7.6 倍）、売上高は 443 億ドルから 3,027 億ドルへと増加し（6.8 倍）、海外事業活動を強化していることがわかる。特に在外生産による輸出目的で進出した在アジア子会社の拡大が著しく、それらの子会社の総資産は同期間で 100 億ドルから 959 億ドルへ（9.6 倍）、売上高は 151 億ドルから 1,327 億ドルへ（8.8 倍）、それぞれ増大した[14]。その結果、「コンピュータ機器」の財貿易に占めるアメリカ多国籍企業の企業内貿易の割合は、1999 年で輸出額の 19.7％、輸入額の 28.1％を占めたのである[15]。

こうしたアメリカ ICT 製造業によるグローバル展開は、直接投資の拡大による貿易の増大だけにとどまるわけではなかった。ICT 製造業は生産拠点を海外に移して ICT 製品をアメリカに輸入するという企業内の在外調達に加えて、製造業務の海外からの

---

14) U.S. Department of Commerce, *U.S. Direct Investment Abroad, Benchmark Survey, 1994 and 2009,* より算出。ここで使用する在アジア子会社とは、香港、韓国、台湾、シンガポール、マレーシア、フィリピン、中国、タイ、インドネシアに立地する過半数株所有在外子会社（MOFA）を指し、日本に立地する在外子会社は含めていない。

218 第7章 グローバル化の推進軸としての ICT 産業

外部調達（オフショア・アウトソーシング）を推し進めていった
のである。このような ICT 製品における製造業務をグローバル
規模で受託したのが、EMS（Electronics Manufacturing Servic-
es：電子機器の受託製造サービス）と呼ばれる企業であった。

　図表7-5 は、2009 年時点の EMS 企業上位 10 社の主要な取引先
や主要な生産拠点をまとめたものである。表中にある EMS 企業
の主要な取引先をみれば明らかなように、Apple、HP、Dell、IBM、
Motorola といった多くのアメリカ ICT 製造企業が Foxconn（鴻
海精密工業の子会社）や Flextronics、Quanta といった EMS 企
業に製造業務を委託していることがわかる。実はこうした EMS
企業自体、もともとアメリカの ICT 製造企業が市場の変化に対応
して実施した、事業再編の過程のなかで生み出されたものも多か
った。

　たとえば、Solectron（2008 年に Flextronics によって買収され
た）や Celestica、SCI Systems（2001 年に Sanmina によって買
収後、Sanmina-SCI となる）などの EMS 企業は、IBM のアメリ
カ南部（テキサス州やノースカロライナ州、フロリダ州など）に
あった工場や、カナダのトロント工場を買収することで受託業務
を拡大させてきたのである[16]。

15）　財貿易のデータは、NAICS コード 33411 を使用した。アメリカ多国籍企業
　の製造業種は NAICS をベースとした経済分析局の ISI 分類の「コンピュータ・
　周辺機器」を使用している。数値は、U.S. Department of Commerce, *U.S. Di-
　rect Investment Abroad, Benchmark Survey, 1999,* および *U.S. Foreign Trade
　Highlights* より算出。ちなみに、2004 年では輸出額の 10.7％、輸入額の 23％、
　2009 年では輸出額の 9.1％、輸入額の 17.5％となっている。なお、1990 年代の
　アメリカ多国籍企業の貿易活動については、中本（1999）第 4 章が詳しい。

219

図表7-5 EMS企業と主要な取引先

企業名	本社	主要な取引先（本社所在地）	主要な海外生産拠点	売上高（億ドル）	全世界の雇用者数（万人）
Foxconn/Hon Hai	台湾	Apple(米), HP(米), Dell(米), Nokia(フィンランド), Sony Ericsson(英), Samsung(韓), Microsoft(米), Acer(台), Intel(米), Cisco(米), 任天堂(日), Amazon(米)	中国, マレーシア, ベトナム, チェコ	593	61.1
Flextronics	シンガポール	Alcatel-Lucent(仏), Cisco(米), Dell(米), HP(米), Sony Ericsson(英), Huawei(中), Lenovo(中), Microsoft(米), Eastman Kodak(米), Motorola(米), Western Digital(米), Research in Motion(加)	ブラジル, 中国, ハンガリー, マレーシア, メキシコ, ポーランド, ウクライナ, インド	309	16.0
Quanta	台湾	Apple(米), Compaq(米), Dell(米), HP(米), LG(韓), 富士通(日), Siemens(独), ソニー(日), Gateway(米), Cisco(米), Lenovo(中), シャープ(日), Panasonic(日), Research in Motion(加), Gericom(墺), 東芝(日)	中国, 米国, ドイツ	254	6.5
Compal	台湾	Acer(台), Dell(米), 東芝(日), HP(米), Fujitsu-Siemens Computers(欧), Lenovo(中)	中国, ベトナム, ポーランド, ブラジル, 米国	204	5.8
Wistron	台湾	Acer(台), ソニー(日), Dell(米), Microsoft(米), Lenovo(中), FSC(日), HP(米)	中国, フィリピン, チェコ, メキシコ	139	3.9
Inventec	台湾	Apple(米), Acer(台), HP(米), 東芝(日), Fujitsu-Siemens Computers(欧), Lenovo(中)	中国, 韓国, 米国, メキシコ, 英国, チェコ, マレーシア	135	2.96
Jabil	米国	Appel(米), HP(米), Cisco(米), IBM(米), EchoStar(米), NetApp(米), Pace(英), Research in Motion(加), GE(米)	ブラジル, メキシコ, オーストリア, 英国, ドイツ, フランス, ハンガリー, 中国, マレーシア, シンガポール, ベトナム	134	6.1
TPV technology	香港	Dell(米), HP(米), IBM(米), 三菱電機(日)	中国, ポーランド, ブラジル, メキシコ他	80	2.4
Celestica	カナダ	Cisco(米), 日立(日), IBM(米), Research in Motion(加)	中国, マレーシア, シンガポール, タイ, メキシコ, 米国, チェコ, アイルランド, ルーマニア, 英国	65	3.5
Sanmina-SCI	米国	IBM(米), Lenovo(中), HP(米), Cisco(米), Dell(米), Nokia(フィンランド), Caterpillar(米)	メキシコ, ブラジル, ハンガリー, マレーシア, シンガポール, 中国, インドネシア, タイ	52	3.2

注：主要な取引先および海外生産拠点は、2009年時点のもの。
出所：UNCTAD (2011) p. 219 より筆者作成。

220　　第7章　グローバル化の推進軸としてのICT産業

　現在ではEMS企業のほとんどがそうであるように、中国や東南アジア諸国に主要な生産拠点を設けて、グローバル規模で製造業務を受託している。その結果、主要なICT製品の生産拠点はアジア地域に集中しており、なかでも中国がその中心拠点となっている。2015年の生産量で全世界における中国の生産シェアを見れば、デスクトップ型PCで66％、ノート型PCで89％、スマートフォンで78％、タブレットでは80％と、多くのICT製品で圧倒的な比重を占めている[17]。第3章で見たように、こうしたICT製品の多くが最大の消費地であるアメリカに向けて輸出されているのである。

　以上見てきたように、アメリカICT製造業はICT製品の競争が激しくなるなかで、市場の変化に対応して企業内在外調達やオフショア・アウトソーシングを展開し、外へのグローバル化を積極的に推し進めてきた。それはまた、アメリカのICT製造業がグローバル規模でICT製造業の再編成を主導するものでもあったと言える。

7.3　ICT製造業のビジネスモデルの変化

　前節で考察したように、ICT製造業で見られた垂直分裂は、ア

---

16)　当然であるが、IBMからするとPC工場の売却を意味する。この点は、稲垣（2001）に詳しい。ノート型PC製造における台湾のEMS企業については、川上（2012）を参照のこと。

17)　富士キメラ総研（2016）より算出。また、中国の加工貿易の実態は、田村（2016）を参照。

メリカ ICT 製造企業の企業内在外調達やオフショア・アウトソーシングによって、グローバル規模で ICT 製造業の再編成を促した。その結果、アジア太平洋地域にまたがる国際分業が広範に展開され、中国を市場経済体制の枠組みに引き込みながらグローバル化が進行したのである。

それはコインの表裏の関係でもあるが、アメリカ ICT 製造業のビジネスを大きく変化させずにはおかなかった。つまり ICT 製造企業は生き残りをかけて、研究開発から部品製造、組立、販売、サービスにいたる多様な事業のなかで、どの事業を社内で行い、誰にどこでどの事業を外注（アウトソーシング）するのかという決定を迫られることになったのである。それは開発から製造、そして販売、サービスという一連の「価値連鎖(バリューチェーン)」のなかで、ビジネスの重心をどこに置き、どのように「ビジネスモデル」を構築するのかという競争を企業に課すものであった。

アメリカ ICT 製造業では、グローバル規模で生じた「垂直分裂」という産業構造の変化への対応として、製造業に基盤を残しながらもその重心を研究開発や販売、サービス活動に大きくシフトさせるような戦略をとるようになっている[18]。特に、アジア太平洋地域にまたがって国際分業が広範に展開されたコンピュータ機器などの ICT 製品を製造する企業では、この現象が顕著に現れている。

これを端的に示す事例を Apple のビジネスモデルに見ることができる。図表 7-6 は、開発—部品—製造—販売—サービスという

---

18)　製造業の「サービス化」については、田村（2005）を参照。

図表7-6 Appleのビジネスモデル

内製 外製

ICT製造企業のバリューチェーン		開発	部品	製造	販売	サービス
iPhone (スマートフォン), iPod (デジタル音楽プレイヤー), iPad(タブレット), MacBook (ノートPC), etc.	担い手	アップル (OS, アプリケーション, 設計)	日本 (東芝,シャープ,ソニー,TDK,村田製作所) 韓国 (Samsung Electronics) ドイツ (Infineon Technologies) アメリカ (Qualcomm, Broadcom) スイス (STMicroelectronics) などの精密部品企業	EMS企業 (Foxconn, Pegatron, etc.)	アップル (Apple Store)	アップル (iTunes, App Store, AppleCare, etc.)
	場所	アメリカ, および日本, イスラエル, 中国など各国のR&D拠点	各国の本国/海外工場	台湾企業の中国工場	アメリカ, 各国の直営販売店	アメリカ, 各国の直営販売店

出所：Dedrick, et al. (2009)、柏尾 (2010)、大島 (2012)、後藤・森川 (2013)、Apple Supplier List など各種資料により筆者作成。

ICT製造業のバリューチェーンを横軸にとって、どの機能が、どの国で、誰によって担われているのかをAppleの主要製品を事例に示したものである。この図をみれば、AppleはスマートフォンやPCなどICT製品を自社で製造するのではなく、自社の設計した部品を世界中の専門メーカーに生産委託し、最終組立も中国に立地する台湾のEMS企業にアウトソーシングする戦略をとっていることがわかる。その反面、開発や販売、サービスは自社で行い、OSやアプリケーションの開発および設計業務、そして販売（Apple Store：直営の販売店）やサービス（iTunes：音楽・映像配信サービス、App Store：アプリケーションのダウンロードサービス）業務に経営資源を特化している。つまり、Appleのビジネスモデルは、ICT製品の製造そのものよりも、次世代のICT製品の開発や設計、販売やサービスに重点を置いたビジネスモデルなのである。よく知られているように、iPhoneやiPadの製品の裏側に印字された "Designed by Apple in California Assembled in China" という文字は、Appleのこの戦略を明確に示したものである。

　また、IBMやMotorolaに代表されるように、ICT製造業からICTサービス業へと重心を移す企業も現れている。IBMは、1990年代前半からICT製品の製造部門のアウトソーシングを拡大させ、2004年にはPC事業を中国のPCメーカーであるLenovoに売却した。そしてIBM自身は中核となるICTの製造に基盤を残しながらも、それを活用して対事業所向けのビジネスサービス事業とソフトウェア事業に重点を置く経営戦略を展開している[19]。

　かつて電子・通信機器メーカーであったMotorolaも、2011年

に Motorola Mobility と Motorola Solutions に企業分割後、Motorola Solutions として、無線機などの通信機器やソフトウェア製品をビジネスの基盤として通信ネットワークサービスを提供する企業へと転身を遂げている。分割された Motorola Mobility（携帯電話およびセットトップボックス製造部門）は、2011 年に同社が所有する大量の特許の取得を目的に、Google によって 125 億ドルで買収された[20]。さらに 2014 年には、Google は自社に特許の大部分を残したままという条件で、Motorola Mobility を中国メーカーの Lenovo に 29.1 億ドルで売却している[21]。こうして ICT 産業の再編が、アメリカ ICT 製造業の戦略変化を契機として、アメリカ内外で展開されているのである。

　以上見てきたように、アメリカ ICT 製造業の多くは、グローバル化を自ら進めながら世界市場の変化に対応して、自身のビジネスモデルを柔軟に変化させている。アメリカの ICT 製造業におけるビジネスモデルの変化は、それらの企業で求められる労働力の内容を大きく変える結果ともなったのであり、それはまたアメリカ経済全体における労働編成を変化させていくひとつの契機でもあった。この点は次節で見る ICT サービス業の展開ともかかわってくるので、第 5 節でまとめて議論することにしよう。

19）　田村（2011）、森原（2017）第 5 章を参照。

20）　こうした背景には、21 世紀に入って ICT に関連した特許認可数が増加しており、特許に代表される知的財産権が企業の利益にとって非常に重要になってきていること、また増加傾向にある特許権侵害訴訟に対抗する必要があることが指摘されている。Council of Economic Advisers（2014）Chapter 5；Elmer-DeWitt（2011）.

21）　*The Financial Times*（2014）；*The Wall Street Journal*（2014）.

7.4 ICT サービス業の拡大とグローバル市場

　本節では、ICT 産業のなかの ICT サービス業の展開を見ていく。第1節で確認したように、ICT サービス業は付加価値や就業者数でみてもアメリカ経済のなかで持続的に拡大している部門である。ここでは ICT サービス業の市場拡大とグローバル化に焦点を絞って見ていこう。

　図表 7-1 で見たように、ICT サービス業には、ICT 製造業の発展と歩調を合わせて拡大してきた「ソフトウェア」企業、ICT 製品の社会的な浸透を前提にして拡大を続けている「データ処理・ホスティングサービス、ウェブサービス」や「コンピュータ・システム設計サービス」企業、そして「通信サービス」企業が含まれる。言うなれば、ICT 産業が 1990 年代以降拡大していく中で、ICT を駆使して新たな市場を創り出し、その中で成長を続けている企業の多くがこの部門に該当する[22]。

　このような ICT サービス業を構成する企業に見られる共通項は、主としてデジタル製品を扱っている、もしくはデジタル製品にかかわるソリューションサービスをビジネスにしていることである。それは、以下の3点で既存のビジネスとは異なる特徴を有している[23]。

---

22) この部門には、Microsoft や Google、Facebook、Comcast といった企業が含まれている。ただし ICT を利用して拡大を続けている Amazon.com は、NAICS コードの産業分類では 4541（Electronic shopping and mail-order houses）となるため、図表 7-1 にある ICT サービス業には含まれていない。Amazon.com に代表される E-commerce は ICT の発展と大きく関係しているだけに、別途分析する必要があろう。

第1は、デジタル製品およびデジタル製品にかかわるサービスの生産における限界費用が低下する点である。限界費用とは、産出量1単位を追加するときにかかる総生産費用の追加分のことを指す。ソフトウェア業種に典型的に見られるように、ソフトウェアの開発には膨大なコストがかかるが、完成した製品の複製には限界費用はほとんどかからないものとなる。そこでは、経済学で言う「規模の経済性」が供給側において働くことになる。企業側からすると、研究開発費や固定費を早々に回収することができれば、限界費用がほとんどかからずに利益を得ることができるようになる。もっとも ICT を利用したサービス業では、ICT を使用してサービス活動を行う労働者が必要となり労働コストが増えるので、この意味では限界費用低下の効果は限定されることになる[24]。だがこれらの業種では、必要となる労働コストを節約するために、多くの場合、オフショアリング（offshoring of services）と呼ばれるサービス業務の在外調達が行われるのである[25]。

第2は、通信技術の発展によって、より広い市場を対象にビジネスが展開できる点である。ICT サービス業の多くは通信技術を

---

23) 以下の3点の特徴については、シャピロ・バリアン（1999）、クスマノ（2004）、ブリニョルフソン・マカフィー（2015）を参照した。

24) 2007 年ベンチマーク産業連関表を使用して ICT サービス業のコスト構造をみると、NAICS コード 5415「コンピュータ・システム設計サービス」を構成する 541511 では 60.6%、541512 では 53.5%、541513、541519 では 54.1% が雇用者所得となっており、生産されたサービスの産出のなかで労働コストが大部分を占めている。U.S. Department of Commerce, Benchmark Input-Output 2007 より算出。

25) オフショアリングについては、田村（2007）を参照。

介したサービスが可能なため、ほかの産業と比べると国内市場と海外市場の間の障壁は圧倒的に低くなる。言うなれば、ICT サービスの市場ははじめから世界市場と直結しているのである。そのため、たとえローカルな小規模の企業であったとしても、取り扱う ICT サービスの内容如何で、世界市場において優位性を得ることが可能なのである。

第 3 は、「ネットワーク効果」を通じて市場の需要側でも規模の経済性が働くという点である。ネットワーク効果とは、財やサービスの使用者の総数あるいはネットワークの大きさからもたらされる便益のことを指す。簡単に言えば、ある ICT に関する製品やサービスを利用する人が多ければ多いほど、その製品やサービスの価値が高まるというものである。経済学では「ネットワークの外部性」とも呼ばれる効果が、ICT サービス業のビジネスでは強く働く。こうした部門では、特定の ICT 製品やサービスを使用し続けていく「ロックイン効果」が強く作用するため、いかに早く市場で優位となるかが勝負を決定づけることになる。したがって、ICT サービス業では ICT のプラットフォームやシステムそのもの（規格や標準化）をめぐる競争が繰り広げられることになるのである。

以上のような特徴を有する ICT サービス業は、21 世紀に入って大規模な M&A（Mergers and Acquisitions：合併・買収）を行いながらグローバル市場で成長を続けている。たとえば、Google は「Google map」サービスや「Gmail」サービス、スマートフォン・タブレット向け OS（Android）の開発に必要なソフトウェア企業を多数買収したほか、動画共有サービスの「YouTube」、次世代

228 第 7 章 グローバル化の推進軸としての ICT 産業

の AI 技術に不可欠な GPS ナビゲーションを開発していた Waze など多数の企業を買収し、Google が提供するサービスを拡大させている[26]。また Facebook は、写真共有アプリケーション開発会社の Instagram やスマートフォン向けメッセージング・アプリケーション開発会社 WhatsApp など、関連するソフトウェア企業を買収し成長している[27]。こうして、ICT サービス企業は M&A を通じて新技術の取り込みを積極的に図りながら、グローバル規模で拡大を続けているのである。

その結果、ICT サービス業ではほかの産業に比べて市場占有率が高まる傾向にある。図表7-7 は、アメリカの経済センサス（Economic Census）のデータから作成した産業別の上位 4 社の集中度（売上高ベース）を 2 時点（1997 年と 2012 年）で見たものである。この図を見ると、ICT サービス業はほかの産業に比べて集中度が高いことがわかる。そしてその集中度は1997 年と 2012 年を比べてみると、35.2％から 44.0％へと 8.8 ポイントも高まっている。

このような ICT サービス業における集中度の高まりは、当然として ICT サービス業の独占問題として議論されることになる。1990 年代後半から 2000 年代前半にかけては、Microsoft のブラウザーソフトウェアに対して独占禁止法（Anti-trust law）に違反するかどうかで司法省反トラスト局と争い、2002 年 11 月に同意判決がなされている[28]。また、Google もオンライン検索分野で 2012

---

26) Google Inc., Form 10-K. なお、Google は 2015 年に Alphabet Inc. の持ち株会社となっている。

27) Facebook, Inc., Form 10-K.

28) U.S. Department of Justice (2015).

7.4 ICTサービス業の拡大とグローバル市場 229

図表7-7 ICTサービス業の集中度の高まり

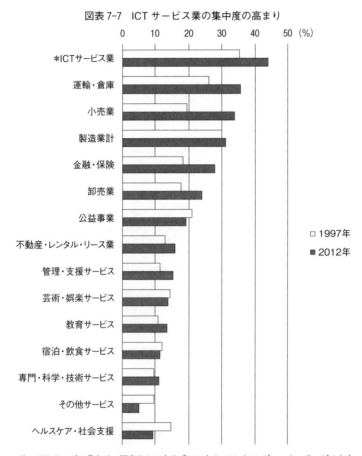

注：ICTサービス業とは、図表7-1にある「ソフトウェア／コンピュータ・サービス」と「通信サービス」の業種を指す。
1997NAICSと2012NAICSの接合には、センサス局のコード対応表を用いた。
各産業の集中度（平均）は、NAICS4桁コードを用いて、産業を構成するそれぞれの業種の売上高にウェイトをかけて算出している。

出所：U.S. Census Bureau, *Economic Census, 1997, 2012* より筆者作成。

年に連邦取引委員会（FTC）による調査を受けていた[29]。こうした競争政策にかかわる問題は、議論の論点としてイノベーションと政府規制のバランス問題に行き着くことになり、時の政権がこの問題をいかに扱うかという政治分析も必要となるだけに、ここでは現状に触れるだけにとどめたい[30]。いずれにせよ、この分野はアメリカ企業がデジタル製品の特徴を生かして優位性を最大限に発揮しグローバル展開を進めているため、結果としてこうした事態が生じているのである。

以上のように、アメリカのICTサービス企業は、ICT製品の普及に合わせて、積極的にM&Aを行いながらビジネスを拡大させている。そこでは、膨大な研究開発を行い、常に新しい市場を作り出しながらグローバル化を主導している姿が確認できる。こうしてアメリカICTサービス業はグローバル市場で優位性を確保しているのである。

7.5 ICTによる労働編成の変化

最後に、本節ではICT産業がグローバル展開していくなかで、アメリカ国内の労働編成に与えた影響を見ることにしよう。

第2節および第3節で見たように、アメリカICT製造業は市場の変化に対応して、そのビジネスモデルを大きく変化させてい

---

29) FTC (2013); *The Wall Street Journal* (2015).

30) この問題には、集中度の高まりを独占問題として政治問題化しないように、ICTサービス企業がロビイング活動を強めていることも大きいと言われている。*The Economist* (2009)；ライシュ (2016) 第5章。

7.5 ICTによる労働編成の変化　　　231

る。そのなかで、ICT製造企業は研究開発や設計、ビジネスサービスを重視しながら、世界市場で優位性を確保する戦略をとっている。こうした企業行動の変化に伴い、それらの企業で求められる労働力も大きく変化している。

図表7-8は、「コンピュータ機器」製造業の職種構成の変化を4時点（1986年、1996年、2006年、2016年）で見たものである。これを見れば、製造業といえども製造現場で働く職種だけではなく、経営・財務関連職や専門関連職、販売関連職など様々な職種で構成されていることがわかる。「コンピュータ機器」製造業における就業者数の減少とその要因については第2節で詳しく見たので、ここでは職種構成の変化に着目したい。この表から読み取れる職種構成上の大きな変化は、次の3点である。

第1に、「製造関連職」の減少である。アメリカの「コンピュータ機器」製造業では1990年代後半以降、生産拠点の海外移転が進み、企業内在外調達やオフショア・アウトソーシングが拡大した。それに伴いこの部門では、国内の「製造関連職」が絶対数だけではなく構成比でも大幅に減少している。構成比の数値を確認すると、1986年には「製造関連職」は全職種の29％を占めていたが、2016年には13％にまで半減している。

第2は、「事務処理支援職」の減少である。1990年代以降の情報化投資とリエンジニアリングの過程で、企業内では後方支援の事務処理業務の多くがオートメーション化されたり、外部委託が行われたりした。2000年代に入ると、通信技術の発達によってサービス業務や間接業務を在外調達するオフショアリングも進んだ。その結果、「事務処理支援職」の構成比は1986年の18％か

232

図表 7-8 コンピュータ製造業の職種構成の変化

	1986 年		1996 年		2006 年		2016 年	
	人数 (千人)	構成比 (%)	人数 (千人)	構成比 (%)	人数 (千人)	構成比 (%)	人数 (千人)	構成比 (%)
合計	469.2	100%	361.8	100%	198.5	100%	164.1	100%
経営、財務関連職	73.7	16%	63.6	18%	42.6	21%	38.4	23%
専門関連職	136.4	29%	120.3	33%	91.5	46%	81.6	50%
コンピュータ/ソフトウェア	44.3	9%	54.9	15%	48.7	25%	53.1	32%
工学技術者	89.7	19%	64.0	18%	35.8	18%	26.4	16%
その他（生命科学、法律など）	2.3	0.5%	1.4	0.4%	7.0	4%	2.1	1%
販売関連職	13.3	3%	13.2	4%	9.7	5%	7.3	4%
事務処理支援職	85.8	18%	39.9	11%	17.8	9%	11.8	7%
設置・保守・修理職	12.9	3%	7.8	2%	4.1	2%	2.4	1%
製造関連職	133.9	29%	109.5	30%	29.8	15%	20.9	13%
製造業務監督職	11.6	2%	8.5	2%	1.9	1%	1.9	1%
組立製造職	105.4	22%	91.8	25%	19.2	10%	13.7	8%
その他	16.9	4%	9.2	3%	8.7	4%	5.3	3%
運輸・運搬職	7.2	2%	5.7	2%	2.6	1%	1.5	1%
サービス職ほか	6.0	1%	1.8	0.5%	0.5	0.3%	0.2	0.1%

注：産業分類と職業分類が変更になっているため、厳密には比較可能ではない。
出所：Frank and Eck (2003) および U. S. Department of Labor, BLS (2009), (2018) より筆者作成。

ら 2016 年の 7％に減少した。

　第 3 は、「専門関連職」の構成比の増大である。1986 年に 29％
であった「専門関連職」は 2016 年には 50％にまで増大している。
「専門関連職」のなかでも特に「コンピュータ／ソフトウェア」
の構成比が大幅に増大しており、同期間で 9％から 32％に増大し
ている。

　以上、これらのことが意味するものは、現在の「コンピュータ
機器」製造業では、製造工程や事務処理などで必要となる職種で
の労働力が求められるのではなく、コンピュータ・エンジニアや
ソフトウェア開発など専門関連職種での労働力が求められるとい
うことである。「コンピュータ機器」製造業以上に専門関連職の
構成比が高い ICT サービス業では、この傾向がより顕著である。
ICT サービス業の中核を占める「ソフトウェア」や「コンピュー
タ・システム設計サービス」部門では、専門関連職のうちの「コ
ンピュータ／ソフトウェア」の専門職種だけで、それぞれ 53.1％
（2016 年）、56.5％（同）を占めている[31]。つまり、ICT 産業では、
製造業でもサービス業でも高度な専門知識が必要な職種の労働力
が求められているということである。

　こうした ICT 産業で比較的多い専門関連職種では、ほかの産業
に比べて平均賃金も高く、またその職種に必要となる最低限の教
育水準もより高いものが求められる。図表 7-9 は、ICT 産業で比
較的多い専門関連職種の年間賃金（2016 年）と必要となる教育水
準および職歴をまとめたものである。

---

31)　2012NAICS コードの 5112 と 5415 である。U.S. Department of Labor（2018）
　　より算出。

図表7-9 専門関連職種の賃金と教育水準および職歴

職種	2016年年間賃金（ドル）	全職種平均賃金に対する倍率	必要となる教育水準	必要となる職歴
Computer hardware engineers	115,080	3.1倍	4年制大学卒業程度	なし
Computer and information research scientists	111,840	3.0倍	大学院修士課程修了程度	なし
Software developers, systems software	106,860	2.9倍	4年制大学卒業程度	なし
Computer network architects	101,210	2.7倍	4年制大学卒業程度	5年以上
Software developers, applications	100,080	2.7倍	4年制大学卒業程度	なし
Electronics engineers, except computer	99,210	2.7倍	4年制大学卒業程度	なし
Electrical engineers	94,210	2.5倍	4年制大学卒業程度	なし
Information security analysts	92,600	2.5倍	4年制大学卒業程度	少なくとも5年
Computer systems analysts	87,220	2.4倍	4年制大学卒業程度	なし
Database administrators	84,950	2.3倍	4年制大学卒業程度	なし
Computer programmers	79,840	2.2倍	4年制大学卒業程度	なし
Network and computer systems administrators	79,700	2.2倍	4年制大学卒業程度	なし
Operations research analysts	79,200	2.1倍	4年制大学卒業程度	なし
Web developers	66,130	1.8倍	短期大学卒業程度	なし
Computer network support specialists	62,670	1.7倍	短期大学卒業程度	なし
Electrical and electronics engineering technicians	62,190	1.7倍	短期大学卒業程度	なし
Computer user support specialists	49,390	1.3倍	専門学校卒業程度（学位必要なし）	なし

注：2016年の全職種平均の年間賃金は、37,040ドルであった。

出所：U. S. Department of Labor, Employment Projections より筆者作成。

7.5 ICT による労働編成の変化　　　　235

　この表を見れば明らかなように、ICT 産業で求められる専門関連職は、全職種平均の賃金よりも高い。コンピュータ・ハードウェア・エンジニアを筆頭にソフトウェア開発やコンピュータ・ネットワーク・アーキテクトなどの職種では、全職種平均の 3 倍近い賃金水準となっている。これらの職種では必要となる教育水準がほかの職種よりも高く、そのほとんどの職種で 4 年制大学卒業程度の教育水準が最低限求められる。これは専門知識の度合いに応じて賃金序列があることを示している。

　このような高い専門性を持った職種の労働力を ICT 産業の企業は雇用しているが、それはアメリカを母国とする企業だけに限らない。グローバル化が進んだ結果、対米直接投資によってアメリカ国内で事業活動を展開する在米外資系企業でも多くの専門職の労働者を雇用している[32]。またアメリカ国内の企業による直接雇用だけではなく、高度な技術力を持った労働者を海外から呼び寄せて雇用することも行われている。その典型が「H1-B ビザ」を利用した専門技術者の雇用である。

　H1-B ビザとは、科学者やコンピュータ・エンジニアなどの職業で「専門職」として雇用する場合、雇用主が申請する 3 年間の

───────────

32)　アメリカ商務省の在米外資系企業のデータを見ると、「コンピュータ・システム設計サービス」の在米子会社の総資産は、2002 年から 2012 年の間に、76 億ドルから 430 億ドルへ (5.7 倍)、売上高は 64 億ドルから 251 億ドルへ (3.9 倍)、雇用者数は 3.1 万人から 7 万人へ (2.3 倍) と増大している。なお、在米子会社の総資産および売上高が非公表の「ソフトウェア」や「通信」でも、雇用者数 (2012 年時点) は、「ソフトウェア」で 2.5 万以上 5 万人未満、「通信」で 10 万人以上いると推計されている。U.S. Department of Commerce, *Foreign Direct Investment in the United States, Benchmark Survey 2002 and 2012* より算出。

ビザのことである[33]。H1-B ビザは1回更新が可能で、最大6年間資格を得てアメリカで働くことができる。現在の法律では、年間6万5,000人まで新規でH1-B ビザを発行できることが決められている[34]。

このようなH1-B ビザを申請している企業の所在地には、「シリコンバレー」に代表されるICT 企業の集積がみられる地域が多いと言われている。アメリカ国土安全保障省の資料によると、2016年会計年度ではH1-B ビザの申請は34.5万件であったが、職業別では約7割（69.1％）がコンピュータ関連職となっている。申請する雇用主の産業別では、ICT 産業は合計で55.6％を占めていた[35]。実際、H1-B ビザを取得している労働者の雇用先企業を確認すると、IBM や Accenture、Microsoft などアメリカ企業に加えて、Infosys、Wipro、Tata Consultancy Services など、インドを母国とするICT サービス多国籍企業の在米子会社が上位を占めている[36]。

このように、ICT 産業では高度な専門技術を持つ労働力の流入

---

33) H1-B ビザは「1990年移民法：The Immigration Act of 1990（P.L. 101-649）」に基づく。H1-B ビザについては、NAPA（2007）pp. 32-33、および Council of Economic Advisers（2006）Chapter 2 を参照した。

34) なお最大2万人までは、アメリカの大学から修士号などの学位を授与された者もしくは高等教育機関や政府の研究機関などで働く場合は、この制限が適用されない。Council of Economic Advisers（2013）Chapter 4 参照。

35) U.S. Department of Homeland Security（2017）より算出。申請者の出身国別では、74.2％がインド、9.3％が中国となっている。

36) H1B Visa Report, Top 100 H1B Visa Sponsors.（http://www.myvisajobs.com/Reports/）

により、「内なるグローバル化」が進んでいる。しかし H1-B ビザによる専門職種の労働力の流入によって、アメリカ国内の雇用に影響が及んでいるという批判も少なくない[37]。アメリカ国内では、こうした産業の実態に合わせて専門関連職種の労働力を強化するために、連邦政府による競争力強化策のなかで「STEM：Science, Technology, Engineering and Mathematics」職種に関連した教育支援が 2007 年から実施されている[38]。上で見たように、ICT 産業で必要とされる「コンピュータ／ソフトウェア」関連の専門職は高賃金であり、大手企業で職を得た後に独立して起業する人も多い[39]。それはアメリカにおける「自立した個人」を象徴的に示すものである。こうして ICT 産業では、市場メカニズムを軸にした産業調整が労働市場においても行われているのである。

以上、ICT 産業では主として専門関連職種を中心とした雇用

---

37) H1-B ビザによる専門職労働者の流入とその影響については、ボージャス（2018）第 8 章を参照。

38) 経緯としては、2006 年に G. W. ブッシュ大統領が一般教書演説のなかで「米国競争力イニシアティブ」を発表し、2007 年の「アメリカ競争力法：The America COMPETES Act（P.L. 110-69）」に基づいて実施された。その後 2010 年には、B. オバマ大統領の署名によって再授権法「America COMPETES Reauthorization Act of 2010（P.L. 111-358）」が成立し、財政を通じた STEM 教育への支援が引き続き行われている。

39) ICT 産業で多く雇用されている専門関連職が高賃金であることが高い雇用保障を必ずしも意味するわけではない。本節で検討している「コンピュータ／ソフトウェア」職が含まれる「コンピュータ・数学関連職」の勤続年数の中央値を見ると、2016 年時点で 4.4 年であり、これは全職種平均（4.2 年）よりも 0.2 年高い値に過ぎない（U.S. Department of Labor, *Employee Tenure in 2016*, Table 6）。ICT 産業における人事管理面の変化の指摘は、キャペリ（2010）第 4 章を参照。

が生み出されているのであり、それが現在ではアメリカの「豊かなジョブ」の一部を担っている。こうした高賃金専門職種の労働力を支えるためには、他方において、多くの低賃金サービス労働が必要とされるのであり、それらの関係については、第8章で展開される。

第7章参考文献

稲垣公夫 (2001)『EMS 戦略』ダイヤモンド社

大島 篤 (2012)『Inside of iPhone』シーアンドアール研究所

柏尾南壮 (2010)『iPhone のすごい中身』日本実業出版社

川上桃子 (2012)『圧縮された産業発展——台湾ノートパソコン企業の成長メカニズム』名古屋大学出版会

キャペリ、ピーター (2010)『ジャスト・イン・タイムの人材戦略』若山由美訳、日本経済新聞出版社 (原著 2008 年)

クスマノ、マイケル・A. (2004)『ソフトウェア企業の競争戦略』サイコム・インターナショナル監訳、ダイヤモンド社 (原著 2004 年)

グローブ、アンドリュー (2017)『パラノイアだけが生き残る』佐々木かをり訳、日経 BP 社 (原著 1996 年)

後藤直義・森川 潤 (2013)『アップル帝国の正体』文藝春秋

サクセニアン、アナリー (2009)『現代の二都物語——なぜシリコンバレーは復活し、ボストン・ルート 128 は沈んだか』山形浩生・柏木亮二訳、日経 BP 社 (原著 1994 年)

シャピロ、カール、ハル・R. バリアン (1999)『ネットワーク経済の法則』千本倖生監訳、IDG ジャパン (原著 1998 年)

鈴木直次 (2009)「アメリカ IT 産業の成立と世界展開」(馬場宏二・工藤章編『現代世界経済の構図』ミネルヴァ書房、所収、100-

147 頁）

田村太一（2005）「アメリカ製造業の変貌とリエンジニアリング――IT 製造業のサービス産業化に関連して」『季刊経済研究』（大阪市立大学）第 28 巻第 1 号、85-106 頁

田村太一（2007）「オフショアリングの進展と雇用問題」（中本悟編『アメリカン・グローバリズム』日本経済評論社、所収、200-225 頁）

田村太一（2011）「IBM の事業再編とグローバル展開」（渋谷博史編『アメリカ・モデルの企業と金融』昭和堂、所収、30-67 頁）

田村太一（2016）「東アジアの国際分業構造と中国の付加価値貿易」（『流通経済大学創立五十周年記念論文集』所収、401-435 頁）
https://rku.repo.nii.ac.jp/

手嶋彩子編（2001）『デジタルエコノミー 2001　日本とアメリカ』フジタ未来経営研究所

中本 悟（1999）『現代アメリカの通商政策』有斐閣

夏目啓二（1999）『アメリカ IT 多国籍企業の経営戦略』ミネルヴァ書房

富士キメラ総研（2016）『ワールドワイドエレクトロニクス市場総調査　2016』富士キメラ総研

ブリニョルフソン、エリック、アンドリュー・マカフィー（2015）『ザ・セカンド・マシン・エイジ』村井章子訳、日経 BP 社（原著 2014年）

ボージャス、ジョージ（2018）『移民の政治経済学』岩本正明訳、白水社（原著 2016 年）

丸川知雄（2007）『現代中国の産業』中央公論新社（中公新書）

森原康仁（2017）『アメリカ IT 産業のサービス化』日本経済評論社

モレッティ、エンリコ（2014）『年収は「住むところ」で決まる――雇用とイノベーションの都市経済学』池村千秋訳、プレジデント社（原著 2013 年）

ライシュ、ロバート・B.（2016）『最後の資本主義』雨宮 寛・今井章

子訳、東洋経済新報社（原著 2015 年）

Council of Economic Advisers (various years) *Economic Report of the President*, U.S.G.P.O.

Dedrick, Jason, Kenneth L. Kraemer and Greg Linden (2009), "Who Profits from Innovation in Global Value Chains? A Study of the iPod and Notebook PCs," *Industrial and Corporate Change*, 19 (1), pp. 81-116.

The Economist (2009), "Will the computer industry ever escape its antitrust problems?," May 7.

Elmer-DeWitt, Phillip (2011), "Is Google Buying Motorola for Its 24,000 Patents?," *Fortune*, Aug. 15.

Federal Trade Commission (FTC) (2013), "Google Agrees to Change Its Business Practices to Resolve FTC Competition Concerns In the Markets for Devices Like Smart Phones, Games and Tablets, and in Online Search."
https://www.ftc.gov/news-events/press-releases/2013/01/google-agrees-change-its-business-practices-resolve-ftc (20180323 アクセス)

The Financial Times (2011), "Google buys Motorola mobile phone division," Aug. 15.

The Financial Times (2014), "Lenovo braced for Cfius scrutiny over Motorola handset deal," Feb. 3.

Frank, David and Alan Eck (2003), *National Industry-Occupation Employment Matrix: 1983-1998 Time Series*, Bureau of Labor Statistics.

Lawler, Edward E. III, Susan Albers Mohrman and Gerald E. Ledford Jr. (1998), *Strategies for High Performance Organizations: The CEO Report: Employee Involvement, TQM, and Reengi-*

neering Programs in Fortune 1000 Corporations, Jossey-Bass Publishers.

Lazonick, William (2009), *Sustainable Prosperity in the New Economy? Business Organization and High-Tech Employment in the United States*, Upjohn Institute for Employment Research.

Lester, Richard K. (1998), *The Productive Edge: A New Strategy for Economic Growth*, W. W. Norton and Company, Inc.

National Academy of Public Administration (NAPA) (2007), *Off-Shoring: What are Its Effects?*, National Academy of Public Administration.

National Science Foundation (NSF) (2018), *Business Research and Development and Innovation: 2014*, NSF 18–302, Mar. 12.
https://www.nsf.gov/statistics/2018/nsf18302/ (20180314 アクセス)

National Venture Capital Association (NVCA) (2016), *2016 National Venture Capital Association Yearbook*, NVCA.

The New York Times (2012a), "Motorola Set for Big Cuts as Google Reinvents It," Aug. 13.

The New York Times (2012b), "U.S. vs. Microsoft: The Overview; Judge Backs Terms of U.S. Settlement in Microsoft Case," Nov. 2.

UNCTAD (2011), *World Investment Report 2011: Non-Equity Modes of International Production and Development*, UNCTAD.

U.S. Census Bureau (2017), *E-Stats 2015: Measuring the Electronic Economy*, May 24, 2017.
https://www.census.gov/library/publications/2017/econ/2015-e-stats.html (20180403 アクセス)

U.S. Department of Commerce, Economics and Statistics Administration and U.S. Census Bureau (2002), *1999 E-Business Process*

242 第7章 グローバル化の推進軸としてのICT産業

Use by Manufacturers Final Report on Selected Processes, March 1, U.S. Census Bureau.

U.S. Department of Commerce, Economics and Statistics Administration (2004), *Digital Economy 2003*, U.S. Department of Commerce, Economics and Statistics Administration.

U.S. Department of Homeland Security (2017), *Characteristics of H-1B Specialty Occupation Workers*, May 5.

U.S. Department of Justice (2015), *U.S. v. Microsoft Corporation [Browser and Middleware]*, updated Oct. 16, 2015. https://www.justice.gov/atr/case/us-v-microsoft-corporation-browser-and-middleware（20180320 アクセス）

U.S. Department of Labor, Bureau of Labor Statistics (BLS) (2009), National Industry-Occupation Matrix, 2006-2016. https://www.bls.gov/emp/（20090713 アクセス）

U.S. Department of Labor, Bureau of Labor Statistics (BLS) (2018), National Industry-Occupation Matrix, 2016-2026. https://www.bls.gov/emp/（20180314 アクセス）

The Wall Street Journal (2014), "Lenovo Completes Motorola Acquisition," Oct. 30.

The Wall Street Journal (2015), "Inside the U.S. Antitrust Probe of Google," Mar. 19.

第8章　構造変化が生み出すサービス産業の拡大
——アーリントン郡のクリエイティブ産業と保育事業

　本章でアーリントン郡のクリエイティブ産業と保育事業を検討するのは、急速に進展するグローバル化の下でアメリカ経済社会が構造的に変化するプロセスにおいて典型的に現れるアメリカ・モデルを考察するためである。

　少し難しく言えば、社会的な要請に基づく公共性を実現する仕組みが、民間主導と市場メカニズムと分権システムによって形成されるアメリカ・モデルを、具体的な事例を通して検討する。

8.1　アーリントン郡の雇用編成の変化

　アーリントン郡はポトマック川を挟んでワシントン D.C.（アメリカ合衆国の首都）の西側に位置している。19 世紀半ばの奴隷解放を争点とする南北戦争は、アメリカの自由主義にとっては極めて重要な意味を持っており、リンカーン大統領は北軍のリーダーであった。リンカーン記念堂と対置する有名なアーリントン墓地は、南北戦争の戦没者のために設置された。その後も、アメリカ自由主義を掲げる第 1 次世界大戦や第 2 次世界大戦、朝鮮戦争、ベトナム戦争の戦没者が祀られた。そして、そのアーリントン墓地の南には、世界最強のアメリカ軍の総司令部である国防総省（ペンタゴン）もある。

244　　第8章　構造変化が生み出すサービス産業の拡大

　それ故にアーリントン郡は軍人の街という印象があった。冷戦終焉によってアメリカの軍縮が始まる直前の1990年において、アーリントン郡の雇用合計215.6千人の中で国防総省を中心とする政府部門が91.4千人を占めていた。周知のように、ベトナム戦争の敗戦以降、アメリカ軍では人員が削減されて高度な兵器を軸とする資本集約的な方向に再編され、冷戦終焉以降も人員削減とIT化が進んだ[1]。

　図表8-1にみるように[2]、アーリントン郡における政府部門の雇用は1990年の91.4千人から2017年には48.9千人に減少している。しかし雇用合計では波はあるが1990年の215.6千人から2017年には222.3千人に増加しており、それは、民間部門が124.2千人から173.4千人に増加したためである。その中でもサービス業が64.6千人から118.6千人へと最大の増加をみせており、政府部門の半減分だけではなく、商業や建設・運輸等の減少分も補って全体の増加をもたらしている。

　すでに本書の第2章でみたように、1990年代からのグローバル化の下でアメリカにおける「製造業の空洞化」が一層加速して、労働編成においてもサービス業が圧倒的に増加し、しかも、その中で格差が拡大した。さらに、第3章でみたように、アメリカにおける「製造業の空洞化」と対応する形で貿易構造においても東アジア等からの輸入が増大し、アメリカ経済は情報産業やサービス産業にシフトしている。そして、同じくグローバル化の下で移

---

1)　渋谷博史（2005）の第2巻第6章と第3巻第9章を参照されたい。

2)　図表8-1の原資料である *Arlington Profile* は、アーリントン郡政府が毎年作成する統計年報である。

図表 8-1　アーリントン郡の職種別雇用者数

(千人)

	2017 年	2010 年	2000 年	1990 年
雇用合計	222.3	207.8	201.2	215.6
政府部門	48.9	53.8	75.1	91.4
民間部門	173.4	154.0	126.1	124.2
情報産業	6.2	6.0	不明	不明
サービス業	118.6	105.3	69.4	64.6
専門技術サービス	51.3	42.5	不明	不明
その他サービス	67.3	62.8	不明	不明
金融不動産	14.6	13.8	8.9	8.0
商業	10.4	11.4	15.9	22.2
建設・運輸等	14.7	14.1	24.6	23.1
その他	8.9	3.4	7.3	6.3

出所：*Arlington Profile*（本文脚注 2 を参照）各年版より作成。

民労働者が流入して、アメリカ経済社会において低賃金のサービス業を担っている。

8.2　アーリントン郡経済開発部（AED）とフロリダ理論

　アーリントン郡の場合は、アメリカを基軸とする自由主義陣営が冷戦に勝利したことを反映して、国防総省等の政府部門の雇用が減少したが、代わって情報産業や専門技術サービス業がリーディング・セクターの役割を担った。後述のアーリントン郡経済開発部（Arlington Economic Development、以下では AED と略記）の報告書が依拠するフロリダ教授の理論によれば、情報産業や専

246 第 8 章　構造変化が生み出すサービス産業の拡大

門技術サービス業に就労する高所得層のクリエイティブ・クラス
のために様々なサービスを提供する低所得層のサービス業就労者
の雇用が確保されるのである。逆からいえば、都市に不可欠な基
本的なサービス（ごみ収集等）や、生活サービスの市場化（外食、
保育等）における低賃金労働が確保されないと、高付加価値のク
リエイティブ産業（情報産業や専門技術サービス業）とクリエイ
ティブ・クラスが存立できないのである。

　AED がフロリダ理論に依拠してクリエイティブ産業へのシフト
を軸に据えて経済発展を目指すのであれば、低賃金労働によるサ
ービス提供（図表 8-1 の「その他サービス」に該当）が確保され
る必要がある。その典型として、本章では保育サービス業を取り
上げる。

8.3　クリエイティブ産業を軸とする経済社会の再編
——AED 報告書『バージニア州のクリエイティブ経済』[3]

　この報告書はバージニア工科大学の Mayer 准教授とアーリン
トン郡経済開発部の Holzheimer 部長によって作成され、フロリダ
理論（*Colmun13*）を基本的な前提として、バージニア州北部地
域（Northern Virginia；以下では NV と略記；ワシントン D.C. の
大都市圏に含まれる郊外地域）におけるクリエイティブ産業を軸
とする経済社会の再編について考察している。

　すなわち、バージニア州内で最も都市化された NV 地域が、「知

---

3)　H. Mayer & T. Holzheimer（2009）.

識基盤経済（情報技術、コンピューター・プログラミング、マーケッティング）」に一層シフトして、「地方政府は専門技術を有する労働者を獲得し、地域の芸術文化を促進する革新的なプログラムを開発しようとしている」（3頁）というのである[4]。

　そして、「クリエイティブ経済にとって最重要な資源」である人的資源は限られているので、「国際的にも、地域間でもあるいは地方政府レベルでも革新的で創造的な人々の確保が、競争力の鍵となる」とする（4頁）。さらにフロリダ理論を紹介して、クリエイティブ・クラスの人材を確保するために「talent」（人的資源の能力）やクリエイティブ産業の集積による「technology」に加えて、「tolerance」（寛大性、寛容性）も重要であると強調している。それは、その都市が「開放性や多様性をもって新規参入者や部外者を受け入れる」という意味であり、具体的には移民や性的少数者への寛大さなどであろう（5頁）。

　アーリントン郡の場合には、経営や金融や教育の分野のクリエイティブ・クラスが存在するが、主として、「連邦政府（上述の国防総省が中心：引用者）と取引のある企業で就労している。それらの企業はコンサルティングや、高度技術やデータシステムの開発や、ハイテクの応用等を専門としている」。それ故にアーリントン郡は高度な専門性を有する人材を確保するために、「住みやすい都会的な住環境」を、「Rosslyn-Ballston」地区に整備する計画を実行している（7、9頁）。

　4）　同報告書では、アーリントン郡のような都市部だけではなく、バージニア州南西部の製造業が衰退する地域や、山岳部の非都市部における対策についてもクリエイティブ産業論を適用する対策がとられていると述べている（3頁）。

248 第8章 構造変化が生み出すサービス産業の拡大

Column13

フロリダ教授の『クリエイティブ資本論』

ここでは、R. フロリダ（井口典夫訳）『クリエイティブ資本論』（*The Rise of the Creative Class*, 2002: 翻訳書は 2008 年、ダイヤモンド社）を紹介したい。

フロリダ教授によると、20 世紀の労働編成の変化は以下の通りであった[a]。第1に、クリエイティブ・クラスが 20 世紀の経済発展の中で着実に増加を続け、とくに 1980 年以降の顕著な増加は印象的であり、1999 年時点には 3,830 万人に達している。第2に、農業は基本的に減少トレンドをたどるが、製造業を中心とするワーキング・クラスは、1980 年までは基本的に増加傾向をたどり、1980 年代以降の停滞は、クリエイティブ経済への移行に伴う現象とみることができる。そして第3に、クリエイティブ経済に誘導される形でサービス・クラスが増加しており、1999 年には 5,530 万人になっている。

ここでいうクリエイティブ・クラスは、狭義のクリエイティブ産業（芸術文化産業等）の人々に、「ハイテク、金融、法律、医療、企業経営など、さまざまな知識集約型産業で働く人々」（クリエイティブ・プロフェッショナル）を加えたものである。すなわち、スーパー・クリエイティブ・コア（核となる芸術文化関係等）と、その周りに配置されるクリエイティブ・プロフェッショナルによ

a　フロリダ（2002）の原著（*The Rise of the Creative Class*）の 73 頁。

「Rosslyn-Ballston」地区とは、ワシントン D.C. 大都市圏の基幹的な交通手段である地下鉄システムの主要路線であるオレンジ・ラインの Rosslyn 駅から Ballston 駅に至る地域である。ワシントン D.C. 側の Foggy Bottom 駅からポトマック川底のトンネルをく

って構成されることになる[b]。クリエイティブ・プロフェッショナルが「複雑な知識体系を武器に問題解決」をする能力を会得するプロセスで、スーパー・クリエイティブ・コア[c]がアメリカ社会にもたらす知的刺激が有用であることも前提になっていると思われる。

　そしてフロリダ教授は、サービス・クラスを「クリエイティブ・クラスと並行して成長した社会集団」として位置づける。「クリエイティブ・クラスは十分な報酬を得て不規則な長時間労働をして」おり、「自分たちの世話をしたり、雑用をこなしてくれる、末端サービス労働者の大きなプールを必要としている」ので、サービス・クラスは「クリエイティブ経済の需要に呼応して成長した部分が大きい」のである。具体的には、飲食、用務員、公園管理、介護福祉、秘書、事務職、警備員など、末端の概して低技能低賃金の「サービス業」の職業が含まれる[d]。ただし本章で取り上げるアーリントン郡の保育サービス業の従事者は、ここでフロリダ教授が挙げる職種よりは高収入であろうが、クリエイティブ・クラスの生活維持にとって不可欠なサービス提供者である。

　b　フロリダ（2002）86頁。
　c　スーパー・クリエイティブ・コアの具体的な職業は、科学者、技術者、大学教授、詩人、小説家、芸術家、エンタテイナー、俳優、デザイナー、建築家のほかに、現代社会の思潮をリードする人、ノンフィクション作家、編集者、文化人、シンクタンク研究員、アナリスト、オピニオンリーダー、ソフトウエアのプログラマーないし技術者、映画製作者などを含む。
　d　フロリダ（2002）88頁。

ぐってアーリントン郡側の最初の駅が Rosslyn 駅、同駅から西方の郊外に向かうのがオレンジ・ライン、Ballston 駅までは約8キロメートル（4駅）であり、地上のウイルソン大通り沿いにはオフィスビルや高級ホテルやレストランが建ち並んでいる。ちなみ

に、Rosslyn 駅から南に向かうブルー・ラインには、「アーリン
トン墓地」駅や「ペンタゴン（国防総省）」駅や Cristal City 駅
（金融等のオフィス街）やレーガン空港駅がある。

図表 8-2 で、近年の同地区の発展をみると、2000-2010 年の期
間にアーリントン郡全体で住宅戸数が 90.8 千戸から 105.4 千戸へ
と 14.6 千戸も増加するが、その中で「Rosslyn-Ballston」地区は
7.6 千戸も増加しており、増加寄与率は 52.0％である。2000 年時
点のアーリントン郡全体の住宅戸数に占める同地区の比重が 23.2
％であったことから考えて、同地区の発展の様子が読み取れる。
2 番目の中心地区である Jefferson Davis 地区（後出の金融関連業
の発展がみられる Crystal City 駅周辺を中心とする地域）は、8.9
千戸から 13.1 千戸へと 1.5 倍の増加であり、アーリントン郡全体
における増加寄与率は 28.8％である。

AED 報告書にあるように、クリエイティブ産業及びクリエイテ
ィブ・クラスの誘致策の成功による部分もあり、また逆にクリエ
イティブ産業の発展によって中心地区におけるクリエイティブ・
クラスが増大したことが原因となって、クリエイティブ・クラス
向けの政策が要請される側面もあったと想像される。後に詳しく
検討するように、クリエイティブ・クラス向けの保育センターを
拡充する政策が実施されるが、同時に、それにもかかわらず、保
育センターの収容能力の不足が大きな問題であり続けている。

次に、同報告書はクリエイティブ・クラスの誘致策に踏み込ん
で、「クリエイティブ・クラスの人々は、居住地を選択するとい
う意味で流動性が高く、住みやすさや生活の質を重視する」ので、
「都会生活という文脈では芸術や娯楽への多様なアプローチを揃

図表 8-2　住宅戸数の推計

	2000 年		2010 年		増加	増加寄与率（%）
	戸	(%)	戸	(%)		
Rosslyn-Ballston 地区	21,119	23.2	28,689	27.2	7,570	52.0
Rosslyn 駅	6,212	6.8	7,260	6.9	1,048	7.2
Courthouse 駅	6,048	6.7	7,321	6.9	1,273	8.7
Clarendon 駅	680	0.7	2,760	2.6	2,080	14.3
Virginia Square 駅	1,435	1.6	3,659	3.5	2,224	15.3
Ballston 駅	6,744	7.4	7,689	7.3	945	6.5
Jefferson Davis 地区	8,860	9.8	13,054	12.4	4,194	28.8
Pentagon City 駅	3,433	3.8	5,127	4.9	1,694	11.6
Crystal City 駅	5,427	6.0	7,927	7.5	2,500	17.2
Arlington 合計	90,842	100.0	105,404	100.0	14,562	100.0

出所：*Arlington Profile* 各年版より作成。

えること」が求められるとする（12頁）。おそらく、クラシック音楽やジャズ・ロックや演劇や絵画だけではなく、上記の「寛大さ、寛容性」を体現するコミュニティの体質・構造・雰囲気や、さらには環境政策を織り込んだ交通システムや都市計画も含めて、クリエイティブ・クラスの「住みやすい都会的な住環境」が問われるのであろう。

　そのような多面的な住環境の政策については本章第4節及び第5節で検討するとして、その前に、同郡のクリエイティブ産業において主導的な役割を果たす大規模雇用者についてみておこう[5]。

　アーリントン郡政府が作成した *Arlington Profile*（2017年版、6頁）によると、同郡の民間大規模雇用者の上位10社は以下の

とおりである（2017 年 1 月）。

郡内の雇用規模が 2.5 千人以上では Accenture（経営コンサルティング会社、システムの設計・開発・運用等の IT サービス会社）、Deloitte（会計事務所、経営コンサルティング）、Virginia Hospital Center（357 床の入院施設を有する医療機関）であり、郡内雇用規模が 1.5 千人以上では Booz Allen Hamilton（コンサルティング会社）があり、郡内雇用規模 1,000 人以上では Corporate Executive Board（コンサルティング会社）、Marriott International（世界的なホテル・チェーン）、Bureau of National Affairs（法律・規制やビジネスの情報会社）があり、郡内雇用規模 600 人以上では PAE Government Services（アメリカ軍等への業務サービス、コンサルティング）、Lockheed Martin Corporation（航空機製造）、Marymount University（大学）がある。

Accenture（経営コンサルタント、IT サービス）の場合は、連邦政府向けサービスの事業所は地下鉄 Rosslyn 駅（国防総省まで 2 駅であり、同時に住宅地に向かうオレンジ・ラインとの乗換駅でもある）にあり、それ以外の民間向けサービスの事業所は、AED が重点開発地区とする Ballston 駅（Rosslyn 駅から 10 分程度）に隣接するビルにある。

Deloitte（会計サービス、経営コンサルタント）の場合も、主たる事業所は Rosslyn 駅前にあり、金融コンサルタント業務の事業

5）　ただし、これらの大手だけではなく、中小規模の情報産業や専門技術産業の企業の立地によって、AED 報告書にあるような「集積の利益」の中で、さらにクリエイティブ産業とクリエイティブ・クラスの拡大につなげるというのが、AED の戦略である。

所は、後述のように金融機関がワシントンから移転してきたCrystal City 地区にある。

Booz Allen Hamilton（コンサルタント業）の事業所は、Ballston 駅近くと Crystal City 地区にあり、Corporate Executive Board（コンサルタント業）は Rosslyn 駅前にある。Bureau of National Affairs（情報サービス）は Crystal City 地区にある。

8.4 クリエイティブ・クラス誘致策——パブリック・アート

アーリントン郡経済開発部（AED）の報告書にあったように、アーリントン郡は、フロリダ理論を意識しながら、クリエイティブ・クラスが「住みやすい」と感じるような都会的な住環境作りを織り込んだ都市計画を実施している。その一環であるパブリック・アート政策を本節で、保育事業を次節で検討したい。

アーリントン郡では経済開発部（AED）がパブリック・アートのプログラムを運営しており、そこには、上述のようにクリエイティブ・クラスにとって魅力のある街づくりの一環として、パブリック・アートを活用するという政策意図がある[6]。

まず、同郡のパブリック・アート・プログラムの政策理念をまとめた資料である Arlington Economic Development（2012）を紹介しよう。

そこでは 21 世紀初頭におけるアーリントン郡のパブリック・アートのプログラムを考えるための 4 つの切り口を提示している。

---

6) アーリントン郡のパブリック・アート政策の部分は以下の拙稿を転載している。渋谷博史（2015）の中の「第 4 章 アーリントン郡のパブリック・アート」。

254 第8章 構造変化が生み出すサービス産業の拡大

　第1の切り口は「場の創造（place-making）」という概念を踏まえた芸術性であり、ビルや都市における美的な外観を形成することである。第2の切り口はコミュニティの活性化と統合であり、パブリック・アートの計画過程で社会的、文化的な関心が高まり、住民参加を通してコミュニティの結束が強まるとする。第3の切り口は経済効果であり、パブリック・アートの充実によって、旅行者が増加し、企業誘致や経済開発も進み、特にクリエイティブ産業の発展につながるとする。第4の切り口は個人生活の充実の効果であり、上記の社会的、文化的な意味も有する優れた芸術作品に日常的に触れることが、個人の意識を高め、またコミュニティへの参加意識も強まるというのである（2-3頁）。

　すなわち、パブリック・アートの計画過程や、その後の日常的な存在が、住民自身の社会的、文化的意識を高めると同時に、そういう個人によって構成されるコミュニティを形成し、またクリエイティブ産業やクリエイティブ・クラスの拡大につながるという論理であろう。

　上記の4つの切り口についてもっと具体的な説明を聞いてみよう。

　第1の「場の創造（place-making）」という概念を踏まえた芸術性では、例えば、アーリントン郡の地域性を表現するパブリック・アートを地域内に配置する。「Federal Arlington」（アメリカ合衆国の首都ワシントン D.C. に隣接すること）や、「Global Arlington」（多様な民族・人種構成や国際的なビジネス等を内包するアーリントン経済社会）や、「Historic Arlington」（アーリントン郡の豊かな歴史性）を表現することが意識されている。

第2のコミュニティの活性化と統合については、それぞれのパブリック・アートについて、地域特性を踏まえていかなるメッセージを表現するかを議論するプロセスで、文化的で社会的で政治的な雰囲気が醸成されてコミュニティの活性化につながるというのである。それは抽象的な議論を指すのではなく、具体的な内容を持つものであり、一つの例として Nauck 地区で建設される Nauck Village Center のパブリック・アートの計画プロセスがあげられている。（19 世紀半ばの南北戦争の時代に解放された黒人奴隷が築いたコミュニティという歴史遺産を有する：引用者）同地区の住宅地再開発プログラムと歴史保存プロジェクトの協働についての議論では、アーリントン郡政府の芸術文化部と経済開発部が、教会や地域団体の代表者と協力して意見を集約した上で、開発業者やパブリック・アート芸術家に対して、そのパブリック・アートに表現されるべきストーリーを伝えた（9-10 頁）。

第3の経済効果については、パブリック・アートは地域再開発の軸となる要素であり、優良なパブリック・アートを配置することでその地域における建造物の市場価値が上昇し、一層の再開発が促進されるというのである。さらに、地域の企業向けあるいは住宅向けの不動産価値という直接的な効果だけではなく、上述のクリエイティブ産業やクリエイティブ・クラスを拡大させる土壌を醸成する効果もあげられる。「コミュニティが創造性と革新性に対して開放的であるという印象をつくることで、創造的で起業的な人物や、活発な経済活動に導くビジネスをひきつけることができる」（14-15 頁）。

第4の個人生活の充実については、日常的なパブリック・アー

トの存在がもたらす美的な魅力だけではなく、上記の社会的、文化的なメッセージや、コミュニティの統合を通して、個人としても心地好い「空間」（上述のクリエイティブ・クラスにとって住みやすいと感じられる住環境：引用者）を確保できることが述べられる。

すなわち、これらの4つの切り口の説明から、本書第1章で提示した現代のアメリカ・モデルの自由主義を体現する革新的なクリエイティブ・クラスにとって魅力的な街づくりを目指す政策意図が読み取れる。

パブリック・アートが時代性や地域性を有し、しかもその目指す方向については、それぞれのコミュニティや地方政府が自主的、主体的に選択するという分権システムがあれば、各地域で多様な都市計画が作成され、それに整合的にパブリック・アートを構築できる。そういう意味で、先述の「多様性を内包するシステム」としてのアメリカ・モデルを体現すると考えられているようである。

次に、上述のアーリントン郡の Nauck 地区で建設される Nauck Village Center のパブリック・アートの事例を検討しよう。Nauck 地区は19世紀半ばに解放された黒人奴隷がコミュニティを形成した歴史を有する場所であり、特に多民族・多人種が織りなすアメリカ社会の特徴を典型的に象徴するアーリントン郡の特性からも、そういう歴史の意味を込めて Nauck 地区にパブリック・アートを設置するのである。

また、その再開発計画や、その軸となる Nauck Village Center や、そのセンターに設置するパブリック・アートについて、アー

リントン郡政府は 2006 年から Nauck Community Heritage Project を立ち上げ、住民や専門家や開発業者とさまざまな議論を行いながら事業を進めたが、そのプロセス自体が、コミュニティの活性化と結束を促進するものであった。それらの活動が、Americans for the Arts（地方政府レベルの芸術文化部局の全米組織）や American Planning Association（都市計画に関わる団体）で高く評価された[7]。

それまでもアーリントン郡はパブリック・アートの分野では先進的な事業実績で注目され、2000 年からＮＥＡ（連邦政府の National Endowment for the Arts）の補助金を 10 回も受けており、その総額は 31.3 万ドルであったが、さらに 2013 年に Nauck 地区に計画するパブリック・アートに対して 7.5 万ドルの NEA 補助金が提供されることになった。NEA 補助金にはマッチング・ファンド（見合いの自己負担）が求められ、アーリントン郡政府は 12.5 万ドルをパブリック・アート特別勘定から拠出する[8]。また、この NEA 補助金の交付条件として対象事業の運営について被交付団体の地方政府と地元 NPO によるパートナーシップが求められたが、Nauck 地区におけるパブリック・アートの設置及び維持管理について、地元 NPO の ACF（Arlington Community Foundation）が担当することになった[9]。

なお、2013 年 8 月 21 日付のワシントン・ポスト紙では、Nauck

---

7)　Arlington County (VA) (2013) より。

8)　Arlington County (2013) より。

9)　アーリントン郡のホームページ（2013 年 8 月 17 日）(http://arlingtonarts.org/cultural-affairs/public-art-in-arlington/press.aspx) より。

地区について以下のように紹介されていた。

第1に、同地区は、Ballston 地区（上述の AED 報告書でもクリエイティブ産業誘致の重点地区とされており、近年の開発プロジェクトで多数の高層アパートが建設され、ショッピング・モールやレストランも繁盛している：引用者）まで自転車で通勤できる便利さである。

第2に、同地区は、アフリカ系アメリカ人による 1844 年からの古いコミュニティであり、南北戦争の際の解放黒人奴隷が移り住んだという歴史がある。現在では黒人、ヒスパニック、白人という多様な構成であり、また専門職からブルーカラーまで幅広い層の住民が居住している。

第3に、古くからの教会や商店に加えて、新しいレストランや大手スーパー（Giant 店は店舗全体が巨大な冷蔵庫のようであり、本書第6章で検討したアメリカの豊かな食料事情を体現している：引用者）にも近く、また、ジョギング等に適した自然条件にも恵まれている。

そしてワシントン・ポスト紙は、アーリントン郡政府が再開発計画の一環としてパブリック・アートの設置を計画しており、パブリック・アートを設置する広場の利用方法や、また同地区の上記の歴史性の織り込み方について、住民からの意見聴取を予定していると、記事を結んでいる。

このように、アーリントン郡におけるパブリック・アートのプログラムは、経済振興策、都市計画に整合的に位置付けられながら、あるいはそのために活用される形で展開されている。

8.5 クリエイティブ・クラスとサービス・クラス——保育事業

アメリカの保育サービスについては1990年代からの就労支援型の福祉改革の重要な一環としての保育支援補助金の側面が注目されてきたが、加藤美穂子（2013）が述べるように[10]、原則として保育サービスの選択と費用負担は利用者の自主判断に基づくものとし、政府部門は税制上の優遇措置（税額控除や所得控除）を通してかかわるということになっている。しかも保育サービスの提供者も民間市場ベースであり、ここで検討するアーリントン郡政府による保育センター対策も、その民間市場ベースの提供者と利用者に対する促進的な位置付けになる。

まずアーリントン郡経済開発部（AED）による保育問題の報告書『商業・事業所地区の保育センター問題』（2010年）を紹介しよう[11]。保育問題をAEDが取り扱うのは、クリエイティブ産業及びクリエイティブ・クラスを誘致するうえで、それが不可欠な条件となるからである。さらに、上述のように、クリエイティブ・クラスのためには低賃金のサービス業が支えることが必須であり、その典型的な分野が保育所センターの誘致と、そこに就労する低賃金労働者の確保である。そこに、アメリカ経済社会における最先端であるクリエイティブ産業と、底辺にある福祉的な就労支援策の関係が存在しており、この報告書でもコミュニティ・カレッジや4年制大学での資格取得が重視されている。

さて同報告書は冒頭で保育サービスについて、「幼児教育の社

---

10)　加藤美穂子（2013）231頁。

11)　Arlington Economic Development（2010）.

会的な効用は広く認識され、推奨されており、また、その（個人レベルの：引用者）収入面や、（社会レベルの：引用者）経済面の効用も確認されている」と意義付けた上で、「高レベルの保育事業は、世界クラスのコミュニティの重要な構成要因」であるという位置づけを示している（2頁）。

すなわち、アーリントン郡政府が、（クリエイティブ・クラスにとっての：引用者）「住むにも働くにも楽しむにも優れた場所」として他地域との競争に勝つための手段として保育問題を考えるために、大きな構えの視角を設定している。先に紹介した2009年報告書におけるフロリダ理論のクリエイティブ産業論よりも、この2010年報告書はクリエイティブ・クラスを誘致するための街づくりに一層重心が置かれていると思われる。

次に同報告書は、コーネル大学の Department of City and Regional Planning, Child Care & Parent Productivity の2004年の調査を引用して、「専門職の被用者が会社に勤務し続けるかの判断において、労働と家族生活のバランスが最重要な基準となっており、保育事業の欠如による被用者の不足に伴う企業損失はアメリカ全体で毎年30億ドルになる」としている。また、「ハイレベルの保育や幼児教育は、社会的技能（social skills）や協調性や環境意識や状況対応力の獲得を通して、子どもの成長後の高教育歴や高稼得収入や低犯罪率につながること」も指摘している（2頁）。さらに *Working Mother Magazine*（June 1999, p. 32）から、「初めての出産の場合、83％の母親が出産後6カ月以内に職場に復帰する」ことや、「彼女たちは家庭生活を重視し、付加給付とりわけ重要なのは就労時間や保育事情を重視する」ことを引用して、

「優秀な人材を確保するには、保育サービスの利用可能性や家庭生活に配慮する職場が、両親就労型の労働者にとって重要になっている」ことを踏まえた上で、「過去5年間にアーリントン郡経済開発部が誘致交渉した大多数の企業は、保育事情が一つの重要ファクターと答えている」という論点にむすびつけている（3頁）。

　そして同報告書は具体的な事例として、「National Cooperative Bank（NCB）の Washington, D.C. からアーリントン郡内の Crystal City 地区への移転」の交渉において、Bright Horizons 社（幼児教育や雇用主提供保育のサービス提供や関連コンサルタント：引用者）による保育センターの設置が条件となったことをあげている。さらに、その保育センターは、NCB 移転後においても、他の企業誘致におけるセールス・ポイントになったと述べている（3頁）。

　続いて、アーリントン郡の中心地区における保育センターの現状について述べている（4頁）。事業所や商業施設が集中する Rosslyn-Ballston 地区と Jefferson-Davis 地区には15か所の全日制の保育センターがあり、1,284人の乳幼児が認可保育サービスを受けている。そして、クリエイティブ・クラスは高いレベルの保育サービスを求めるので、アーリントン郡では、バージニア州政府が定めるよりも厳しい運営基準を設定している。

　幼児教育の質には構造面の特質とプロセス面の特質がある。第1の構造面の特質は、スタッフ一人当たり幼児数や保育教師資格に規定される。2007年にバージニア州は、Star Quality Initiative（格付け及び改善システム）を実施し、保育センターの認可や質的向上の基準とした。近い将来、「アーリントン郡もそれを導入

するが、現行の評価システムによるアーリントン郡の高い基準（保育教師一人当たり幼児数、保育教師の資格要件）を適用しているので、バージニア州の格付けでも高い評価を受けることが予想される」（5頁）というのである。

おそらく、バージニア州政府もアーリントン郡の本報告書と同様の問題意識から格付けシステムを導入したのであり、アーリントン郡の側はその格付けシステムによる高評価を、クリエイティブ産業やクリエイティブ・クラスの誘致のセールス・ポイントとするという構図が読み取れる。

ところが、実際には、アーリントン郡の中心地区で就労して、便利な保育サービスを必要とする親にとって、適切な保育センターを利用することが困難であり、3つの問題点が指摘されている（5頁）。

第1は、アーリントン郡の都市開発の中心地区では、（土地建物の：引用者）賃料が高く、保育センターに求められる基準面積の屋内及び屋外のスペースを確保しにくいのである。第2に、都市開発にかかわるブローカーや建物所有者が保育センターにマイナス・イメージ（騒音等）を有している。第3に、有資格の保育教師が不足しているうえに、特に中心地区で開業する保育事業者が（クリエイティブ・クラスの求める高レベルの保育サービスのために有資格の保育教師の中でも厳しい基準で：引用者）選別するために、人材確保が難しくなっている。

すなわち、クリエイティブ・クラスを誘致するためには、高レベルの保育サービスが不可欠であり、そのために厳しい基準による保育教師の選別が求められ、そのことがかえって、保育センタ

ーの増設を妨げるということになっている。それ故に、福祉政策としての就労支援策が、優秀な保育教師の育成につながる可能性も模索されるのであろう。まさに、フロリダ理論にあるように、クリエイティブ・クラスのために拡大するサービス業の就労機会の典型的な事例になり得る。

第1の問題点については、たしかに、事業所や商業施設が集中する中心地区における過密状態が、適切な保育センターの立地可能性を狭めている。保育センターの運営者は多層建物にスペースを求め、仮に屋内スペースが確保できても、屋外スペースの条件（子供一人当たり75平方フィート）を満たすことが困難である。さらに、（建物や土地の：引用者）賃料が、保育センター運営にとって支払える範囲を超えていることが多い。

アーリントン郡の営利及び非営利の保育センターでのインタビューによれば（5頁）、現状では平方フィート当たり20〜23ドルの賃料で運営しているが、他方で、商業・事業所地区の新築ビルにおける小売店向けの賃料は49ドルであり、30ドル近くの格差がある（近隣相場の賃料を前提とすれば保育センターの運営が不可能という意味：引用者）ので、保育センターの拡充は困難であり、さらに再開発計画で古いビルの建て替えの場合には他のビルへの移転を求められることもある。

さらに第2のマイナス・イメージについても、開発業者やブローカーや建物所有者は、スペースを賃貸する場合にレストランやフィットネスクラブの方が商業的価値を高めると考えており、乳幼児の普通の生活による騒音等が嫌悪される場合もあり、さらに、子供の送迎のためのスペースや屋外運動場を商業ビルに追加する

264　　第 8 章　構造変化が生み出すサービス産業の拡大

困難性が指摘される。

　このような現状の中で、本報告書は、（このようなマイナス・イメージを克服して：引用者）アーリントン郡では保育センターの新設された事例として上述の National Cooperative Bank（NCB）の移転と保育センター新設を紹介している。Crystal City 地区の Vornado 社はビル所有者であるとともに開発業者でもあり、さらに商業ビルに保育センターを入居させることの効用を直接に体験した経営者でもある。建物内に高レベルの保育センターを設置させることが条件の一つとなって、National Cooperative Bank（NCB）をワシントン D.C. から誘致することができたのであり、さらに、その直後の Conservation International 及び KBR の移転も実現するというドミノ効果があったというのである（6 頁）[12]。

　第 3 の問題点である保育教師の確保について以下のように検討されている。

　アーリントン郡の 5 つの保育センターの運営者に対するインタビューによれば、アーリントン郡の全体においても保育教師の確保が大きな問題であり、特に中心地区に立地して高レベルの保育サービスを目指すために厳しい保育教師の訓練ガイドラインを適

---

12)　本報告書では、都市開発プロセスにおける保育センター設置に対する建築規制上の優遇策の適用が提案されている。アーリントン郡の中心地区においては都市開発に使える土地が限られており、保育センターの新規の建設は困難なので、現在進行する多目的プロジェクトの中でスペースを借りることになる。しかし、ビル所有者が保育センターにマイナス・イメージを有するので、アーリントン郡政府が開発業者に対して「Special Exception Process」の仕組みによる優遇措置、すなわち、容積率等の優遇を提供することで、保育センターの設置を促すという措置を提案している。

用するビジネス・モデルの保育センターにおいて顕著であると指摘されている。

そして、同報告書は具体的に以下のように説明している。バージニア州政府の基準では、保育センターの program leaders となる条件は3か月の経験と評価機関の認定書であるが、アーリントン郡政府の基準では、学士あるいは準学士が求められる。しかし、学士号や準学士号を有する人は、保育センターよりも高い給料と付加給付の職が可能であり、さらに近隣の地方政府では寛大な資格要件で昇格や昇給が可能である。すなわち、アーリントン郡政府による厳しい基準は結果的に有資格の保育教師の不足につながるというのである（6頁）。

さらに加えて、アーリントン郡中心地区の商業ビルの所有者にとって、Bright Horizons 社のような全国展開の営利企業が運営する保育センターが（クリエイティブ・クラスが望む高レベルの保育内容になるので：引用）望ましいが、このタイプの保育センターは他のタイプよりも厳しいガイドラインを持つので、適格保育教師はますます不足することになり、その結果、ますます待機者リストが長くなるというのである（6頁）。

しかし、これらの事実を逆からみると、保育教師の資格基準を緩和すれば、保育センターの拡大や新設が容易になるかもしれないが、あえて厳しい基準を維持することで、アーリントン郡の中心地区に保育センターにおける高レベルの保育サービスを維持して、クリエイティブ・クラスの求める住環境を構築するという方向性を読み取ることができる。

そして、同報告書では、アーリントン郡も含めてバージニア州

266   第8章　構造変化が生み出すサービス産業の拡大

Column14

アーリントン郡の保育センターの事例[*]

　Arlington Children's Center は、地下鉄 Court House 駅から 0.5 マイルの住宅街にあり、建物はアーリントン郡政府の所有であるので郡職員は優先権を持ち、保育料金も 25％割引である。収容人数は 63 人で、2 か月から 5 歳までの乳幼児（2 か月〜 1 歳が 9 人、1 〜 1.5 歳が 8 人、1.5 〜 2.5 歳が 10 人、2.5 〜 3.5 歳が 18 人、3.5 〜 5 歳が 18 人）である。施設就労者の 4 分の 1（パートタイム労働者が 1 人、フルタイム労働者が 15 人）がアーリントン郡在住であるが、それ以外は郡外（主として Fairfax 郡、アーリントン郡の隣の郊外に当たる位置：引用者）から通勤している。同センターの証言では、最大の課題はスペース不足であり、特に乳児の待機リストには 200 人以上が登録されており、他の年齢階層でも 50 人を超えている。

　地下鉄 Rosslyn 駅の近くに位置する Rosslyn Children's Center の場合には、商業ビル（ニュース博物館跡）のスペースを借りて

[*]Arlington Economic Development（2010）pp. 13-14.

北部における最大の幼児教育のための高等教育機関として Northern Virginia Community College（NVCC）を取り上げている。Community College とは州立の 2 年制大学（日本流に言えば短期大学：引用者）であり、職能修得の教育コースを主とするが、その中で幼児教育準学士（67 単位）のための資格プログラムも提供している。32 単位の幼児教育補助資格の修了書を取得した者は、幼児教育準学士のコースワークに進み、それを修了して幼

いる。現在は再開発計画のために別の場所を探し始めている。認可人数は 140 人であるが、スペースが不十分なために 125 人受け入れで運用している。待機者リストには 180 人登録されており、その半分以上が乳児（ゼロ歳児）である。（Rosslyn 駅の近くのオフィス街であるので：引用者）ビルのバルコニー部分を屋外スペースとして使用しており、特殊なクッション素材の床や、（防災用として：引用者）外部道路への階段が取り付けてある。

（地下鉄 Ballston 駅の徒歩圏にある：引用者）First Baptist Church of Clarendon は、アーリントン郡最大の保育プログラムを運営しており、189 人（2 歳未満が 54 人、2 歳が 31 人、3 歳が 54 人、3 歳以上が 50 人）が登録されている。待機リストでは乳児グループは 9 〜 12 か月待ち、2 歳及び 3 歳グループが 12 〜 18 か月待ちである。

2007 年 2 月にアーリントン郡政府が承認した「Views at Clarendon」プロジェクトによって、2 階建ての教会の上に 3 〜 10 階部分の賃貸住宅（116 世帯）が建設中であり、その中で 70 世帯が低所得世帯向けの住宅である。そのビルに付属する 3 階建ての教育施設ビルの中で保育センターが維持されることになっている。

児教育準学士号を獲得すれば、アーリントン郡政府基準による保育教師資格の条件を満たすことになる（8 頁）。

　既述のように、福祉政策としての就労支援や職業教育は、他方で就労機会がなければ意味をなさないのであるが、アーリントン郡のクリエイティブ産業及びクリエイティブ・クラスの誘致策の一環として高レベルの保育センターの設置推進策が、NVCC の幼児教育準学士コースに対して就労機会を提供することになるの

で、まさにフロリダ理論におけるクリエイティブ産業の発展に伴うサービス・クラスの就労拡大の典型的な事例と言えよう。

また Column14 の中の First Baptist Church of Clarendon の事例では、教会の建物の上に低所得層向け住宅のためのビルを増築すると同時に、隣接する教育施設向けのビルの中に保育センターを設置するのであるが、おそらく、その低所得層向け住宅に居住する人々の中には、福祉政策の軸となる就労支援策の対象となる人々もいるはずであり、そのような就労支援型の福祉政策も、アーリントン郡ではクリエイティブ産業及びクリエイティブ・クラス誘致策を軸とする都市経営の中に位置づけられて、保育関連や医療関連の職種が優先されたのである[13]。

第8章参考文献

加藤美穂子 (2013)『アメリカの分権的財政システム』日本経済評論社

渋谷博史 (2005)『20世紀アメリカ財政史』全3巻、東京大学出版会

渋谷博史編 (2010)『アメリカ・モデルとグローバル化 Ⅰ——自由と競争と社会的階段』昭和堂

渋谷博史 (2015)「アメリカの芸術文化と福祉 Ⅱ」『国学院経済学』第63巻第2号

渋谷博史・片山泰輔編 (2011)『アメリカの芸術文化政策と公共性』昭和堂

渋谷博史・樋口 均・塙 武郎編 (2013)『アメリカ経済とグローバル化』

---

[13] アーリントン郡も含めたバージニア州北部における就労支援策については、根岸・吉田 (2013) と根岸 (2017) を参照されたい。

学文社

渋谷博史・渡瀬義男・樋口 均編 (2003)『アメリカの福祉国家システ
　　ム』東京大学出版会

根岸毅宏 (2017)「アメリカの福祉における郡政府と NPO のパート
　　ナーシップ——バージニア州アーリントン郡の具体例」『国学院
　　経済学』第 65 巻第 3・4 合併号

根岸毅宏・吉田健三 (2013)「分権的な「小さな政府」と民間福祉」
　　渋谷博史他編 (2013) 所収

R. フロリダ (井口典夫訳)『クリエイティブ資本論』(*The Rise of the
　　Creative Class,* 2002: 翻訳書は 2008 年、ダイヤモンド社)

Arlington County (2013), *County Board Agenda Item* (*Meeting of
　　September 21, 2013*).

Arlington County (2017), *Arlington Profile, 2017.*

Arlington Economic Development (2010), *Child Care In The Com-
　　mercial Corridors A Report From Arlington Economic Develop-
　　ment* (Research Paper).

Arlington Economic Development (2012), "Four Lenses for Looking
　　at the Value of Public Art in Arlington" (White paper).

Mayer, H. & T. Holzheimer (2009), "Virginia's creative economy",
　　Virginia Issues & Answers (*Summer 2009*).

Stern, M.J. and S.C. Seifert (2003), *An Assessment of Community Im-
　　pact of the Philadelphia Department of Recreation Mural Arts
　　program,* University of Pennsylvania School of Social Work.

おわりに——次の課題

　本書の冒頭では、19世紀半ばのアメリカの「黒船」がもたら
したインパクトから書き始めた。それが契機となって、日本は開
国、明治維新、パクス・ブリタニカへの編入、太平洋戦争という
歴史を歩んだ。そして20世紀半ばからはアメリカの原爆と敗戦
を契機として日本国憲法、パクス・アメリカーナへの編入という
歴史を歩んでいる。

　もしかすると、今、再び歴史的な転換が始まっているのかもし
れない。それが「黒船」や原爆を契機とした「大転換」なのか、
1970年代初頭のニクソン・ショックや1990年代初頭の冷戦終焉
による「中転換」なのかはわからないが、「黒船」や原爆のよう
な軍事的暴力は避けたいものである。

　第2次世界大戦後のパクス・アメリカーナの構築と拡大が冷戦
終焉によって加速するグローバル化のプロセスの中で、それに対
応して世界中の国々で、アメリカ・モデルのインパクトを受けな
がら経済社会構造の変化が進んでいる。本書でみたように、その
インパクトの発信元であるアメリカの国内でも20世紀型のアメ
リカ・モデルから21世紀型への変化が猛烈な勢いで進行してお
り、そのことが、世界規模の構造変化を一層加速するのである。

　いわゆる「トランプ現象」は、21世紀型のアメリカ・モデル
への転換における「人間社会の痛み」から生じるスピード・ダウ

ンの要請を体現していると思われる。「アメリカ・ファースト政策」は時代に逆行しているかもしれないが、21世紀型アメリカ・モデルへの転換や、グローバル化の加速に歯止めをかけて、「人間社会の痛み」を耐えうる程度に緩和するためのものかもしれない。第6章でみた農業・食料関連産業や第7章でみたICT産業のグローバル展開のために第5章や第2章でみた自動車産業等の製造業の徹底的な再編が進むプロセスにおいて、「人間社会の痛み」が耐えられないレベルに達している。

　「トランプ現象」が時代逆行的なドンキホーテなのか、21世紀の世界規模の構造変化と構造調整における合理的で不可欠な「痛み」緩和策なのか、それを見極めることが次の課題である。

執筆者一同

索 引

アルファベット

Accenture　252
AI（Artificial Intelligence：人工知
　能）　201, 210
Americans for the Arts　257
Arlington Children's Center　266

BRICS 諸国　122
Bright Horizons 社　261

Deloitte　252

EMS（Electronics Manufacturing
　Service）　218
　——企業　218, 220, 223

First Baptist Church of Clarendon
　266, 267
FTA
　——交渉　121, 122
　二国間——　103, 119, 120
　メガ——　122
GATT　115–117

H1-B ビザ　235–237
H-2A Temporary Agricultural
　Program　187

ICT 革命　208
IMF　122, 123
IoT（Internet of Things）　201, 210

M&A（Mergers and Acquisitions：
　合併・買収）　227, 228, 230

NAFTA（北米自由貿易協定）　82,
　83, 86–89, 91, 101, 121, 124, 145, 192,
　196, 198
　——地域　131

Nauck Community Heritage Project
　257
Nauck Village Center　255, 256
Nauck 地区　255–258
NEA 補助金　257
North Virginia Community College
　266
NUMMI 工場　142

Rosslyn Children's Center　266
Rosslyn-Ballston 地区　247, 250, 261

Special Exception Process　264
Star Quality Initiative　261
STEM（Science, Technology,

Engineering and Mathematics)
237

TPP（Trans-Pacific Partnership：環
太平洋パートナーシップ）104,
123, 124
TRIPS協定 118
TTIP（Transatlantic Trade and
Investment Partnership：大西洋間
貿易投資パートナーシップ協定）
123
UAW →全米自動車労働組合
VEBA（Voluntary Employee Benefit
Associations）163

WTO 84, 89-91, 101, 118, 119, 133

ア 行

アーリントン郡経済開発部（Arling-
ton Economic Development：AED）
245
アウトソーシング 152
アメリカ国債 96
アメリカ・モデル 101, 105, 106,
112, 115, 119, 121
――の拡大 105, 107, 108, 110, 113,
116, 117
安全保障 105-108, 110, 112
遺産（レガシー）コスト（legacy cost）
149, 150
移植工場（transplant）142, 156,
162
一帯一路 117
ウォール・ストリート 23

ウォルマート 49, 50, 60-63
内なるグローバル化 63, 130, 144,
156, 237
丘の上の輝ける街 8, 11, 24, 25 →
レーガン
オートメーション 231
――化 204
オバマ，B.（Obama II, Barack）
104
オフショア・アウトソーシング 218,
220, 230
オールドエコノミー 164

カ 行

外国出身者 46
価値連鎖（バリューチェーン）
221-223
株価総額 54
ガラスの夜 19
カントリー・エレベーター 185
企業内国際分業 217
企業内貿易 217
規模の経済性 226, 227
『共産党宣言』25-27
キング牧師（King, Jr., Martin
Luther）4 →ワシントン大行進
クライスラー社 129 →ビッグ・ス
リー
クリエイティブ・クラス 246, 248,
250, 254-256, 258, 260, 262, 265, 266
クリエイティブ産業 246, 250
クリエイティブ・プロフェッショナ
ル 248, 249
クリントン，W. J.（政権）（"Bill"

索引　275

Clinton, William Jefferson）　92
グローバル・インバランス　94, 95
経済援助　110-113, 116
経済機会均等法（1964 年）　15
経常収支　80
　——赤字　79-81, 92, 93, 95-98
ケネディ，J. F.（Kennedy, John
　Fitzgerald）　105
研究開発（R&D）　206
現金勘定　26
　——的な利害関係　28, 31
減税競争　22
合法滞在者　46
黒人奴隷（制）　16, 171, 255, 256, 258
国防総省（ペンタゴン）　243, 245, 247
コミュニティ・カレッジ　259
コミュニティ再開発プログラム　15
雇用主提供医療保険　71, 73
雇用主提供年金　71, 73

サ 行

サービス
　専門——　39-41, 43
　総務——　43
　——化　79
　——部門　38, 39, 215
　——貿易　118
　——貿易収支　80, 81
在米外資系企業　235
財貿易収支　80, 85
　——赤字　82-84, 86-88, 90, 92
財務省証券　67, 68
サブプライム関連証券　95-97
サブプライムローン危機　146

サプライサイダー　5, 21
サプライチェーン　123
　——取引　91
サラリー（salary）被用者　136
産業別 GDP　50
サンデル，M.（Sandel, Michael）
　25, 27
時給（hourly-rate）被用者　136
市場経済システム　98, 101, 105-107,
　112, 120
自動車関連産業　130, 136
資本移動の自由化　103, 105
資本輸出　93, 95, 96
資本輸入　93, 95-97
社会主義　5, 6, 21
社会的階段　5, 11, 45, 47, 71, 188, 190,
　193, 197
社会保障　71-73
自由主義　98, 103, 105, 107
住宅抵当借入　66
宿泊・飲食・娯楽　40, 43, 53
シュンペーター，J. A.（Schumpeter,
　Joseph Alois）　210, 211
消費財　90
消費者信用　66
情報化投資　205, 208, 230
職（Job）　103-105, 110, 115
食関連産業　189
食関連労働者　189
職務主義　139, 148, 157
初等中等教育　74
ジョンソン，R. B.（Johnson , Lyndon
　Baines）　11　→貧困との闘い
垂直統合　212, 214

垂直分裂 212, 214, 215, 220, 221
スーパー・クリエイティブ・コア
　248, 249
生計費調整 140, 160
製造業の空洞化 38, 61, 79, 90, 144,
　244
政府機関債 67
ゼネラル・モーターズ社（General
　Motors, GM） 129 →ビッグ・
　スリー
　新生── 147
先任権 139
全米自動車労働組合（United
　Automobile Workers, UWA）
　129, 140, 159
全米乳業者連盟（National Milk
　Producers Federation） 181
全米豚肉業者協議会（National
　Pork Producers Council） 180
外へのグローバル化 145, 150, 152

タ 行

大豆 173-175, 178, 182, 183, 186
『大草原の小さな家』 171
第二層（tier2） 162, 166
対米輸出自主規制 142
大量生産方式（mass production
　system） 148
『ダンス・ウィズ・ウルブズ』 31
地域貿易協定 104, 119-122
知的所有権 123
　──の保護 118
中間財貿易 91
中国 82, 84, 86-91, 95, 96, 98, 116,

　119, 121, 122, 228, 230-234
　──の WTO 加盟 133
　──モデル 117
通商政策 101, 115, 124
出稼ぎ労働者 40, 187, 188, 190
デジタル化 208
テロとの戦い 106, 108, 112, 120, 122
電子商取引（E-Commerce） 209,
　222
東西冷戦 →冷戦期
投資信託 66, 67
トウモロコシ 145, 173, 175, 178,
　182-184, 197-199
独裁国家 107, 112
トランプ, D.（政権）（Trump, Donald）
　124
トルーマン・ドクトリン 107
奴隷制 174

ナ 行

ナチズム 20, 21
南北戦争 17, 31, 243, 255, 258
難民問題 28
二国間 FTA 103, 119, 120 → FTA
21 世紀モデル 131, 154
二重賃金体制 162
20 世紀モデル 131, 154
日本 84, 95, 96
日本国憲法 3
ネットワーク効果 227
年金給付 138
年金資産 66, 67, 69
納税者 110, 112
　──の論理 110

索引　277

ハ 行

バージニア州北部地域　246
パクス・アメリカーナ　3
艀輸送　182, 184
破綻国家　112
パナマックス　185
ヒスパニック　172
ビッグ・スリー　129
　　クライスラー社　129
　　ゼネラル・モーターズ社（GM 社）
　　129
　　フォード社　129
ビッグ・ビジネス　54
ヒトラー，A.（Hitler, Adolf）　19,
　20
ヒューマン・セキュリティ（Human
　Security）　28, 30, 32
貧困との闘い　11, 14, 15, 17　→ジョ
　ンソン
ファシズム　5, 6
フォード社　→ビッグ・スリー　129
付加給付　137, 161
　　――コスト　149
ブッシュ，G. W.（政権）（Bush, George
　Walker）　103, 106, 107, 113, 122
不法滞在者　46-49
部門別 GDP　53
フリードマン，T.（Friedman,
　Thomas）　25, 27
フロリダ，R.（Florida, Richard）
　245, 249
　　――理論　247, 260
ブロンクス　30

ベトナム戦争　20
ベンチャー・キャピタル　206
保育教師　261, 262, 264, 265
貿易協定　119
貿易自由化　103-105, 115, 118, 119
貿易収支　→財貿易収支
法の一般的規則　12, 32
法の支配　12
北米自由貿易協定（NAFTA）　152
　→ NAFTA

マ 行

マキラドーラ（maquiladora）　196
ミドルクラス　141
　　――経済　129
　　――社会　135
ミレニアム・チャレンジ・アカウント
　（Millennium Challenge Account：
　MCA）　113, 114, 116
ミレニアム・チャレンジ・コーポレ
　ーション（Millennium Challenge
　Corporation：MCC）　113
民主主義　101, 105-107, 110-112
無保険状態　73
『メイド・イン・マンハッタン』　30
メイン・ストリート　23
メガ FTA　122　→ FTA
メキシコ　152, 153
　　――湾岸（地域）　182-184
メディケア（高齢者向けの基礎的医
　療保障）　71-73
メディケイド（医療扶助）　60, 71,
　73, 74

ヤ 行

輸出エレベーター　185
豊かな社会　6, 11, 20, 27, 69, 71, 73, 144, 192, 195
『夜の大捜査線』　12

ラ 行

ラウンド　116, 117 → GATT
ラストベルト（錆びついた地域）166
リエンジニアリング　209, 230
リスク・ヘッジ先物市場　178
リストラクチャリング　209, 217
リバー・エレベーター　185
リベラル・ケインジアン　5

リーマン・ショック　92–94, 97
リーン生産方式（lean production system）　148, 158
累進税制　21, 22
冷戦期　7, 107, 108, 111, 112
レガシー・コスト →遺産コスト
レーガン，R.（Reagan, Ronald Wilson）　105
連邦補助金　73, 74
労働コスト　148, 236

ワ 行

ワイマール共和国　19, 20
ワシントン大行進　4, 10 →キング牧師
綿摘み機　175

執筆者一覧

河﨑信樹（かわさき　のぶき）
第3章、第4章、*Column6*、7担当
関西大学政策創造学部教授。1974年生まれ。主要著作に『アメリカのドイツ政策の史的展開：モーゲンソープランからマーシャルプランへ』（単著、2012年、関西大学出版部）、『アメリカの国際援助』（単著、2012年、日本経済評論社）がある。

吉田健三（よしだ　けんぞう）　第5章担当
青山学院大学経済学部教授。1975年生まれ。主要著作に『アメリカの年金システム』（単著、2012年、日本経済評論社）、論文「比較福祉国家研究を超えて：アメリカ福祉国家の位置」（単著、東京大学社会科学研究所『社会科学研究』第59巻5-6号、2008年、185-217頁）がある。

田村太一（たむら　たいち）　第7章、*Column12*担当
流通経済大学経済学部准教授。1979年生まれ。主要著作に『世界経済とグローバル化』（共編著、2013年、学文社）、「東アジアの国際分業構造と中国の付加価値貿易」（単著、2016年、『流通経済大学創立五十周年記念論文集』所収）がある。

渋谷博史（しぶや　ひろし）

第1章、第2章、第6章、第8章、*Column1 ～ 5*、*Column8 ～ 11*、
Column13、14 担当

東京大学名誉教授。1949 年生まれ。主要著作に『20 世紀アメリ
カ財政史』（全3巻、単著、2005 年、東京大学出版会）、『福祉国
家システムの構造変化』（共編著、2001 年、東京大学出版会）、
Japanese Economy and Society under Pax-Americana（共編著、
2002 年、University of Tokyo Press）がある。

現代アメリカの経済社会
理念とダイナミズム

2018 年 9 月 25 日　初　版

［検印廃止］

著　者　河﨑信樹・吉田健三・
　　　　田村太一・渋谷博史

発行所　一般財団法人　東京大学出版会

　　　　代表者　吉見俊哉

　　　　153-0041　東京都目黒区駒場4-5-29
　　　　http://www.utp.or.jp/
　　　　電話　03-6407-1069　Fax 03-6407-1991
　　　　振替　00160-6-59964

組　版　有限会社プログレス
印刷所　株式会社ヒライ
製本所　牧製本印刷株式会社

© 2018 Nobuki Kawasaki, Kenzo Yoshida,
　　Taichi Tamura and Hiroshi Shibuya
ISBN 978-4-13-042149-2　Printed in Japan

JCOPY〈(社)出版者著作権管理機構　委託出版物〉
本書の無断複写は著作権法上での例外を除き禁じられていま
す．複写される場合は，そのつど事前に，(社)出版者著作権管理
機構（電話 03-3513-6969，FAX 03-3513-6979，e-mail: info@
jcopy.or.jp）の許諾を得てください．

西山隆行
アメリカ政治入門　　　　　　　　　　A5・256頁・2800円

斎藤 眞・古矢 旬
アメリカ政治外交史　第2版　　　　　　A5・384頁・3200円

斎藤 眞・久保文明編
アメリカ政治外交史教材　　　　　　　　A5・288頁・2800円
第2版　英文資料選

渋谷博史
20世紀アメリカ財政史Ⅰ　　　　　　　　A5・328頁・6200円
パクス・アメリカーナと基軸国の税制

渋谷博史
20世紀アメリカ財政史Ⅱ　　　　　　　　A5・336頁・6200円
「豊かな社会」とアメリカ型福祉国家

渋谷博史
20世紀アメリカ財政史Ⅲ　　　　　　　　A5・360頁・6400円
レーガン財政からポスト冷戦へ

関口 智
現代アメリカ連邦税制　　　　　　　　　A5・360頁・6400円
付加価値税なき国家の租税構造

木下武徳・吉田健三・加藤美穂子編
日本の社会保障システム　　　　　　　　四六・240頁・2500円
理念とデザイン

ここに表示された価格は本体価格です．御購入の
際には消費税が加算されますので御了承ください．